Wuppertaler Studienbibel

Wuppertaler Studienbibel

Begründet von

Fritz Rienecker

und

Werner de Boor

Reihe: Altes Testament

Herausgegeben von

Gerhard Maier

und

Adolf Pohl

R. Brockhaus Verlag Wuppertal

Der Prophet Haggai und der Prophet Maleachi

erklärt von

Gerhard Maier

R. Brockhaus Verlag Wuppertal

Gesamtherstellung: Breklumer Druckerei Manfred Siegel

ISBN 3-417-25212-1 Paperback
ISBN 3-417-25312-8 Efalin

INHALTSVERZEICHNIS

Der Prophet Haggai

A. Einleitung

B. Auslegung

INHALTSVERZEICHNIS

Der Prophet Maleachi

A. Einleitung

B. Auslegung

RICHTLINIEN FÜR DIE BENUTZER DER WUPPERTALER STUDIENBIBEL

In bezug auf den Bibeltext:
Der Bibeltext ist fett gedruckt. Wiederholungen aus dem behandelten Bibeltext sind fett gedruckt.
Kursiv nur im Sinne der Verdeutlichung bei Betonung.

In bezug auf die Parallelstellen:
- Mit Absicht sind eine große Fülle von Bibelstellen als Parallelstellen gebracht. Für diese Parallelstellen ist am Rand eine Spalte freigelassen.

In bezug auf die Handschriften:
Zu den wichtigsten vom Text abweichenden Lesarten, die sich im allgemeinen in den Fußnoten finden, sind folgende Zeichen gesetzt, die der Erklärung bedürfen:

Der hebr. Text des Alten Testaments (der sogenannte »Masoretische Text«). MasT
Die genaue Überlieferung des alttestamentlichen Textes lag den jüdischen Schriftgelehrten sehr am Herzen und wurde seit dem 2. Jahrhundert n.Chr. von den sogenannten Masoretenschulen (Masora = »Überlieferung«) zu einer besonderen Wissenschaft entwickelt. Ursprünglich bestand der hebr. Text nur aus Konsonanten; die Masoreten setzten seit dem 6. Jahrhundert n.Chr. Vokalzeichen in Form von Punkten und Strichen unter dem Wort hinzu.

Wichtige Handschriften des masoretischen Textes:

Handschrift:	*geschrieben:*	*aus der Schule des:*
Codex Cairensis	895 n.Chr.	Mosche ben Ascher
Kodex der Synagoge von Aleppo (jetzt wahrscheinlich verbrannt)	nach 900 n.Chr.	Mosche ben Ascher
Codex Leningradensis	1008 n.Chr.	Mosche ben Ascher
Erfurter Kodex Nr. 3	11. Jh. n.Chr.	Ben Naphthali
Codex Reuchlianus	1105 n.Chr.	Ben Naphthali

Die Texte aus Qumran. Die in Qumran gefundenen Handschriften stammen meist aus vorchristlicher Zeit, sind also rund 1000 Jahre älter als die soeben genannten Texte. Allerdings gibt es unter ihnen keine vollständige Handschrift des ganzen AT. Wichtige Handschriften sind: Qumran
Die Jesaja-Handschrift
der Habakuk-Kommentar

Der samaritanische Pentateuch. Die Samaritaner haben die fünf Bücher des Gesetzes in althebräischer Schrift überliefert. Ihre Handschriften gehen auf eine alte Textform zurück. Sam

Die mündliche Übersetzung des hebräischen Bibeltextes im Synagogengottesdienst (da viele Juden kein Hebräisch mehr verstanden) führte seit dem 3. Jahrhundert zur schriftlichen Festlegung im sogenannten Targum (= »Übersetzung«). Diese aramäischen Übersetzungen sind allerdings oft recht frei und müssen mit Vorsicht benutzt werden. Targum

LXX

Die älteste griechische Übersetzung des AT wird »Septuaginta« (LXX = »Siebzig«) genannt nach ihrer traditionellen Entstehungsgeschichte. Sie soll nämlich von 72 jüdischen Schriftgelehrten übersetzt worden sein. Die Septuaginta ist eine Übersetzungssammlung; die ältesten Teile, darunter der Pentateuch, entstanden im 3. Jahrhundert v.Chr., wahrscheinlich in Ägypten. Da diese Übersetzung auf eine vormasoretische, hebräische Textform zurückgeht, ist sie eine wichtige Ergänzung für alle Arbeiten am Text des AT.

Andere

Gelegentlich werden noch andere alte Übersetzungen des AT herangezogen, die aber von geringerem Wert für die Textforschung sind, da sie entweder Tochterübersetzungen aus dem Griechischen (wahrscheinlich der Septuaginta) sind oder (so die Vulgata) zumindest stark von daher beeinflußt wurden:

die altlateinische Übersetzung	um 150 n.Chr.
die Vulgata (die lateinische Übersetzung des Hieronymus)	seit 390 n.Chr.
die koptische Übersetzung	3.–4. Jahrhundert n.Chr.
die äthiopische Übersetzung	4. Jahrhundert n.Chr.

Transskription

א - ’	ז - s	מ - m	ק - q
ב - b	ח - ch	נ - n	ר - r
ג - g	ט - t	ס - ṡ	שׂ - ś
ד - d	כ - k	פ - p(ph)	שׁ - sch
ה - h	ל - l	צ - l	ת - t
ו - w			

ABKÜRZUNGS-VERZEICHNIS

I. Allgemeine Abkürzungen:

AT	= Altes Testament
NT	= Neues Testament
atl.	= alttestamentlich
ntl.	= neutestamentlich
griech.	= griechisch
hebr.	= hebräisch
lat.	= lateinisch
par.	= Parallelstelle
MT	= Masoretischer Text
LÜ	= Luther-Übersetzung 1956/64

LXX = Septuaginta (= 70). Das ist die griechische Übersetzung des AT, angeblich von 72 gelehrten Juden auf Befehl des Königs Ptolemäus Philadelphus 200 v.Chr. in Alexandrien angefertigt.

II. Literatur-Abkürzungen:

GB	= W. Gesenius – F. Buhl, Hebräisches und Aramäisches Handwörterbuch, 17. Aufl. 1921.
LzB	= Lexikon zur Bibel, hrsg. von Fritz Rienecker, Wuppertal, 16. Aufl. 1983.

III. Abkürzungen der biblischen Bücher:

a) Altes Testament

1Mo	= 1. Mose
2Mo usw.	= 2. Mose usw.
Jos	= Josua
Ri	= Richter
Rt	= Ruth
1Sam	= 1. Buch Samuelis
2Sam	= 2. Buch Samuelis
1Kö	= 1. Buch der Könige
2Kö	= 2. Buch der Könige
1Chr	= 1. Buch der Chronika
2Chr	= 2. Buch der Chronika
Esr	= Esra
Neh	= Nehemia
Est	= Esther
Hi	= Hiob
Ps	= Psalter
Spr	= Sprüche
Pred	= Prediger
Hl	= Hohelied
Jes	= Jesaja
Jer	= Jeremia
Kla	= Klagelieder
Hes	= Hesekiel
Dan	= Daniel
Hos	= Hosea
Joe	= Joel
Am	= Amos
Ob	= Obadja
Jon	= Jona
Mi	= Micha
Nah	= Nahum
Hab	= Habakuk
Zeph	= Zephanja
Hag	= Haggai
Sach	= Sacharja
Mal	= Maleachi

b) Apokryphen

Jdt	= Judith
Weish	= Weisheit Salomos
Tob	= Tobias
Sir	= Sirach
1Makk	= 1. Makkabäer
2Makk	= 2. Makkabäer

c) Neues Testament

Mt	= Matthäus
Mk	= Markus
Lk	= Lukas
Joh	= Johannes
Apg	= Apostelgeschichte
Röm	= Römer
1Kor	= 1. Korinther
2Kor	= 2. Korinther
Gal	= Galater
Eph	= Epheser
Phil	= Philipper
Kol	= Kolosser
1Thes	= 1. Thessalonicher
2Thes	= 2. Thessalonicher
1Tim	= 1. Timotheus
2Tim	= 2. Timotheus
Tit	= Titus
Phim	= Philemon
1Petr	= 1. Petrus
2Petr	= 2. Petrus
1Jo	= 1. Johannes
2Jo	= 2. Johannes
3Jo	= 3. Johannes
Hebr	= Hebräer
Jak	= Jakobus
Jud	= Judas
Offb	= Offenbarung des Johannes

Vgl. W.Stb.Matth. S . . . = Vergleiche Wuppertaler Studienbibel Matthäus-Band Seite . . .
Vgl.W.Stb.Mark. S . . . = Vergleiche Wuppertaler Studienbibel Markus-Band Seite . . . usw.

VORWORT

Nachdem die neutestamentliche Reihe der »Wuppertaler Studienbibel« eine so erfreulich weite Verbreitung gefunden und sich im Urteil ihrer Benutzer bewährt hat, erschien es seit längerem geboten, ihr eine Auslegung des Alten Testamentes an die Seite zu stellen. Denn – wie die Erfahrung zeigt – bereitet ja gerade das Verstehen der alttestamentlichen Bücher, sieht man einmal von einigen geläufigen Texten aus der Prophetie und dem Psalter ab, vielen nicht geringe Schwierigkeiten. Das hat zur Folge, daß das Alte Testament der christlichen Gemeinde unserer Tage viel zu wenig erschlossen wird und seine Schätze weithin ungehoben bleiben.

Darum freuen wir uns, daß nun endlich die ersten Bände der »Wuppertaler Studienbibel – Altes Testament« vorliegen. Sie wollen, ebenso wie die bisher erschienenen Bände zum Neuen Testament, der persönlichen Schriftforschung des Bibellesers dienen wie auch für die Vorbereitung von Predigt, Bibelstunden und biblischer Unterweisung Verstehenshilfen anbieten.

Die »Wuppertaler Studienbibel« – im Alten wie im Neuen Testament – geht im Unterschied zu manchen anderen heute vertretenen Auffassungen von der Voraussetzung aus, daß die Bibel Gottes Wort ist, das von Menschen niedergeschrieben und überliefert worden ist. Das heißt: Die Auslegung muß dem Doppelcharakter der Heiligen Schrift gerecht werden. Sie geht also davon aus, daß sie es in der Bibel mit der von Gottes Geist gewirkten und seit ihrer Entstehung von ihm begleiteten und bewahrten Urkunde des göttlichen Redens und Handelns in Schöpfung und Geschichte zu tun hat. Sie behält dabei zugleich im Auge, daß die so verstandene Bibel von Menschen an konkretem geschichtlichen Ort verfaßte Schrift ist, die selbst wieder ihre Geschichte hat (Geschichte der Überlieferung, des Kanons, der Wirkungen, des Zeugnisses).

Darum fragt die sachgemäße Auslegung zurück in die Geschichte. Denn der Glaube fußt ja auf der Tatsächlichkeit des Redens und Handelns Gottes in der Welt. Er kann und will auf die genaue Klärung des Geschehenseins der göttlichen Offenbarung nicht verzichten. Darüber hinaus muß die Auslegung dafür offenbleiben, daß Gott im Wort und durch das Wort am Leser und Hörer handelt. Sie geschieht also in der Erwartung neuen göttlichen Redens und Handelns, das dem im Text berichteten entspricht.

Das bedeutet für die Auslegung des Alten Testamentes zunächst, daß der Hinweischarakter des alttestamentlichen Textes auf Jesus Christus und auf das Neue Testament gewahrt werden muß: die alttestamentliche Geschichte wird als Heilsgeschichte im Lichte des Neuen Testamentes gesehen. Das bedeutet darüber hinaus, daß das Prophetische eines Textes, also das, was über die Zeit und den Ort seines ursprünglichen Ergehens oder Geschehens hinausgeht und noch auf Erfüllung wartet, laut werden soll.

Letztlich bleibt alle historische und theologische Arbeit am Text eine Art »Vor«-Arbeit. Die eigentliche Arbeit muß Gott selbst tun, dadurch, daß er uns den Text als sein eigenes Wort an uns und für uns – und an und für andere – hören und verstehen läßt. Die Auslegung der Heiligen Schrift stellt sich daher unter, nicht über ihren Auslegungsgegenstand. Denn sie hat es nie in der Hand, ob sie ihr Ziel, Gottes Wort hörbar zu machen, wirklich erreicht; sie kann ihm nur dienen und Hilfsmittel dafür bereitstellen.

Darum darf eins bei aller Auslegungsarbeit nicht fehlen: das Gebet. Das Gebet beim Lesen, beim Auslegen und beim Prüfen der Auslegung an der Schrift selbst. Wo dies geschieht, wird die Tür zu neuen Einsichten und Erkenntnissen der göttlichen Offenbarung und des göttlichen Willens weit aufgestoßen werden.

Die Herausgeber — Der Verlag

Der Prophet Haggai

erklärt von

Gerhard Maier

R. Brockhaus Verlag Wuppertal

INHALTSVERZEICHNIS

Der Prophet Haggai

A. Einleitung

B. Auslegung

A. Einleitung

I. Der Prophet Haggai

Daß »Haggai« ein echter Eigenname ist, wird im Gegensatz zu Maleachi kaum bestritten.[1]

Für »Haggai« hat die griechische Bibel »Aggaios«, wovon sich die katholische Namensform »Aggäus« herleitet.

Was heißt »Haggai«? Der hebräische Name »Chaggaj« wird meist von »Chag« = Fest abgeleitet, und heißt dann: »mein Fest«. Ist die genannte Ableitung richtig, dann ergeben sich immer noch mehrere Deutungen: »der am Festtag (evtl. Laubhüttenfest, so Junker) Geborene«, oder »der (Fest-)Frohe«[2], oder »der am Festtag Prophezeiende«[3]. Für Chary ist »Haggai« nur ein Zuname, der deshalb gegeben wurde, weil Haggai eine Vorliebe für den Kult gehabt habe (1B S. 442). Man rechnet aber auch mit der Möglichkeit, daß »Haggai« eine Variante des Namens »Chaggijah/Haggia« (1Chr 6,15) darstellt[4], oder erklärt es als Kurzform von »Haggarja« = »der, den Jahwe gürtet«[5]. Obwohl eine sichere Entscheidung nicht möglich ist[6], zieht die Mehrheit der Ausleger die Deutung »der am Festtag Geborene« vor, für die vor allem zwei Überlegungen sprechen: a) Solche Benennungen sind im Mittelmeerraum häufig, vgl. den römischen Namen Festus (von »festlich«) und den griechischen Hilarios (von »fröhlich«); b) eventuell galt die Geburt an einem Festtag als ein günstiges Zeichen.[7]

Für »Haggai« gibt es übrigens mehrere Namensverwandte, z.B. »Haggi« (1Mo 46,16; 4Mo 26,15), »Haggith« (2Sam 3,4) oder »Haggia« (1Chr 6,15).[8]

Der Vatersname wird nicht genannt. Baldwin erklärt dies damit, daß es damals nur wenige Propheten gab und Haggai auch ohne Vatersnamen leicht identifizierbar war.[9]

Mehrfach erhält Haggai den Titel »Prophet«, hebräisch nabij'. Doch was bedeutet dieser Titel, der sich nicht nur im Haggaibuch, sondern auch bei Esra findet (Hag 1,1.3.12; 2,1.10; Esr 5,1.2; 6,14)? Manche sehen in Haggai wegen der Anfrage an die Priester (Hag 2,10ff) einen »Laien«, der weissagte.[10] Da aber diese Anfrage eine prophetische Handlung darstellt, ist der daran geknüpfte Schluß wenig überzeugend. Vielmehr läßt sich von Am 7,14 her vermuten, daß Haggai ein Priester war, wie es auch die alte christli-

1 Gegen die abweichende Meinung Andrés vgl. Bentzen Introduction S. 155
2 Junker erwägt diese Möglichkeit S. 90
3 Mitchell S. 25
4 Bentzen Introduction S. 155; Smith S. 228f; Wiseman S. 961
5 Frey S. 16; vgl. Smith a.a.O.
6 So auch Smith a.a.O.
7 Vgl. Noth S. 222 und Baldwin S. 27f sowie Bach Sp. 24; Harrison S. 944; Junker S. 90; Neil S. 509; Orelli S. 348; Smith S. 228f; Wisemann S. 961
8 Vgl. Baldwin a.a.O.; Harrison a.a.O.; Junker a.a.O.; Smith a.a.O.; Wiseman a.a.O.
9 S. 27
10 So z.B. Begrich S. 79; Bloomhardt S. 154; Marti S. 378; Mitchell S. 26; Rudolph S. 21; Sellin S. 394; vgl. Lindbom S. 208

che Überlieferung behauptete.[11] Sacharja war Priester, und Esra nennt Haggai und Sacharja in einem so engen Zusammenhang, daß man in der Vermutung, Haggai sei Priester gewesen, noch bestärkt wird. Sicher ist eine solche Annahme freilich nicht.

Auch die sonstigen Angaben zu Haggais Person und Lebenslauf sind spärlich. Ist er selbst im Exil gewesen? Christliche Tradition (Augustin, Epiphanius, Dorotheus) bejaht es.[12] Jüdische Tradition scheint es anzunehmen.[13] Die meisten Ausleger der Moderne neigen ebenfalls in diese Richtung.[14] Sicheres läßt sich nicht sagen. Hat Haggai noch den alten Tempel gesehen? Theoretisch ist das möglich. Manche Ausleger glauben es, indem sie auf Hag 2,3 hinweisen.[15] Aber wir werden im Kommentar sehen, daß 2,3 eher dagegen spricht.[16]

Nach den Datierungen des Haggaibuches wirkte Haggai vom 29. August bis zum 18. Dezember des Jahres 520 v.Chr. Wir haben keinerlei Grund, diese Datierungen zu bezweifeln. Gesichert ist also eine Verkündigungstätigkeit, die knappe 4 Monate umfaßt.[17] Sacharja wirkte teilweise parallel zu Haggai. Sowohl alttestamentliche als auch jüdische Quellen stellen die beiden Propheten einträchtig nebeneinander, so daß wir annehmen dürfen, daß beide dasselbe Ziel ansteuerten und geistliche Bundesgenossen waren. Allerdings ist die Vermutung Baldwins, Sacharja sei Haggais Nachfolger, nicht zu belegen.[18]

Hat Haggai noch über den 18. Dezember 520 hinaus gewirkt? Mit Rudolph (S. 21) und Wiseman (S. 962) muß man diese Frage bejahen. Denn nach Esr 5,2ff hat Haggai nicht nur den Anstoß zum Tempelbau gegeben, sondern auch den Fortgang der Bauarbeiten begleitet. Ja, nach Esr 6,14 muß man annehmen, daß Haggai bis zur Fertigstellung des zweiten Tempels weiterwirkte, d.h. bis zum Februar 515 v.Chr. So war »er einer der wenigen Propheten, die die Erfüllung ihrer Worte erlebten« (Wiseman S. 962).[19]

Ein besonderes Problem entsteht dadurch, daß die griechische, die lateinische und die syrische Bibel (Septuaginta, Vulgata, Peschitta) die Psalmen 146-149 Haggai und Sacharja zuschreiben. Jacob meint, dies sei »nicht durchaus abzuweisen«, aber »mehr als problematisch« (S. 289f). Baldwin hält es für möglich, daß Haggai und Sacharja für

11 Vgl. Baldwin S. 28; Chary IB S. 442; Hammershaimb S. 102; Harrison S. 944; Mitchell S. 25f; Wiseman S. 961. Ohne Grund nennt ihn Sauer S. 206 einen »Hofpropheten«. Die jüdische Überlieferung steht - entgegen den Behauptungen moderner Autoren - der Annahme, daß Haggai Priester war, nicht im Wege (vgl. Baba bathra 15a; Megilla 15a)

12 Vgl. Smith S. 229; Wiseman S. 961; Mitchell S. 27; Keil S. 493

13 Vgl. Baldwin S. 28; Neil S. 509 und Megilla 3a; Mitchell S. 27

14 Z.B. Baldwin a.a.O.; Bloomhardt S. 153; Bach Sp. 24; Elliger S. 84; Galling S. 80; Hammershaimb S. 103; Harrison S. 945; Rudolph S. 21; Marti S. 379

15 So z.B. Elliger S. 84; Mitchell S. 27; ähnlich Boehmer S. 724

16 Skeptisch auch Bloomhardt S. 153; Budde S. 7,2; Harrison S. 945; Junker S. 90; Keil S. 493; Marti S. 379; Orelli S. 348; Rudolph S. 21; Sellin S. 394; Wiseman S. 961. Offen gelassen bei Bentzen Introduction S. 155; Smith S. 230

17 Vgl. Baldwin S. 29; Wiseman S. 961 sowie Elliger S. 84; Neil S. 509. U.W. setzt nur Havet den Haggai in die Zeit Herodes' des Großen (Bloomhardt S. 153)

18 Vgl. Baldwin a.a.O. sowie Esr 5,1ff; 6,14; Megilla 3a; Neil S. 509; Wiseman S. 962. Rudolph S. 22 sieht Haggai und Sacharja in Spannung zueinander; ebenso Boehmer S. 724

19 Anders Baldwin S. 29; Elliger S. 84; Mitchell S. 27

den Psalmtext verantwortlich waren, von dem die griechische Übersetzung angefertigt wurde, ohne geradezu die Verfasser dieser Psalmen zu sein (S. 28). Wir müssen auch dieses Problem offen lassen.[20]

Zwei Eckdaten aber stehen auf jeden Fall fest: a) Haggai ist der erste uns bekannte nachexilische Prophet. b) Er gehört mit Sacharja und Maleachi zu den letzten von Israel anerkannten Schriftpropheten und Propheten überhaupt.[21]

Welche Bedeutung er gehabt hat, wird aus den folgenden Paragraphen hervorgehen.

II. Abfassungszeit und Verfasser des Haggaibuches

Unter den heutigen Auslegern überwiegt die Meinung, daß ein Schüler Haggais oder jedenfalls ein anderer als Haggai das Haggaibuch zusammengestellt und veröffentlicht hat.

Man benutzt dabei vor allem drei Argumente: a) Von Haggai ist in der dritten Person die Rede (»Er-Bericht«; 1,1.3 usw.). b) Er wird als »der Prophet« bezeichnet; im Munde Haggais wäre das eine Anmaßung. c) Die Wendung »durch den Propheten« (1,1.3; 2,1) spreche ebenfalls gegen eine Verfasserschaft Haggais, der sich kaum als ein solches Werkzeug bezeichnet haben würde.[22] Rudolph geht noch weiter, indem er von einem »Flugblatt des Freundeskreises« spricht, das Haggai »gegen Sacharja« ins rechte Licht rücken wolle und ihm das Verdienst am Tempelbau zuschreibe.[23]

Keines der genannten Argumente ist stichhaltig. Denn Haggai könnte sehr gut von sich in der dritten Person gesprochen haben, um die Objektivität seines Berichtes zu betonen. Daß er sich selbst als »Prophet« bezeichnet, ist nicht verwunderlich, wenn er die Gewißheit des göttlichen Auftrags hatte. Ebenso bezeichnet sich z.B. Paulus als Apostel. Und auch die Formulierung »durch den Propheten« hat schon ältere Vorläufer bei Jesaja (20,2) und Hosea (12,11). Deshalb nimmt eine andere Gruppe von Forschern an, daß Haggai selbst der Verfasser ist,[24] oder läßt die Frage wenigstens offen.[25]

Da wir keine genauen Informationen besitzen, ist es am besten, beides als möglich zu betrachten: die Abfassung durch Haggai selbst oder durch einen Schüler. Eventuell hat Haggai einen Schreiber und Gehilfen benutzt, wie Jeremia den Baruch oder Paulus den Tertius oder Petrus den Silvanus (Jer 36; Röm 16,22; 1Petr 5,12). Interesse verdient auch die Ansicht von Junker: Haggai wollte »die Wirkung seines in der Versammlung gesprochenen Wortes nachhaltiger und eindringlicher ... machen, indem er es noch einmal

[20] Vgl. noch Neil S. 509; Wiseman S. 961; Mitchell S. 26
[21] Vgl. Rudolph S. 21; Wiseman S. 961 und Baba bathra 15a (Goldschmidt VI S. 976)
[22] Klassisch bei Marti S. 378; Nowack S. 308; Sellin S. 394. Ähnlich Bach Sp. 26; Baldwin S. 29f; Bardtke Sp. 6; Bloomhardt S. 156; Budde S. 1; Chary IB S. 442; Elliger S. 84; Frey S. 16; Henry Sp. 625; Lindblom S. 273; Mason S. 414; Mitchell S. 27; North S. 25ff; Rudolph S. 22; Schmoldt II S. 192
[23] Rudolph a.a.O.
[24] So z.B. Eissfeldt S. 579; Gelin S. 11f; Harrison S. 946; Junker S. 91f; Orelli S. 349; Wiseman S. 961
[25] So z.B. Bentzen Introduction S. 156; Neil S. 509; Smith S. 227; Horst S. 203

schriftlich von Hand zu Hand gab« (S. 92). Jedenfalls gehen wir davon aus, daß hinter dem Buch die Autorität des Haggai steht.

Interessanterweise rechnen sogar diejenigen, die einen anderen Verfasser als Haggai annehmen, mit einer Abfassung des Buches »bald« nach seiner Verkündigung.[26] Auch nach kritischen Auslegern ist das Buch also nicht später als 500 v.Chr. entstanden.

III. Die zeitgeschichtliche Situation

Um das Buch besser verstehen zu können, sollten wir uns wenigstens kurz über die damalige geschichtliche Situation informieren.

Das Jahr 587 v.Chr. hatte die bis dahin schwerste Katastrophe über das Judentum und Israel überhaupt gebracht. Jerusalem war von den Babyloniern unter Nebukadnezar erobert worden, die Mauern niedergerissen, der Tempel verbrannt, der König geblendet und in Ketten, viele führende Leute getötet, und wichtige Teile des Volkes in die babylonische Gefangenschaft verbracht (vgl. 2Kö 25,1ff; 2Chr 36,17ff).

Im Jahre 539 v.Chr. erfolgte ein Wechsel der Weltmacht. Die Perser lösten die Babylonier ab. Schon 538 v.Chr. erlaubte der persische König Kyrus, der neue Herrscher des Orients, die Rückkehr der Juden nach Jerusalem und ins Israelland. Noch heute spürt man im AT den Jubel über dieses Ereignis (2Chr 36,22f; Esr 1,1ff).

Doch was geschah nach der Freilassung durch Kyrus wirklich? Geschichtsforscher und Theologen äußern verschiedene Meinungen. Es läßt sich aber erkennen, daß durchaus nicht alle Juden bzw. Israeliten aus Babylonien zurückkehrten. Sogar der jüdische Schriftsteller Josephus - ein Zeitgenosse des Paulus - berichtet, daß viele Juden in Babylonien geblieben seien.[27] Nach Esr 1-3, das trotz mancher Bestreitung einen zuverlässigen Geschichtsbericht darstellt,[28] kommen 537 v.Chr. die ersten Exulanten zurück.[29] Schon damals standen Serubbabel und der Hohepriester Josua an der Spitze der Rückkehrer (Esr 2,2; Neh 7,7). Jedoch spielt in der ersten Zeit ein Scheschbazzar eine Rolle, der im Gegensatz zu Serubbabel den Titel »Fürst über Juda« führt (Esr 1,8), aber nach Esr 5,14 zugleich der erste »Statthalter« (pächah) Judas war. Nach Esr 5,16 hat dieser Scheschbazzar auch mit dem Tempelbau angefangen[30] - in welchem Umfang, ist unklar. Vielleicht stellte er nur Geldmittel und Geräte bereit. Obwohl man gelegentlich in Scheschbazzar und Serubbabel dieselbe Person sehen will[31], müssen wir nach dem Esra-

26 So Baldwin S. 29f; Bardtke Sp. 6; Horst S. 203; Marti S. 378; Mitchell S. 31; Nowack S. 308; Neil S. 509; Rendtorff S. 249; Sellin S. 395. Vgl. Eissfeldt S. 579, »sehr bald« danach

27 Ant XI, III, vgl. Neil S. 509f; Elliger S. 83

28 Zur Diskussion vgl. einerseits Nyberg S. 81; Beyse S. 12; Hammershaimb S. 102 (positiv) und andrerseits Ackroyd JNES S. 20; Galling S. 76 (negativ)

29 Daß die ersten Rückwanderer »erst unter Kambyses«gekommen wären, behaupten Horst S. 201; Janssen S. 7

30 Neil S. 509; Gelston S. 235; Beyse S. 26ff. Galling S. 76 nennt dagegen Esr 5,16 eine »absichtliche Frisierung des Tatbestandes«!

31 Vgl. Junker S. 89; Keil S. 500

buch beide auseinanderhalten (vgl. Esr 1,8.11; 5,14.16 mit Esr 2,2; 3,2.8; 4,2ff; 5,2ff).[32] Darf man Scheschbazzar mit dem Schenazzar von 1Chr 3,18 identifizieren, dann ist er Judäer und sogar Davidide gewesen.[33]

Bald nach der Ankunft der ersten Rückkehrer treten jedoch Serubbabel und Josua an die Spitze des Tempelbauunternehmens (Esr 3,2ff). Die Führung beim Tempelbau lag also in der Hand der Exulanten, nicht bei den im Lande Verbliebenen.[34]

An dieser Stelle müssen wir endlich auf die in Palästina verbliebenen Judäer bzw. Israeliten eingehen. Was war mit ihnen in jenen schweren Jahrzehnten zwischen 587 und 537 v.Chr. geschehen? Es gibt Spuren, die zeigen, daß das Leben der jüdischen Bevölkerung weiterging, wenn auch unter schweren Bedingungen. Zunächst ist festzustellen, daß viele Juden nicht deportiert, sondern von den Babyloniern im Lande gelassen wurden (2Kö 25,12.22ff; Jer 39,14; 40,5ff; 41-43; 52,16).[35] Bei ihnen blieben Priester, so daß weiterhin Gottesdienste gehalten wurden. Eventuell fanden diese Gottesdienste in der Tempelruine statt (vgl. Jer 41,4f; Kla 1,4.19; 2,9; 4,13f).[36] Vielleicht stimmt sogar die Vermutung von Hammershaimb, die zurückgebliebene Bevölkerung habe weniger Interesse an einem Neubau des Tempels gehabt, weil sie sich an den provisorischen Zustand gewöhnt hatte und die Baukosten scheute.[37]

Wie weit sind nun Serubbabel und Josua mit dem Aufbau des Tempels in den Jahren 537/536 v.Chr. gekommen? Ein dem Gesetz des Mose entsprechender Brandopferaltar wurde restauriert, die Holzbeschaffung aus dem Libanon in Gang gesetzt, die Arbeit eingeteilt und ein feierlicher Baubeginn vorgenommen (Esr 3,2-13).[38] Dann aber kommt ein herber Abbruch des Unternehmens. Die Samaritaner, deren Beteiligung am Tempelbau zurückgewiesen wird, intrigieren bei Kyrus und stoppen den Wiederaufbau bis zum Jahre 520 v.Chr. (Esr 4,1-5.24; die Verse Esr 4,6-23 betreffen eine spätere Zeit).[39]

Was ist nun in den Jahren nach 536 und bis 520 v.Chr. geschehen? Diese Frage führt uns unmittelbar an das Auftreten Haggais heran. Das Erste, das wir beobachten, ist ein wichtiger Wechsel innerhalb von Juda. Er besteht darin, daß Serubbabel »Statthalter von Juda« wird. In Esr 2,2; 3,2ff.8ff; 4,2ff hat er diesen Titel noch nicht getragen. In Hag 1,1.14; 2,2.21 trägt er ihn.[40] Er muß also Scheschbazzars Nachfolger geworden sein. Den

[32] So auch Hammershaimb S. 101; Beyse S. 23ff

[33] So z.B. Galling, S. 75; Rost S. 302; ähnlich Horst S. 201. Anders Nyberg S. 81: Scheschbazzar sei Babylonier

[34] Hammershaimb S. 100.103; Buccellati S. 209

[35] Buccellati S. 209. Janssen S. 39 meint sogar, »daß der größere Teil der Bevölkerung im Lande blieb«

[36] Vgl. Hammershaimb S. 96ff; Janssen S. 61; Neil S. 510; Gelston S. 233f

[37] Vgl. Hammershaimb S. 103

[38] Frey S. 13; Harrison S. 944; Gelston S. 232ff; Junker S. 90; Nyberg S. 81; Orelli S. 348; Keil S. 495

[39] Vgl. Frey S. 14; Nyberg S. 81. Rothstein S. 15 bezieht Esr 4,6-23 irrtümlich auf 520 v.Chr. Daß auch die zurückgebliebenen Juden widerstrebten, ist ebenfalls eine irrtümliche Annahme (gegen Horst S. 201)

[40] Vgl. Nyberg S. 81; Rost S. 302. Selbst wenn Galling S. 75ff damit recht hätte, daß Serubbabel nicht »Statthalter«, sondern »Bevollmächtigter« oder »Repatriierungskommissar« gewesen wäre, ändert das nichts an der Tatsache, daß Serubbabel der Nachfolger Scheschbazzars wurde. Vgl. Horst S. 202

genauen Zeitpunkt kennen wir nicht. Sellins Ansetzung auf 521 oder Anfang 520 (S. 15) ist wahrscheinlich zu spät. Vermutlich erfolgte Serubbabels Ernennung mit dem Übergang der Herrschaft von Kyrus auf Kambyses (530-522 v.Chr.).[41] Es war ja oft so, daß ein Wechsel auf dem Thron auch einen Wechsel in untergeordneten Stellungen mit sich brachte. Daß Serubbabel Davidide war, braucht dabei nicht zu stören. Öfters beließ man »den Fürsten besiegter Völker die Statthalterschaft über ihr ehemaliges Reich«.[42] Ob Juda damals eine eigene Provinz des persischen Reiches bildete oder nur eine Unterprovinz der Provinz Samaria, ist ebenfalls unklar.[43] Angesichts der Sonderstellung der jüdischen Religion und auch angesichts der Tatsache, daß die Samaritaner nur auf dem Umweg über die persische Regierung eingreifen konnten (Esr 4,4; 4,6ff), liegt es näher, Juda als eigene Provinz aufzufassen. Jedenfalls aber gehörte es damals zur 3. Satrapie des Perserreiches, die »die Länder jenseits des Stromes« (= Euphrat), also Babylonien, Syrien und Palästina umfaßte (vgl. Esr 5,3-6,13).[44]

Das zweite große Ereignis vor dem Auftreten Haggais stellt die Thronbesteigung von Darius I. Hystaspis (522-486 v.Chr.) dar. Auch Darius stammt aus dem Geschlecht der Achämeniden (nach Achaimenes = Hachamanisch, um 700 v.Chr.), wie seine Vorgänger Kyrus und Kambyses. Jedoch gehört er einer anderen Linie an als Kyrus und dessen Sohn Kambyses.[45] Im Jahre 522 war Darius, 28 Jahre alt, noch der Speerträger des Kambyses und ohne Aussicht auf den Thron.[46] Da tritt ein Mann auf, der vorgibt, Bardija, der Bruder des Kambyses zu sein. Dieser Bardija soll »um 527/526 v.Chr.« von seinem eigenen Bruder Kambyses ermordet worden sein.[47] Ist der sog. »falsche Bardija« doch der richtige? Die Forscher schwanken.[48] Nur eines ist deutlich: Das Perserreich stürzt in unabsehbare Wirren. Am 11. März 522 ließ sich »Bardija« zum Großkönig ausrufen (bisher war er ein Magier namens Gautama). Man läuft ihm in hellen Scharen zu. Kambyses begeht Selbstmord. In dieser Stunde erblickt Darius seine Chance. Darius (eigentlich »Darajawausch« oder »Darajawahusch« = »derjenige, der das Gute aufrechterhält«, nach Nyberg S. 75 nur sein Thronname, während sein Eigenname unbekannt ist) besiegt am 29. September 522 »Bardija« und tötet ihn. In rastlosen Feldzügen wirft er alle Aufstände nieder und schaltet alle Nebenbuhler aus. Eine gigantische Inschrift bei Bisutun an der Straße von Bagdad nach Hamadan, ca. 30 km östlich von Kermanschah, feiert seine Siege. Sie »bedeckt eine ganze Felswand« und ist bis auf zwei Nachträge wohl schon 520 v.Chr. gestaltet worden.[49] Nach dieser Inschrift hat Darius, der Sohn des Wischtaspa (griech. Hystaspes), 18 oder 19 Schlachten geschlagen und dabei 10 Anwärter auf den Königsthron besiegt. Davor hatten u.a. die Babylonier mehrfach versucht, die persische

41 Ähnliches deutet Nyberg S. 81 an
42 Sellin Serubbabel S. 15; vgl. Ackroyd JNES S. 27
43 Nur Unterprovinz: Janssen S. 48; v. Rad S. 293; Beyse S. 26
44 Nyberg S. 80f
45 Nyberg S. 62 spricht von der jüngeren Linie, Olmstead S. 107 von der älteren Linie
46 Olmstead a.a.O.
47 König S. 10
48 Vgl. Nyberg S. 74f
49 Vgl. Nyberg S. 80; Poebel S. 303ff; Hinz S. 163

Herrschaft abzuschütteln. Olmstead sprach von einer »perfect orgy of revolts« bei den unterworfenen Völkern (S. 110). Besonders wichtig waren die Siege des Darius über Nidintu Bel = Nebukadnezar III. von Babel, vermutlich ein Sohn des letzten babylonischen Königs Nabonid, am 13./18. Dezember 522 und über Araka = Nebukadnezar IV. von Babel (angeblich wieder ein Sohn Nabonids) am 27. November 521 v.Chr. Nach Nyberg waren »alle entscheidenden Operationen vor dem 16. Oktober 521 abgeschlossen« (S. 77). Nach Poebel fallen einige kleinere Ereignisse noch ins Jahr 2 des Darius (520/519 v.Chr.).[50] Man kann also sagen, daß Darius »im Sommer des Jahres 520 . . . Herr der Lage« war.[51] Für rund 35 Jahre sollte er als Großkönig des Perserreiches nicht nur die Geschicke des Orients, sondern auch die Angelegenheiten des kleinen Juda bestimmen.[52]

Blicken wir auf das Juda jener turbulenten Jahre, dann machen wir zwei verblüffende Beobachtungen. Die erste ist, daß offensichtlich keine Beteiligung der Juden an den Aufständen stattfand. Der beste Beweis dafür ist die Tatsache, daß Darius den Tempel fertigstellen ließ (Esr 6,1-18).[53] Es war also gerade umgekehrt, wie jene Autoren behaupten, die von nationalistischen Regungen oder »Konspiration« gegen die Perser sprechen.[54] Die zweite Beobachtung ist, daß Haggai erst dann zum Tempelbau aufrief, als sich das persische Reich stabilisiert hatte! Das heißt, daß Haggai jeder Gedanke an eine Verselbständigung Judas oder gar an eine antipersische Aktion fernlag. Denn solche Gedanken wären nach dem Sieg des Darius reiner Selbstmord gewesen. Deshalb läßt sich Haggais Aufruf, der vermutlich riskant war, weil er Mißverständnisse provozieren konnte (siehe Esr 5,3ff!), auch nicht aus menschlicher Logik ableiten.[55] Noch weniger kann man behaupten, Haggai habe deshalb den Tempelbau gefordert, weil er an den baldigen Untergang des Perserreiches glaubte, oder weil er ein »glühender Nationalist« war.[56] Man darf ihn überhaupt nicht durch die politische Brille betrachten. Haggai war vielmehr ein Mann, der als Bote Gottes kam (Hag 1,13).[57]

Blicken wir noch einmal auf die inneren Zustände in Juda zwischen 536 und 520 v.Chr. Soweit wir sie erkennen, waren sie nicht allzu glänzend. Zwar entdecken wir keine im Lande stationierten Besatzungstruppen. Zwar gab es eine »normale« Landwirtschaft, die u.a. Getreide, Olivenöl, Wein, Feigen und Granatäpfel erzeugte und über einen Viehbestand verfügte (Hag 1,11; 2,19); dazu auch ein Handwerk, dem Bauten u.dgl. keine Probleme verursachten (Hag 1,4.8; 2,15).[58] Auf der anderen Seite stehen jedoch jahrelange Dürre, Mißernten, wirtschaftliche Not, evtl. Requirierung durch auf dem

[50] Poebel S. 314
[51] Horst S. 202. Nyberg S. 79 formuliert sogar: »Darius stand also Ende 521 als unbestrittener Herrscher des achämenidischen Reiches da«
[52] Vgl. hierzu insgesamt Hinz passim; König passim; Nyberg S. 62ff; Olmstead S. 107ff; Ackroyd JNES S. 14ff
[53] Nyberg S. 81; Ackroyd JNES S. 27; Bentzen RHPhR S. 495; vgl. James S. 230
[54] So allerdings Olmstead S. 135f; Sellin Serubbabel S. 15; Waterman passim
[55] So freilich Sellin Serubbabel S. 15; Nowack S. 310. Vgl. aber Beyse S. 35
[56] So aber Bloomhardt S. 155 und Olmstead S. 137. Ähnlich Chary IB S. 441f; Marti S. 380; Neil S. 510; Waterman S. 73ff; auch Nyberg S. 82; Rothstein S. 51
[57] Vgl. Baldwin S. 31; Ackroyd JJS 2 S. 12; Horst S. 202; Wellhausen S. 175
[58] Vgl. Buccellati S. 206ff

Durchmarsch befindliche Armeen (1,6.9.10f; 2,15ff.19). Vor allem aber hatte sich eine geistliche Lähmung über Israel gelegt. Ihre schlimmste Auswirkung war der Egoismus, der nur für eigene Zwecke sorgen wollte und Gottes Willen übersah (Hag 1,2ff).[59] Religiös lebte man in einem eigentümlichen Zwischenzustand. Es gab ein Priestertum mit einem Hohenpriester an der Spitze (Hag 1,1). Es gab Gottesdienste, Opfer, Gesetzesstudium. Das Gesetz Moses wurde beachtet, der Brandopferaltar war in Ordnung, ein zaghafter Versuch zum Wiederaufbau des Tempels auf den alten Fundamenten war gemacht (vgl. Hag 1,2; 2,10ff).[60] Und dennoch fehlte das Zentralstück des religiösen Lebens: der fertige Tempel. Und gerade da setzt Haggai ein.[61]

Dagegen ist von Spannungen zwischen Statthalter und Hohempriester nichts zu bemerken.[62]

Das war also die zeitgeschichtliche Situation, die Haggai bei seinem Auftreten vorfand.

IV. Text und Stellung des Buches im Kanon

Die Rolle der Zwölf Propheten, die man im Wadi Murabbaʿat in der Nähe von Qumran fand und die 1961 von Benoit, Milik und de Vaux veröffentlicht wurde, enthält aus Haggai die Abschnitte 1,12-2,10 und 2,12-23. Das sind rund zwei Drittel des hebräischen Textes. Dieser wichtige Textfund hat gezeigt, daß der überlieferte hebräische Text außerordentlich zuverlässig ist. Die Rolle vom Wadi Murabbaʿat weist nämlich nur an zwei Stellen, in Hag 2,1 und 2,3, geringe Abweichungen vom überlieferten hebräischen Text auf.[63]

Wir gehen also in unserem Kommentar grundsätzlich von der Zuverlässigkeit und vom Vorrang des überlieferten hebräischen Textes aus.

Der Fund vom Wadi Murabbaʿat hat noch eine weitere Konsequenz. Diese liegt darin, daß er auch die Versfolge des masoretischen Textes unterstützt. Die Versetzung von Hag 2,15-19 hinter Hag 1,15, die Rothstein vorschlug und die seither viele vollziehen, erweist sich damit als unerlaubt.[64]

Weiterhin zeigt sich, daß man mit der Annahme von Glossen, die in der modernen Auslegung häufig ist, sehr vorsichtig sein muß. Birkeland hat recht, wenn er sagt: »Der kritisch gereinigte Text der modernen Kommentare hat . . . in den meisten Fällen überhaupt nicht als literarischer Text existiert« (S. 20).[65]

59 Ackroyd JJS 2 S. 12; Baldwin S. 27.33; Bloomhardt S. 155; Elliger S. 83; Frey S. 13f; James S. 230; Neil S. 509f; v. Rad S. 291; Waterman S. 75; Wiseman S. 901f

60 Siehe Andersen S. 25ff; Chary S. 128; Gelston S. 233ff; James S. 229f

61 Lindblom S. 407 meint, die Gegner Haggais hätten sich bis dahin mit der Synagoge begnügt.

62 Anders Frey S. 15; Olmstead S. 137

63 Vgl. Benoit S. 184; Baldwin S. 32

64 Vgl. Benoit a.a.O.; Baldwin a.a.O.; Birkeland S. 87; Harrison S. 948; Hammershaimb S. 105f; May S. 190ff. Anders z.B. Bentzen Introduction S. 156; Hesse S. 109; Horst S. 203;

65 Ähnlich Harrison S. 947; Wisemann S. 962. Vgl. noch Smith S. 227. Anders urteilt Mitchell S. 31

Dagegen ist der hebräische Text gar nicht so »klar und verständlich«, wie manche behaupten.[66] Vor allem in Hag 2,5f.15f.19 treffen wir auf Übersetzungsprobleme.[67] Allerdings geht es dabei nur um Einzelfragen.

Im Kanon hat das Haggaibuch einen festen Platz. Sowohl in der hebräischen wie in der griechischen Bibel nimmt es die zehnte Stelle unter den sog. kleinen Propheten ein. Unseres Wissens ist seine kanonische Würde niemals angezweifelt worden.[68]

V. Zur Geschichte der Auslegung

Obwohl Haggai abgesehen von Obadja das kürzeste Buch des AT ist,[69] hat es in der Geschichte der Auslegung manche Spuren hinterlassen. Der älteste uns bekannte Ausleger ist Ben Sira. Im sog. Sirachbuch, das ca. 175 v.Chr. entstanden ist, erwähnt er im »Lob der Väter« (Kap. 44-50) auch Serubbabel und Josua. Offensichtlich zitiert er dabei Hag 2,23, wenn er Serubbabel den »Siegelring« an Gottes rechter Hand nennt. Merkwürdigerweise knüpft er daran keine messianischen Aussagen. Das Wichtigste ist für Ben Sira vielmehr die Tatsache, daß Serubbabel neben Josua der Erbauer des zweiten Tempels gewesen ist: »Sie haben das hehre Heiligtum erbaut« (49,11f).

Die nächste Spur begegnet uns im 3. Esrabuch. Man datiert es[70] in die Zeit von etwa 150-100 v.Chr. Die Hauptgestalt ist Serubbabel. Nach Anschauung des 3. Esra war Serubbabel am Hof der persischen Könige, bevor er nach Jerusalem kam. Er hat das Hauptverdienst am Tempelbau (3Esr 6,26ff). Das Zeugnis des 3. Esrabuches ist deshalb besonders wichtig, weil es zeigt, daß man sich mit Serubbabel in manchen jüdischen Kreisen intensiv beschäftigt hat. Schon darin liegt eine gewisse Erfüllung von Hag 2,23. Ob das 3. Buch Esra wenigstens teilweise auf gute mündliche Überlieferung zurückgreifen konnte, muß offen bleiben.

Die dritte Spur finden wir in Qumran. Wie oben erwähnt, kam im Wadi Murabbaʿat, nicht weit von Qumran entfernt, eine Rolle der Zwölf Propheten zutage. Sie stellt den ältesten hebräischen Text dar. Der Fund läßt darauf schließen, daß die Gemeinschaft von Qumran, die etwa 150 v.Chr.-70 n.Chr. existierte, auch die sog. kleinen Propheten, darunter Haggai, studierte.[72]

Die Bedeutung des Haggaibuches für das NT soll später angesprochen werden (siehe unter VII.).

Der Talmud bekundet für Haggai ein lebhaftes Interesse. In einer Auslegung von Dan 10,7 deutet man »die Männer«, die bei Daniel waren, auf Haggai, Sacharja und Maleachi. Vielleicht steckt darin die Überlieferung, daß Haggai selbst im Exil war und von Ba-

[66] So z.B. Hesse S. 109; Richter S. 297
[67] Vgl. Ackroyd JJS 2 S. 164; »some very obscure phrases«; Harrison S. 948
[68] Vgl. hier Marti S. 378
[69] Vgl. Gelin S. 11
[70] Vgl. Rost Einleitung
[72] Vgl. wieder Benoit S. 184. 203ff; Baldwin S. 32

bylonien nach Jerusalem kam.[73] Überhaupt fällt es auf, daß der Talmud Haggai in eine nahe Verbindung mit Daniel bringt.[74] Andrerseits werden auch Haggai und Sacharja eng miteinander verbunden und zusammen mit Maleachi als »die letzten der Propheten« bezeichnet.[75] Außer der Person des Propheten stehen bestimmte Stellen des Haggaibuches im Mittelpunkt des talmudischen Interesses. Dazu gehört die Lehrentscheidung von Hag 2,10-14,[77] aber auch die Aussage, daß Silber und Gold des Herrn sind.[78]

Im Mittelalter und zu Beginn der Neuzeit sind erwähnenswert die Kommentare von Hieronymus (5. Jh.n.Chr.), Savonarola (1544), Eck (1538), Witzel (1541) und Melanchthon.[79]

VI. Die theologische Eigenart des Buches

Bevor man das Haggaibuch beurteilt, ist Vorsicht am Platz. Man muß sich erstens klarmachen, daß das kleine Buch nur eine Auswahl aus der Verkündigung Haggais darstellt.[80] Es ist deshalb ebenso unmöglich, »die« Theologie »des« Haggai zu beschreiben,[80] wie es unmöglich ist, nur aufgrund des Jakobusbriefes »die« Theologie »des« Jakobus zu entwerfen. Möglich ist allein die theologische Erfassung des *Buches!* Zweitens muß man sich klarmachen, daß das Haggaibuch sehr unterschiedliche Teile enthält: vier verschiedene Botschaften zu drei verschiedenen Zeitpunkten, davon eine sehr personbezogene Botschaft (an Serubbabel); hinzu kommen zwei Geschichtsberichte, von denen einer der prophetischen Botschaft einverleibt ist (in 2,11-14). Das Haggaibuch bietet also keine einheitliche Abhandlung.

Damit sind wir bei der *Gliederung* des Buches. Obwohl fast alle Ausleger von »vier Reden« oder vier »Komplexen« reden,[81] besteht das Buch aus *fünf* Teilen: Dem Aufruf zum Tempelbau (1,1-11), der Schilderung des Erfolgs dieser ersten Botschaft (1,12-15), der Ermunterung zum Weiterbauen (2,1-9), der Verheißung des Segens (2,10-19) und einer persönlichen Verheißung für Serubbabel (2,20-23).[82] Die Kombination von prophetischer Botschaft und Geschichts- bzw. Erlebnisbericht entspricht dem, was wir von anderen prophetischen Büchern kennen.[83]

[73] Megilla 3a
[74] Vgl. außer Megilla 3a noch Megilla 15a
[75] Vgl. Baba bathra 15a mit Megilla 3a und 15a
[76] Joma 21b
[77] Pesachim 16b/17b
[78] Aboth X; Sanhedrin 103b; Aboda zara 2 b; Nidda 70b. Weiteres in Rosch-ha-Schana 3b; Baba bathra 3a; Sanhedrin 97b
[79] Vgl. den kurzen Artikel von Werbeck
[80] So mit Recht Ackroyd JJS 2 S. 164; Mitchell S. 30; Wiseman S. 962
[81] Z.B. Birkeland S. 87; Frey S. 16; Harrison S. 945; Junker S. 91; Keil S. 493; Marti S. 378; Mitchell S. 27
[82] Ähnlich gliedern z.B. Baldwin S. 35; Wiseman S. 963
[83] Eissfeldt S. 579 verweist auf Amos, Hosea, Jesaja, Jeremia, Hesekiel und Sacharja

Der *Stil* ist so einfach und sachlich, daß Frey den Propheten als einen »Mann der Tat« charakterisierte.[84]

Das Buch ist vorwiegend auf den *Tempel* konzentriert. Als Anreger des Tempelbaus wird Haggai schon in den biblischen Geschichtsbüchern hervorgehoben (Esr 5,1f; 6,14). Die modernen Ausleger haben daraus vielfältige Schlüsse gezogen. Eine breite Strömung sieht Haggai in einem Gegensatz zu den alten, vorexilischen Propheten, denen angeblich Tempel und Kult unwichtig waren.[85] Man wirft ihm ein oberflächliches Lohndenken vor, weil Haggai nur vom äußeren Tempelbau und dem bloßen Vollzug des Gottesdienstes materiellen Wohlstand oder gar die Segnungen der Messiaszeit erwarte.[86] Einige gehen noch weiter und sehen bei Haggai »eine völlige Abwesenheit höherer Motivationen« (James S. 233), einen »traurigen Abfall« von der Höhe der vorexilischen Prophetie (Neil S. 510), »mehr Schale als Kern« (Neil S. 511), den »Mangel jeglichen ernstlichen sittlichen Tadels« (Marti S. 380), und in ihm selbst den »Vater des nachexilischen Judentums« (Sellin S. 397).[87] Demgegenüber ist zu sagen, daß Israel damals zu seiner Fortexistenz auf den Tempel angewiesen war.[88] Die Synagoge gewann erst später ihre Bedeutung.[89] Aber mehr noch: Das Haggaibuch legt größten Wert darauf, daß dem Tempelbau die Umkehr vorangeht (2,17), und daß gottesfürchtige, gehorsame und von Gott erweckte Menschen den Tempel bauen (1,12.14). Gott sucht heilige Bauleute (2,10ff).[90] Deshalb ruft Haggai zur Abkehr von der Ichsucht (1,4.9; 2,14), zur Umkehr zu Gott (1,2ff; 2,17) und zu neuem Gehorsam (1,8). Er redet sowohl vom Gericht (1,6.9ff; 2,15-17) als auch vom künftigen Heil (1,13; 2,4ff.15.18f.21ff).[91] Deshalb vergleichen ihn Baldwin und von Rad mit Elia[92], und von Rad bemerkt, Haggai sei nicht weniger geistig als Jesaja oder Jeremia.[93] Man muß einfach feststellen, daß die vorexilischen Propheten ebenfalls den Tempel liebten und gerade darum gegen den oberflächlichen, unbekehrten Gottesdienst vorgingen (vgl. Jes 1,11ff; 2,2ff; 56,7; Jer 7,11; Am 5,21ff). Möglicherweise hat Haggai zu Hesekiel eine besonders enge geistliche Beziehung gehabt,[94] obwohl ihn der Talmud mit Daniel und nicht mit Hesekiel zusammenstellt. Immerhin ist auch die Botschaft Hesekiels auf den neuen Tempel ausgerichtet (Kap. 40-47). Ist Haggai in Babylonien gewesen, dann wäre eine solche Beziehung noch besser denkbar. Allerdings dürfen wir nicht dem Irrtum verfallen, Haggai habe seine Tempelverkündi-

[84] Vgl. Frey S. 16 mit Driver S. 344; Wiseman S. 962; Keil S. 492
[85] Z.B. Hammershaimb S. 105; Nowack S. 311
[86] So z.B. Hammershaimb a.a.O.; James S. 233; Neil S. 511
[87] Vgl. noch einmal Hammershaimb a.a.O.: »All ethical considerations are lacking«; vgl. auch Nowack S. 311f
[88] Elliger S. 84; Keil S. 496f
[89] Etwas anders Lindblom S. 407
[90] Vgl. May S. 194f; Wiseman S. 962
[91] Baldwin S. 31. Anders Hammershaimb S. 105
[92] Baldwin a.a.O.: Er hatte »the qualities of an Elijah as he challenged his contemporaries«; v. Rad S. 293: »einem Elia vergleichbar«
[93] S. 291
[94] So viele Ausleger: U.a. Eissfeldt S. 585; Gelin S. 12; Harrison S. 947; Rost 302; Siebeneck S. 313; Hammershaimb S. 104; Chary S. 127; Marti S. 380

gung einfach von Hesekiel übernommen. Es ist Gott selbst, der Haggai seine Worte in den Mund legt.

Der andere Schwerpunkt des Haggaibuches liegt in seinen prophetischen *Weissagungen* (Eschatologie). Es ist nicht von ungefähr, daß das NT gerade an diese Zukunftsverheißungen des Haggaibuches anknüpft. Wie bei einer Ellipse haben die prophetischen Weissagungen Haggais zwei Brennpunkte: einmal die Herrlichkeit der messianischen Zeit und zum andern die messianische Persönlichkeit. Prophezeit sind die kommende Erschütterung des Kosmos und der Völkerwelt, das Ende der Weltreiche, eine geheimnisvolle Herrlichkeit des neuen Tempels und der messianische Friede. Wenn Chary von »einer großen messianischen Dichte« (»une grande densité messianique«) in der zweiten Botschaft Haggais (2,1-9) redet, dann muß man dasselbe von seiner vierten Botschaft (2,20-23) sagen.[95] Dabei gibt Haggai in Übereinstimmung mit der übrigen biblischen Prophetie keine Datierungen. Es ist also falsch, wenn man in modernen Kommentaren liest, Haggai spreche von »der unmittelbar bevorstehenden Aufrichtung« des Gottesreiches.[96] Von diesen messianischen Weissagungen ist zu unterscheiden die Verheißung eines unmittelbar bevorstehenden Segens für das damalige Israel, sobald es in Gehorsam und Vertrauen den Tempelbau in Angriff nimmt. Die dritte Botschaft Haggais (2,10-19) ist also nicht messianisch, sondern auf seine Zeit bezogen (vgl. 2,18f mit 1,6.9.10f). Was nun den zweiten Brennpunkt anbetrifft, nämlich die messianische Persönlichkeit, so kann man mit Siebeneck davon sprechen, daß Haggai den »Königsmessianismus der vorexilischen Propheten« (»the royal messianism of the pre-exilic prophets«) fortsetzt.[97] Denn Serubbabel, der Davidide, wird als diejenige Person bezeichnet, über die die davidischen Verheißungen weiterlaufen sollen (2,21ff). Es ist hier die Rede von einem geheimnisvollen »Siegelring«, der im Kommentar zu erläutern ist. Serubbabel wird aber niemals als Messias bezeichnet. Seine Rolle ist, wie Chary bemerkt, geringer als die des Immanuel oder des zweiten David nach Jer 33,19ff; Hes 34,23ff; 37,24ff u.a. Stellen.[98]

Tempel und *messianische Weissagung* sind also die hervorragenden Themen des Haggaibuches. Noch einmal sei unterstrichen, daß es hier um göttlich bevollmächtigte Prophetie geht, und nicht um politische Aktionen oder gar Konspirationen des Menschen Haggai, der gelegentlich als »glühender Nationalist« bezeichnet wurde.[99]

Es muß noch auf ein Mißverständnis eingegangen werden, das die Auslegung seit einem Jahrhundert belastet. Man deutet nämlich Hag 2,10-14 so, als ob hier Haggai die Samaritaner vom Tempelbau ausschließe. Damit sei Haggai schuldig am Schisma (Abspaltung) der Samaritaner. Ja, damit habe Haggai die Enge und den Starrsinn des späteren Judentums eingeleitet. Rothstein nennt dies den »Geburtstag des nachexilischen Judentums« (S. 41). Hesse geht noch weiter. Bei Haggai erklinge »die Stimme eines frühen

95 Vgl. Chary S. 132 mit S. 133. Anders z.B. Bloomhardt S. 154
96 So z.B. v. Rad S. 291.294; Chary a.a.O. S. 134; Elliger S. 84; Nowack S. 311
97 Siebeneck S. 316
98 Chary S. 135
99 Immer wieder findet sich dieses Mißverständnis in der modernen Auslegung, vgl. nur Bloomhardt S. 154ff; James S. 233f; Olmstead S. 137; Sellin Serubbabel S. 6.208ff; Waterman passim. Einspruch erhebt dagegen z.B. Ackroyd JJS 2 S. 12

Pharisäers«, er gehöre nicht in die »prophetische«, sondern in die »jüdische« Linie, und sei »keineswegs ein Vorläufer Jesu Christi, er ist im Gegenteil einer der Väter des Judentums«.[100] Diese Art von Auslegung scheitert aber daran, daß sich Hag 2,10ff nicht auf die Samaritaner, sondern auf die Juden bezieht.[101] Ferner fällt auf, daß bei Haggai nirgendwo eine antisamaritanische Stimmung zu bemerken ist.[102] Noch die Papyri von Elephantine vom Ende des 5. Jh.v.Chr. lassen keinen Bruch mit den Samaritanern erkennen.[103] Wir müssen also Abschied nehmen von der Vorstellung, Haggai habe den Bruch mit den Samaritanern herbeigeführt.

Versuchen wir, Haggai ins Ganze der alttestamentlichen Offenbarung einzuordnen. Zunächst setzt Haggai die fünf Bücher Moses voraus. Denn Hag 2,10-14 nimmt deutlich Bezug auf 3Mo 6,11.18.20; 22,4; 4Mo 19,11ff. Außerdem ist schon lange anerkannt, daß die Scheidung vom Bösen und die Leben und Segen bringende Zuwendung zu Gott, die Haggai verlangt, im 5. Mosebuch einen Vorgänger haben (vgl. 5Mo 28 und 30).[104] Eine weitere Beziehung besteht zu Jesaja, einmal über die davidischen Weissagungen (vgl. Jes 11,1ff; 55,3f), sodann über die messianischen Weissagungen schlechthin (vgl. Hag 2,6-9 mit Jes 60,9ff).[105] Daß Haggai auch Jeremia gekannt hat, ergibt der Vergleich von Hag 2,23 mit Jer 22,24ff. Mit Daniel verbindet ihn das Interesse am Wiederaufbau des Tempels (vgl. Dan 9,16.17.20-24ff). Dasselbe Interesse verbindet ihn auch mit Hesekiel (vgl. Hes 40-47).[106] Aber nicht nur dieses. Sondern auch im Blick auf den davidischen Messias steht Haggai in einer Linie mit Hesekiel und Jeremia (vgl. Jer 23,5f; 33,19ff; Hes 34,23ff; 37,24ff).[107] Gelegentlich werden weitere Beziehungen zu den übrigen Propheten des AT sichtbar, z.B. zu Amos (vgl. Hag 2,17 mit Am 4,9). Besonderer Erwähnung bedarf noch Haggais Zeitgenosse Sacharja. Wir haben bei der Auslegungsgeschichte beobachtet, daß der Talmud Haggai und Sacharja in einen engen Zusammenhang bringt. Derselbe Zusammenhang ergibt sich aus Esr 5,1ff; 6,14. Beide Propheten wenden sich an Serubbabel und Josua. Beide haben eine persönliche Verheißung für Serubbabel (vgl. Sach 4,6 mit Hag 2,20ff). Beide ermutigen zum Tempelbau und beide verkündigen den messianischen Frieden (vgl. Sach 4 mit Hag 1-2 und Sach 9,9ff mit Hag 2,9). Dennoch darf man das originelle Profil beider Propheten nicht übersehen.[108] Haggai ist ganz auf den davidischen Messias konzentriert, Sacharja hat auch eine Botschaft über Das Verhältnis von Priestertum zum Davidsmessias (vgl. Sach 3-6 mit Hag 2,20ff.) Sacharja schließt an die Gesichte bei Hesekiel, Daniel und Amos an (vgl. Sach 1,7-6,8 mit Am 7,1-9,10; Hes 8-11 und 37-48; Dan 7-12), und vermittelt gewisse Züge an die spätere »Apokalyptik«. Haggai dagegen hat keine solche Gesichte und bleibt bei lehrhafter,

[100] Hesse S. 128ff; vgl. Elliger S. 84; Sellin S. 397ff; Beyse S. 36
[101] Hammershaimb S. 106; Rendtorff S. 249 u.a. Siehe den Kommentar zur Stelle
[102] So mit Recht May S. 192, dem Townsend S. 559f zustimmt
[103] May S. 197
[104] So z.B. v. Rad S. 293 sowie Marti S. 380; Rendtorff S. 249
[105] Vgl. noch Hammershaimb S. 104f; Wiseman S. 962
[106] Vgl. die in Anm. 94 genannten Ausleger
[107] Siebeneck S. 313; Haggai schließt an den »messianism of Ez« an; vgl. Wiseman S. 962
[108] Vgl. Wiseman a.a.O.

trockener Wortoffenbarung.[109] Blicken wir abschließend zu Maleachi hinüber. Das lehrhafte Element findet sich sowohl bei Haggai als auch bei Maleachi. Deshalb bilden beide eine Art Brücke zum rabbinischen Lehrstil (vgl. Hag 2,10ff mit Mal 1,6ff), wenn auch der Lehrstil Maleachis viel ausgeprägter ist.[110]

Alles in allem erweist sich Haggai als ein *bedeutender Prophet.* Er knüpft an die Linie der vorexilischen und exilischen Prophetie an, hat aber eine unverwechselbare eigene Botschaft. Als Zeuge Gottes ist er genau an *den* Punkt der Heilsgeschichte gestellt, an dem es um den Wiederaufbau des Tempels und auch um die geistliche Wiederherstellung Israels nach dem Exil ging. Als erster uns bekannter nachexilischer Prophet steht er also an einem einzigartigen Wendepunkt. Er kennt noch die Generation, die zur Zeit des ersten Tempels lebte (2,3), und ist doch schon Angehöriger einer neuen Zeit, in der Israel unter der Perserherrschaft leben, eine neue Lebensform finden muß und sich ganz allmählich jenes Judentum anbahnt, in dem Jesus aufwuchs. Insofern ist er wirklich einer der Väter des Judentums und - auf der menschlichen Ebene betrachtet - eine maßgebliche Persönlichkeit der Geschichte Israels.[111] Diejenigen, die ihn als »Epigonen« bezeichnen,[112] gehen also an den Tatsachen vorbei. Uns Christen hat er nicht nur einen Teil des alttestamentlichen Gotteswortes vermittelt (Hebr 12,26), sondern ist er auch einer jener Väter geworden, von denen Paulus in Röm 9,4 spricht.

Interessant ist noch, daß Luther den »Befehl« von Dan 9,25, wonach »Jerusalem wieder aufgebaut werden« solle, auf die Botschaft Haggais bezogen hat (S. 116).

VII. Die Beziehung zum NT

Der Hebräerbrief zitiert in 12,26f das Haggaibuch (2,6.21) als heilige Schrift. Er deutet es als echte Weissagung auf die endzeitliche Umwandlung des Kosmos und die Errichtung eines unvergänglichen Gottesreiches.

Sonst finden wir im NT kein Zitat aus dem Haggaibuch. Möglicherweise gehen aber Jesu Worte in Joh 14,27: »meinen Frieden gebe ich euch« auf Hag 2,9 zurück.[113] Ob Mt 28,20 (»Ich bin bei euch«) eine Wurzel im Gotteswort von Hag 1,13 hat, muß offen bleiben.

Die engste Beziehung zwischen dem Haggaibuch und dem NT besteht aber darin, daß die Verheißung in Hag 2,20ff dadurch in Erfüllung ging, daß aus Serubbabels Familie Joseph und Jesus stammen. Der *»Siegelring«* Serubbabels ging also nicht verloren. Vielmehr gehört er in die Familientafel Jesu hinein (Mt 1,12f; Lk 3,27) und vermittelte an Jesus, den wahren Messias, die Verheißungen und Segnungen der Davididen. So erkennen wir gerade vom NT her, daß Gottes Wort im Haggaibuch zuverlässig ist.

109 Anders sehen es Ackroyd JJS 2 S. 13; Sellin S. 398, die die Apokalypsen mit Haggai beginnen lassen. Vgl. noch Mitchell S. 27f

110 Vgl. zu diesem Punkt Wiseman S. 962

111 Vgl. Harrison S. 947; May S. 197. Auch Luther schrieb, er sei der Prophet, »durch welches Weissagung der Tempel und Gottesdienst wieder angerichtet ward« (S. 116)

112 So z.B. Marti S. 380; Sauer S. 203; James S. 235; Neil S. 510f. Dagegen Beyse S. 65

113 So Nestle-Aland, Novum Testamentum Graece, 26. Auflage, 1979, S. 299.768

B. Auslegung

I. DIE ERSTE BOTSCHAFT HAGGAIS: BAUT DEN TEMPEL! 1,1-11

Im Unterschied etwa zu Hosea (1,1), Amos (1,1), Obadja (1), Micha (1,1), Nahum (1,1), Habakuk (1,1) und Maleachi (1,1) weist das Haggaibuch keine Überschrift auf. Es gleicht darin Joel, Jona, Zephanja und Sacharja.

Was Hag 1,1 berichtet, ist schon die Einleitung zur ersten Botschaft des Propheten, die von V. 2 bis V. 11 reicht:

1 Im Jahr zwei des Königs Darius, im sechsten Monat, am ersten Tage des Monats, erging das Wort Jahwes durch den Propheten Haggai an Serubbabel, den Sohn Schealtiels, den Statthalter von Juda, und an Josua, den Sohn Jozadaks, den Hohenpriester, wie folgt:

Diese Einleitung gibt ein exaktes Datum[114] an. Mit Hilfe der Zeittafeln von Parker-Dubberstein kann es auf den 29. August des Jahres 520 v.Chr. bestimmt werden.[115]

Das **Jahr zwei des Königs Darius** begann am 3. April 520 v.Chr.[116]. 1
Im selben Jahr trat erstmals auch Sacharja auf, allerdings erst im achten Monat (Sach 1,1; Esr 5,1). Noch im Talmud wird dieses zweite Regierungsjahr als bedeutsam angesehen.[117]

Mit dem **König Darius** ist Darius I. Hystaspis gemeint, der von 522 bis 486 v.Chr. das Perserreich regierte.

Exkurs I: Darius I. von Persien

Über diesen Darius haben wir schon oben in Teil A II. gesprochen. Halten wir das Wichtigste noch einmal fest und ergänzen wir das oben Gesagte.

Darius heißt auf hebräisch »Darjawäsch« und altpersisch »Darajawausch« oder »Darajawahusch« = »derjenige, der das Gute aufrechterhält«.[118] Der Darius von Hag 1,1 darf nicht mit dem Vizekönig »Darius der Meder« von Dan 6,1; 9,1; 11,1 und auch nicht mit dem Darius III. Codomannus (336-331 v.Chr.) von Neh 12,22 verwechselt werden.[119]

[114] Vgl. Ackroyd JJs 2 S. 171; Eissfeldt S. 575
[115] Parker-Dubberstein S. 30; Baldwin S. 29; Galling S. 79; Olmstead S. 136; Nyberg S. 82. Anders Chary IB S. 442: 27. August 520
[116] Ackroyd JNES S. 15
[117] Megilla 15a. Daß die Datierungen bei Haggai später konstruiert sein könnten, wie Ackroyd JJS 2 S. 172f schreibt, ist ganz unwahrscheinlich
[118] Vgl. Nyberg S. 75; Olmstead S. 107
[119] Vgl. Volz S. 120

Er hatte bis zum Jahre 520 schon Schweres hinter sich. In 19 Schlachten hatte er Nebenbuhler und Rebellen besiegt, darunter den gefährlichen Bardija (Smerdis, Gautama), der sich vom 11. März bis 29. September 522 als angeblich rechtmäßiger Großkönig behauptete, und die babylonischen Rebellen Nebukadnezar III. (= Nidintu-Bel, 3. oder 5. Oktober bis 18. Dezember 522) und Nebukadnezar IV. (= Araka, 9. September bis 27. November 521).[120]

Jetzt aber, im Herbst 520 v.Chr., also zur Zeit der Ereignisse in unserem Haggaibuch, hatte er die Dinge fest in der Hand.

519/518 v.Chr. führte Darius einen siegreichen Feldzug in Ägypten und gliederte Ägypten erneut ins Perserreich ein. Dabei betrat er auch den Boden Palästinas. Ob er in Jerusalem war und was sein Erscheinen für die dortigen Juden bedeutete, wissen wir nicht.[121] Nur soviel ist klar, daß er dem Tempelbau zustimmte. Nyberg knüpfte daran die Vermutung, Darius habe durch seine Freundlichkeit die Juden loyal halten wollen (S. 82). Der Erfolg bleibt Darius zunächst treu. In Ägypten wird ein Vorläufer des Suezkanal gebaut. 512 v.Chr. wird der Pandschab (Indien) persisch. Dann aber stellen sich Niederlagen ein, und zwar im Westen. Ab 499 v.Chr. befinden sich die Griechen an der Küste Kleinasiens im Aufruhr. 492 geht die persische Flotte im Sturm beim Athos unter. 490 findet die berühmte Schlacht bei Marathon statt, in der der athenische Feldherr Miltiades die Perser besiegt. Im Alter von 64 Jahren stirbt Darius I. im Jahre 486 v.Chr.

Insgesamt kann man das Urteil fällen, daß Darius »zu den größten Herrschergestalten der Weltgeschichte« gehört (Nyberg S. 92).

Der **sechste Monat** ist der »Elul« (vgl. Neh 6,15). Er entspricht etwa unserem August/September. Es handelt sich also um den Monat, in dem die Trauben- und Obsternte eingebracht wurde, was für V. 11 eine Bedeutung besitzt.

Der **erste Tag des Monats** ist der Tag des Neumonds. Dieser Neumondtag war ein Festtag[a]. Deshalb nehmen manche Ausleger an, daß Haggai während eines Festtagsgottesdienstes auftrat und seine Botschaft an die versammelte Festgemeinde richtete.[122]

[a] Ps 81,4; Jes 1,13f; 66,23; Hos 2,13; Am 8,5; Kol 2,16

Halten wir noch fest: Die exakte Datierung ist ein häufiges Kennzeichen der biblischen Prophetie. Sie unterstreicht, daß Gottes Wort in unsere Raum-Zeit-Welt eingeht und sich der Nachprüfung stellt.

An jenem 29. August des Jahres 520 v.Chr. kommt es zu dem gewaltigen Urereignis der Gottesoffenbarung, das die Bibel mit den Worten

[120] Vgl. Ackroyd JNES S. 14; Nyberg S. 75ff; Olmstead S. 108ff
[121] Vgl. wieder Nyberg S. 82f
[122] Vgl. Baldwin S. 37; Frey S. 18

beschreibt: **das Wort Jahwes erging**[b]. Wir müssen uns klarmachen, daß dies unseres Wissens das erste Mal seit dem Exil ist, daß Gott wieder zu einem Propheten redete - noch vor Sacharja! Die letzte prophetische Botschaft davor, nämlich die in Dan 10-12, liegt zwar ebenfalls nach dem Exil (538 v.Chr. endete das babylonische Exil mit dem Kyrus-Erlaß, 536 ist das Datum der letzten Schau Daniels, die uns überliefert ist). Aber sie wurde ja einem Exilpropheten in Babylonien aufgetragen. Jetzt aber tritt mit Haggai der erste nachexilische Prophet vor unsere Augen. Und nicht mehr Babylonien, sondern Israel, das Heilige Land, ist Schauplatz der Offenbarung.

[b] Hos 1,1; Joe 1,1; Jon 1,1; Mi 1,1; Zeph 1,1; Sach 1,1

Wie **das Wort Jahwes erging,** wird nicht gesagt. Es ist nur mit Gewißheit festgehalten, daß es wirklich Gottes **Wort** ist, und nicht von Menschen erdacht und produziert. Für Gott steht der Name **Jahwe,** d.h. der speziell für Israel am Dornbusch (2Mo 3,14) offenbarte Gottesname.

Dieses Wort wird vermittelt **durch den Propheten Haggai.** D.h. Haggai ist wirklich nur Werkzeug, nur Überbringer. Wörtlich heißt es: »durch die Hand des Propheten Haggai«, oder noch besser: »vermittels des Propheten Haggai«. Zum Namen **Haggai** = »mein Fest« bzw. »Gottes Fest« vgl. die Einleitung. Haggai wird hier **Prophet,** hebr. nabij', genannt. Denselben Titel erhalten Mose (5Mo 18,15), Samuel (1Sam 9,8ff), Nathan (1Kö 1,8), Elia (1Kö 18,4), Elisa (1Kö 19,16), Jesaja (37,2), Jeremia (1,5), Habakuk (1,1) und Sacharja (1,1). Ein Vergleich mit Am 7,14 macht es wahrscheinlich, daß Haggai nicht nur »Gelegenheitsprophet« war, sondern ein zum Propheten berufener Priester. Esr 5,1 unterstützt diese Sicht.[123]

Die erste Botschaft Haggais hat zwei Adressaten: Serubbabel und Josua. Was sind das für Männer?

Exkurs II: Serubbabel und Josua

Den ersteren nennt Hag 1,1 **Serubbabel, den Sohn Schealtiels, den Statthalter von Juda.** Vermutlich ist **Serubbabel** ein babylonischer Name. Er wird meist als »Zer-Babili« = »Sproß Babels« erklärt.[124] **Sohn Schealtiels**[125] heißt er in den meisten biblischen Stellen[a]. Dem scheint aber 1Chr 3,19 zu widersprechen. Dort wird Serubbabel als Sohn Pedajas bezeichnet. 1Chr 3,19 braucht aber keinen Gegensatz zu den übrigen Angaben zu bilden. Denn es gibt mehrere Wege, sowohl an 1Chr 3,19 als auch an den übrigen Angaben festzuhalten: 1. Der kinderlose Sche-

[a] Esr 3,2.8; 5,2; Neh 12,1; Hag 1,1.12.14; 2,2.23; Mt 1,12

[123] Ähnlich Eissfeldt S. 576; Chary IB S. 442

[124] So Baldwin S. 38; Gesenius S. 205; Mitchell S. 43; E. Nestle in CBL, 4. Aufl., 1924, S. 698

[125] Die kürzere Namensform »Schaltiel« (Hag 1,12.14; 2,2) ist vermutlich aus »Schealtiel« zusammengezogen. So Horst S. 204; Keil S. 499. Anders Galling S. 78. Schealtiel heißt auf deutsch: »der von Gott Erbetene«

altiel hat einen Sohn seines jüngeren Bruders Pedaja adoptiert. In diesem Falle konnten beide als »Vater« gelten. 2. Pedaja heiratete auf dem Weg der Schwagerehe (5Mo 25,5f; Mt 22,23ff) die Witwe seines kinderlos verstorbenen Bruders Schealtiel. Auch in diesem Falle galt sowohl Pedaja (leiblich) als auch Schealtiel (juristisch) als Vater des erstgeborenen Sohnes Serubbabel. 3. Der jüdische Ausleger David ben Kimchi (gest. 1230) meint, daß Pedaja ein Sohn und nicht ein Bruder Schealtiels gewesen ist und deshalb Serubbabel den Abkömmling beider darstellt. 4. Die im 3. Jh. v.Chr. entstandene griechische Bibelübersetzung (Septuaginta) rechnet in 1Chr 3,19 mit einem Schreibfehler und setzt deshalb auch dort den Namen Schealtiel für Pedaja ein[126]. Welche dieser Möglichkeiten in der Realität zutraf, können wir heute nicht mehr sagen. Geht man von der Möglichkeit 1 oder 2 aus, dann ist Serubbabel ein Enkel des 597 v.Chr. von Nebukadnezar nach Babel gefangengeführten Jojachin gewesen (2Kö 24,15; Jer 22,24ff; 2Chr 36,9f).[127] Jojachin wurde später begnadigt und blieb offenbar mit seiner Familie in Babel (2Kö 25,27ff; Jer 52,32ff). So wuchs Serubbabel in Babylonien auf. Nach Esr 2,2; 3,2ff; Neh 7,7 gehörte er zu den ersten Rückwanderern aus der babylonischen Gefangenschaft.[128] Ja, er hat unter diesen nach Esr 3,2.8; 4,2ff eine führende Stellung eingenommen. Man muß noch mehr sagen: Die Perser setzten in Serubbabel ein so großes Vertrauen, daß sie ihn zum **Statthalter von Juda** (pächah) machten. Man nennt ihn »den Repatriierungskommissar«, der »von der persischen Zentralregierung mit außerordentlichen Vollmachten« ausgestattet war.[129] Zweifelhaft ist es, ob **Juda** damals einen Teil der Provinz Samaria bildete, wie z.B. Elliger und von Rad annehmen.[130] Dann wäre Juda nur eine Art Unterprovinz gewesen. Eins aber kann man mit Gewißheit sagen: Kein anderer Davidide außer David selbst hat so viele Segensverheißungen empfangen wie Serubbabel[a]. Wir werden sie bei der Erklärung von Hag 2,20ff besprechen. Er bildet also eine der entscheidenden Weichenstellungen im Heilsplan Gottes[b]. Seine historische Leistung ist der Bau des zweiten Tempels, der bis 70 n.Chr. stand. Das Sirachbuch preist ihn um 175 v.Chr. mit den Worten: »Wie können wir genug rühmen den Serubbabel, er war wie ein Siegelring an der rechten Hand« (49,11).

[a] Hag 2,20ff; 4,6ff; evtl. Sach 3,8 mit 2Sam 7,4ff; Ps 89
[b] Mt 1,12.13; Lk 3,27

[126] Vgl. Mitchell S. 43, der noch eine weitere - überaus komplizierte - Lösung aus der Forschungsgeschichte referiert, sowie Baldwin S. 38; Siebeneck S. 316,12. Galling S. 78 meint, Pedaja sei der Stiefvater Serubbabels, »der in Leviratsehe die Witwe« Schealtiels geheiratet hatte.
[127] Das Problem, weshalb Schealtiel in Lk 3,27 »ein Sohn Neris« heißt statt »ein Sohn Jojachins«, ist vielleicht auf dieselbe Weise zu lösen wie oben das Problem Schealtiel/Pedaja. Vgl. Mitchell a.a.O.; Baldwin a.a.O.; Siebeneck a.a.O.; Elliger S. 83
[128] Vgl. Baldwin S. 39; Halévy S. 289; Keil S. 495
[129] Elliger S. 83. Vgl. Schmoldt I S. 191; Ackroyd JNES S. 27; Bardtke Sp. 6; Koch S. 53
[130] Elliger a.a.O.; v. Rad S. 293. Anders z.B. Volz S. 120: »pers. Provinz mit eig. Statthalter«

Enkel judäischer Könige, Davidide, Träger biblischer Verheißungen einerseits, und babylonische Erziehung, Exilserfahrung, persisches Staatsamt andrerseits - was für eine spannungsvolle Existenz! Je länger man sich mit Serubbabel beschäftigt, desto mehr staunt man über diese für unser Bibelverständnis weithin im Schatten liegende Gestalt. Frey hat auf die Parallelität zwischen Mose und Serubbabel hingewiesen und zur Zeit Serubbabels bemerkt: »Das war nach Abraham und Mose der dritte große Auszug auf Glauben in der Geschichte Israels«.[131] Notieren wir kurz einige Parallelen zwischen Mose und Serubbabel: 1) Beide tragen nichthebräische Namen (Mose ist ägyptisch; Serubbabel babylonisch); 2) beide sind außerhalb des Israellandes aufgewachsen; 3) beide sind Prinzen (Mose ein ägyptischer, Serubbabel ein judäischer); 4) beide wurden in einer der alten Hochkulturlandschaften des Orients erzogen (vgl. Apg 7,22 für Mose); 5) beide trieb es zu ihren Brüdern aus bzw. in Israel; 6) beide wurden in brisanten Situationen Führer Israels; 7) beide lebten an Weichenstellungen des Heilsplanes Gottes.

Wenden wir uns dem zweiten Adressaten zu: **Josua, dem Sohn Jozadaks, dem Hohenpriester. Josua** heißt er bei Haggai und Sacharja[c], **Jeschua** oder Jesua bei Esra und Nehemia[d]. Die griechische Bibel aus dem 3. Jh. v.Chr. (Septuaginta) hat dafür Jaesus. Alle diese Namen bedeuten dasselbe, nämlich: »Gott (Jahwe) hilft« oder »Gott (Jahwe) ist die Rettung«. »Jeschua« bzw. »Jesua« ist eine spätere Form, die gerade damals in der Perserzeit aufkam und das ältere »Josua« (vollständiger »Jehoschua«) allmählich ersetzte. Der Hohepriester Josua ben Jozadak trug also denselben Namen wie Jesus Christus!

[c] Sach 3,1ff; 6,9ff
[d] Esr 2,2; 3,2.8; 5,2; Neh 7,7

Der Vatername **Jozadak** oder - vollständiger - »Jehozadak« bedeutet »Gott (Jahwe) ist gerecht«. Aus 2Kö 25,18ff; 1Chr 5,40f; Jer 52,24ff geht hervor, daß dieser Jozadak ein Sohn des letzten vor dem Exil amtierenden Hohenpriesters Seraja war, den Nebukadnezar in Ribla im Lande Hamath hinrichten ließ (587 v.Chr.). Jozadak wurde nach Babylonien weggeführt und vermutlich ist **Josua** dort geboren worden. Die beiden Adressaten von Hag 1,1, Serubbabel und Josua, teilten also das Schicksal, im babylonischen Exil aufgewachsen zu sein. Josua war nach Ausweis der Familientafel in 1Chr 5,27 ein Zadokide, stammte also aus dem vornehmsten Priestergeschlecht Israels, das nach Hes 44,15ff als einziges im neuen Tempel Priesterdienst tun sollte. Josua scheint ein entschlossener Mann gewesen zu sein. Er befand sich mit Serubbabel an der Spitze der Rückwanderer (Esr 2,2; 3,2ff; Neh 7,7). Mit Serubbabel zusammen errichtete er den zweiten Tempel (Esr 3,2ff; 5,2ff). Im vierten Nachtgesicht Sacharjas (3,1ff) wird er von Satan verklagt, aber gereinigt und als Hoherpriester eingesetzt. Sehr umstritten ist die Bedeutung der

[131] Frey S. 13

Krönung Josuas in Sach 6,9ff.[132] Soviel läßt sich jedoch sagen: Sacharja verheißt in 3,1ff und 6,9ff auch dem Priestertum eine messianische Bedeutung - eine Verheißung, die sich allerdings nicht in dem Zadokiden Josua bzw. dessen Nachfolgern, sondern in dem Davididen Jesus Christus erfüllte, der zugleich unser Hoherpriester wurde (vgl. Hebr 4,14-10,21). Daß ein levitischer Zadokide nicht, wie vor allem die Qumranessener es wollten, zum Messias erwählt wurde, hängt damit zusammen, daß das zadokidische Priestertum zur Zeit Maleachis den Bund brach und in Sünde verfiel.[133] Auch Esr 10,18 läßt erkennen, daß vier Nachkommen Josuas Frauen aus fremden Völkern genommen hatten, die sie auf Weisung Esras verstoßen mußten. Übrigens besteht nach Esr 7,1 die Möglichkeit, daß Esra mit dem Hohenpriester Josua verwandt war. Auf jeden Fall aber haben wir in Josua eine der wichtigsten Priestergestalten des AT vor uns.

Für **Hoherpriester** steht im Hebräischen eigentlich **der große Priester.** Diese Bezeichnung sieht schon das Mosegesetz vor (3Mo 21,10ff; 4Mo 35,25ff; Jos 20,6). Sie findet sich weiter in den Königs- und Chronikbüchern (2Kö 12,11; 22,4ff; 23,4; 2Chr 34,9). Dieselbe Bedeutung hat der Begriff »Hauptpriester« (2Kö 25,18; vgl. 2Chr 24,6). Gemeint ist der oberste Priester, der die Aufsicht und wohl auch eine gewisse Rechtsprechung unter den übrigen Priestern ausübte und das Priestertum vor Gott repräsentierte. Wenn Hag 1,1 den Josua als »Hohenpriester« anredet, dann ist klar, daß Josua schon Hoherpriester war, bevor Haggai auftrat, und nicht erst von Haggai zum Hohenpriester eingesetzt wurde. Wer hat Josua dann zum Hohenpriester gemacht? Antwort: Die damaligen Führer der Judenschaft, und zwar mit Einwilligung der persischen Zentralregierung.[134]

Das bringt uns noch einmal zum damaligen **Juda** zurück. Wenn von einem **Statthalter von Juda** die Rede ist, dann muß dieses Juda im Jahre 520 v.Chr. ein fest umrissener geografischer Bereich mit einer besonderen Verwaltung gewesen sein. Strittig kann nur bleiben, ob es Samaria unterstellt war oder nicht. Auf jeden Fall aber war dieses Juda dem Satrapen der Satrapie Abarnahara (pers. Ebirnari) = »Jenseits des Stromes (Euphrat)« unterstellt (vgl. Esr 5,6ff; 6,6ff). Dieselbe Struktur treffen wir noch in der Zeit Maleachis. Sie ist also in der persischen Zeit relativ beständig geblieben. **Juda** umfaßte das Umland Jerusalems, aber nicht mehr das alte Königreich Juda in seinem vollen Umfang. Erstaunlich ist, daß Babylonier (vgl. Dan 2,25; 3,12; 5,13) und Perser (vgl. Dan 6,14) den Namen **Juda** beibehalten haben.

[132] Vgl. hier die Erklärung von F. Laubach in der WStB zur Stelle
[133] Vgl. Mal 1,6-14; 2,1-9 und die Erklärung in diesem Band der WStB zu den genannten Stellen
[134] Vgl. zu Josua Elliger S. 84; Mitchell S. 44; Rendtorff S. 249; Baldwin S. 39

Schließlich erhebt sich die Frage: In welchem Verhältnis standen **Serubbabel** und **Josua** zueinander? Chary wird mit der Annahme recht haben, daß damals Serubbabel dem Hohenpriester Josua an Macht überlegen war.[135] Denn sowohl im Haggaibuch als auch in Esr 2,2; 3,8; 4,2f; 5,2 und Neh 7,7 wird Serubbabel vor Josua genannt. Nur in Esr 3,2 rangiert Josua als erster, weil es um eine typisch priesterliche Aufgabe, die Errichtung des Brandopferaltars, geht. Auch zur Zeit Maleachis (um 470 v.Chr.) und zur Zeit Nehemias (um 450-430) ist der Statthalter, der »Pächah«, dem Hohenpriester vorgeordnet[e]. Etwas anderes hätte das persische Reichsrecht kaum erlaubt. Dennoch gibt es zu denken, daß erstmals in der Geschichte Israels der Davidssohn und der Levisohn, der weltliche Fürst und der oberste Priester, nebeneinander als Spitzen des Volkes genannt werden.[136] Es hätten keine Menschen sein müssen, wenn nicht das zadokidische Priestertum auf die Dauer zum Rivalen um die höchste Macht geworden wäre. Olmstead bemerkte: Josua »was no friend of Zerubbabel« und sah in Sach 3-4 eine klare Anzeige, daß sich der Hohepriester dem Statthalter nicht unterordnen wollte.[137] Ob man so weit gehen darf, ist aber fraglich. Die jüdische Geschichtsschreibung hält sowohl im Esra- als auch im Sirachbuch daran fest, daß beide zusammenarbeiteten und beiden das Verdienst am Aufbau des zweiten Tempels zukommt. So schreibt Ben Sira: »Sie haben in ihren Tagen den Tempel errichtet« (49,12, vgl. Esr 5,2; 6,14ff). Nur so viel wird man sagen dürfen, daß Sach 3,1ff; 4,11ff und 6,9ff durchschimmern lassen, wie sehr das Priestertum von der Frage nach seiner Zukunft bewegt war. Aber hierin gibt Sacharja eine ganz klare Antwort: der davidische »Sproß« wird der Erste sein; er wird herrschen (6,13); aber der Priester wird zu seiner Rechten sein und es wird - was damals vielleicht nicht alle erwartet haben - »Friede sein zwischen den beiden« (6,13). In der Griechenzeit allerdings kommen eindeutig die Hohenpriester an die Spitze, bis sie von den Makkabäern und Herodianern und schließlich von den Römern und den pharisäischen Rabbinen abgelöst werden. Doch am Ende ist es Serubbabel und nicht Josua, der in den Stammbaum des Messias gehört (Mt 1,12f; Lk 3,27).

[e] Mal 1,8; Neh 5,14ff; 13,4ff.15ff. 28ff

2 So spricht Jahwe Zebaoth: Dieses Volk sagt: Die Zeit ist noch nicht[138] gekommen, um das Haus Jahwes zu bauen.

[135] Chary S. 138
[136] Vgl. Rendtorff S. 249
[137] S. 137,12
[138] Elliger u.a. lesen: »Jetzt ist die Zeit noch nicht gekommen« (S. 85); vgl. Koch S. 57; Harrison S. 948

[a] 2Mo 4,22; 5,1; Jos 7,13; Jes 37,21; Jer 7,21; Hes 3,11

2 Beachten wir zuerst die Einzelheiten. Der Ausdruck **So spricht Jahwe Zebaoth** knüpft an die Mosezeit und die ältere Prophetie an[a]. Wie Maleachi hat auch das Haggaibuch eine Vorliebe für den Namen **Jahwe Zebaoth. Jahwe** ist der dem Mose am Dornbusch offenbarte Gottesname (2Mo 3,14). **Zebaoth** heißt »Heere«, »Heerscharen«, und meint sehr wahrscheinlich die himmlischen Heere der Engel. **Dieses Volk** sind die Juden, die im Land wohnen, gleichviel, ob es sich um Rückwanderer oder im Lande Verbliebene handelt.[139] Gott nimmt hier auf, was tatsächlich von den Leuten gesagt wurde: **Die Zeit ist noch nicht gekommen, um das Haus Jahwes zu bauen.** Oder: »Für Jahwes Haus ist die Zeit noch nicht gekommen, daß es wieder aufgebaut werde«. Das **Haus Jahwes** ist der Tempel. D.h. kurz und bündig: Gott muß noch warten.

Warum das Volk so redet, sagt V. 2 noch nicht. Erst aus den Versen 6-11 lassen sich einige Gründe gewinnen. So viel ist aber klar: Das damalige jüdische Volk handelte nach dem Grundsatz: »Erst kommen wir, und dann der Tempel«. Frey sprach hier von einer »Verkehrung der Rangordnung zwischen Menschlichem und Göttlichem«. Damit steht das Volk in einem diametralen Gegensatz zu Noah, der, soeben der Katastrophe entronnen, zuerst dem Herrn einen Altar baute (1Mo 8,20).

Wir modernen Menschen müßten uns allerdings gut in jenes Volk hineinversetzen können. Haben wir denn mehr **Zeit** für Gott? Haben wir beim deutschen Wirtschaftswunder etwa nach der Regel gehandelt: »Erst Gott, und dann wir«? **Die Zeit ist noch nicht gekommen:** das kann im Munde eines geisterfüllten Menschen wie Jesus eine wunderbare Regel sein (vgl. Joh 2,4; 7,6.8). Aber im Munde eines ichverhafteten Menschen wird sie zur Flucht aus der Verantwortung.

Um V. 2 zu verstehen, sollten wir allerdings auch beachten, daß ja nach Esr 3,1ff der Brandopferaltar längst errichtet war und die normalen Gottesdienste seitdem unter Anwendung des Mosegesetzes stattfanden,[140] also mit den täglichen Brandopfern (Tamid), den Festen usw. Und wir sollten nicht vergessen, daß das Volk alles getan hatte, um bereits 16 Jahre zuvor den Tempel wiederaufzubauen, jedoch von den Nachbarn und den persischen Behörden daran gehindert worden war (Esr 3,8ff; 4,1ff). Oder glaubte das Volk sogar, die gegenwärtige politische Lage erschwere einen Wiederaufbau erst recht? Ein anderes Verständnis vertritt Sellin.[141] Er meint, daß gerade der Messianismus des Volkes den Tempelbau verhindert habe. Denn nach Ansicht der Gegner des Tempelbaus seien die 70 Jahre von Jer 25,11; 29,10 noch nicht

[139] Baldwin S. 39; Keil S. 500 und Mitchell S. 45 glauben, daß »dieses Volk« anstelle von »mein Volk« eine Distanz und eine Anklage ausdrückt. Aber nach Koch S. 62 trägt »dieses« »keinen negativen Ton«

[140] Halévy S. 291f

[141] Sellin Serubbabel S. 11. Ähnlich Janssen S. 78f

abgelaufen gewesen und deshalb »jetzt« der Tempelbau nicht nötig. Doch deutet Hag 1,6-11 nicht in diese Richtung.

Aber die Anstrengung der Vergangenheit sollte für das Volk nicht zum Ruhekissen werden. So trat Haggai in göttlicher Vollmacht auf, um erneut das Thema des Tempelbaus aufzugreifen.

3 ›Und das Wort Jahwes erging durch den Propheten Haggai wie folgt:
4 Ist etwa die Zeit für euch gekommen - ihr da -, um in euren gedeckten Häusern zu wohnen, und dieses Haus muß wüst bleiben?‹

Es fällt auf, daß V. 3 einen neuen Ansatz der Gottesrede bringt, und **3**
damit V. 1 sozusagen wiederholt. Einige Ausleger wollen V. 3 als »Doublette«, als spätere Einfügung, streichen.[142] Dazu geben uns die alten Handschriften und Übersetzungen aber keinen Grund. Vielmehr unterstreicht V. 3, daß es das Volk und seine Führer jetzt wirklich mit Gott zu tun haben. Wahrscheinlich hat Haggai selbst darauf hingewiesen, daß das, was er jetzt vorträgt, unmittelbar vom lebendigen Gott gesprochen wird.

Gradlinig und ohne schmückendes Beiwerk trifft dieses **Wort** ins Schwarze. Was man sich selber wünscht, verweigert man Gott. Was man sich selber erlaubt, gestattet man Gott nicht. Für sich hat man **die**
Zeit - für Gott nicht. **Euch** und **ihr** sind betont - eine Betonung, die die **4**
Lutherübersetzung und Einheitsübersetzung nicht mehr erkennen lassen.[143] Das **ihr** spiegelt den Egoismus wieder. Es weist aber auch auf den Abstand hin, der durch die Schuld der Angeredeten zwischen Gott und ihnen entstanden ist.

Wen meint das **ihr?** Das Volk von V. 2? Oder speziell Serubbabel und Josua? Offensichtlich beide: das Volk und seine Spitzenrepräsentanten, nämlich Serubbabel und Josua.[144]

Für **gedeckte Häuser** steht in den meisten Übersetzungen »getäfelte Häuser«.[145] Es ist richtig, daß dasselbe hebräische Wort in Jer 22,14 »getäfelt« bedeutet. Aber in Hag 1,4 sind weder Zedern noch andere wertvolle Materialien erwähnt, und deshalb bleiben wir vorsichtigerweise bei **gedeckt,** was der Grundbedeutung des hebräischen Wortes entspricht. Sollte allerdings doch von »getäfelten« Häusern die Rede sein, dann wäre der Gegensatz zwischen den Nobelhäusern und den Ruinen des Tempels noch schreiender.[146] So oder so: Hier stehen »gedeckte

142 U.a. Budde S. 10; Koch S. 57,14; Mitchell S. 45.51; Nowack S. 314
143 Vgl. Baldwin S. 40
144 Ähnlich Baldwin a.a.O.
145 So Luther- und Einheitsübersetzung; Elliger S. 85; Frey S. 17; Keil S. 501; Nowack S. 314
146 Vgl. Gesenius S. 550 sowie Bach Sp. 24; Baldwin a.a.O.; Elliger S. 87; Mitchell S. 45

Häuser« für die Menschen; dort steht der Tempel **(= dieses Haus) wüst,** ohne Dach, mit den Spuren der Zerstörung, die Nebukadnezars Truppen hinterlassen hatten (2Kö 25,9; 2Chr 36,19). 67 Jahre waren seit dieser Zerstörung des Tempels vergangen. Und 18 Jahre seit dem Erlaß des Kyrus, der die Rückkehr der Juden und den Wiederaufbau des Tempels gestattet hatte.

Was jetzt im Jahre 520 geschieht: Der Bau von menschlichen Wohnungen und das **wüst bleiben** lassen des Tempels, bildet den diametralen Gegensatz zum Verhalten Davids (2Sam 7,2)[147] und entspricht andrerseits in erschreckendem Maße dem Verhalten in der Zeit vor dem Untergang Jerusalems (Jer 22,13ff).

5 Und nun, so spricht Jahwe Zebaoth: Nehmt euch zu Herzen, wie es euch geht!
6 Ihr sät viel, und bringt wenig ein. Ihr eßt, und werdet doch nicht satt. Ihr trinkt, und bleibt doch durstig.[148] Ihr kleidet euch, und werdet doch nicht warm. Und wer arbeiten geht, schafft in einen löchrigen Beutel.

5 Die Fortsetzung ist einigermaßen überraschend. Es folgt keine brennende Anklage, sondern ein Wort, das zur Besinnung ruft. Es soll ganz nüchtern überlegt werden, was für Konsequenzen das bisherige Verhalten hatte. Die Art, wie Gott hier **spricht,** erinnert an das Reden Gottes mit Jona (Jon 4,4ff) und an das Reden Jesu, der immer wieder den Willen und die Einsicht ansprach (vgl. nur Mt 7,21ff; Lk 12,15ff). Gott kommt selten auf der Gefühlswelle.[149]

Nehmt euch zu Herzen ist mehr als »Achtet darauf« (Lutherübersetzung) oder »Überlegt« (Einheitsübersetzung). Es bedeutet, wie die Parallelen zeigen, soviel wie: »Laßt euch beeindrucken, damit eine Änderung geschehen kann«[b]. Dabei handelt es sich aber um Tatsachen, die einen Eindruck machen sollen. Statt: **wie es euch geht** ließe sich noch genauer übersetzen: »eure Wege«, d.h. eure konkrete Alltags- und Lebenserfahrung.

[b] 1Sam 21,13; Jes 47,7; 57,1.11; Jer 12,11; Dan 1,8; Mal 2,2

6 V. 6 ließe sich so zusammenfassen: Viel Arbeit und wenig Erfolg. Oder noch besser: Viel Mühe und wenig Segen.

Ihr sät viel, und bringt wenig ein heißt: Es liegt nicht an eurer Faulheit, daß die Ernte so mager ist. Ziehen wir V. 10f zur Erklärung heran, dann sind es Mißwuchs und Dürre, die gute Ernten verhindern. Aber

147 May S. 195,3
148 Die Einheitsübersetzung: »zum Betrinken reicht es euch nicht« übertreibt
149 Es ist ein Mißverständnis, wenn Bloomhardt S. 156 die Verse 5 und 6 für eine Glosse hält, die im ursprünglichen Text keinen rechten Sinn gebe.

weil Mißwuchs und Dürre aus Gottes Hand kommen (V. 11), deshalb muß man genauer sagen: Gott verweigert das Gedeihen (vgl. 1Kor 3,6).

Ihr eßt, und werdet doch nicht satt *(oder noch wörtlicher: man ißt, und doch ist nichts zum Sattwerden da).* **Ihr trinkt, und bleibt doch durstig** *(oder: man trinkt, und doch ist nichts zum Satttrinken da).* **Ihr kleidet euch, und werdet doch nicht warm.** Man hat also das Notdürftigste, das Lebensminimum. Aber von einer Stillung auch nur der äußeren Bedürfnisse kann nicht die Rede sein, geschweige denn von einer vollen Zufriedenheit oder einer dankbaren Geborgenheit. Hier wird nicht nur Mangel gelitten. Hier fehlt auch das Gotteslob nach 5Mo 8,10: »Wenn du gegessen hast und satt bist, sollst du den Herrn, deinen Gott, loben für das gute Land, das er dir gegeben hat«. Es ist noch der atl. Begriff des Segens: Wen Gott segnet, den segnet er auch mit äußeren Gütern. Der ntl. Leser muß allerdings aufpassen, daß er hier nicht einer falschen Segenstheologie verfällt. Denn in der Nachfolge Jesu geht es entscheidend um den »geistlichen Segen in himmlischen Gütern durch Christus« (Eph 1,3), und es kann sehr wohl sein, daß Segen in der Christusnachfolge geradezu von äußerem Mißerfolg und Mangel begleitet ist (vgl. Phil 4,12). Diese Einsichten brechen aber nichts an der Botschaft des Haggai ab. Damals war der äußere Mangel eindeutig eine Folge mangelnden Segens. Ja, man kann in Hag 1,6 sogar das Urbild gott-losen Schaffens erkennen: Man müht sich, und es bleibt doch vergebliche Mühe. Noch beunruhigender ist, daß die Schilderung in Hag 1,6 nahe an den Fluch vom Ebal streift: »Du wirst viel Samen auf das Feld säen, aber wenig einsammeln . . .« (5Mo 28,38ff; vgl. Hos 4,10; Mi 6,14f).

Das Bild rundet sich durch den Schlußsatz von V. 6: **Und wer arbeiten geht, schafft in einen löchrigen Beutel.** Für **arbeiten gehen** kann man auch übersetzen: »sich um Lohn verdingen«, wie es Handwerker, Söldner und Tagelöhner tun. Bei **schaffen** ist dasselbe hebräische Wort gebraucht wie bei »arbeiten gehen«. Neben die Landwirtschaft mit ihrer Dürre treten also das Handwerk und die übrige Wirtschaft.[150] Auch da: viel Mühe und wenig Erfolg. Es ist ein geradezu klassisches Bild, dieses Bild vom **löchrigen Beutel.** Der **Beutel** ist das, was man früher die »Geldkatze« nannte, der Ort, wo man Münzen oder Wertsachen aufbewahrte. Der Beutel, der ein Loch aufweist, verliert die Münzen. Eine wahre Sisyphus-Arbeit, wenn man diesen löchrigen Beutel füllen will! So also ist der Mensch ohne Gott. Was er tut, kann wohl Ehre und Auszeichnungen bringen, vielleicht sogar vergänglichen Reichtum. Aber am Ende gilt wortwörtlich, was Jesus so ausdrückte: »Sie haben ihren Lohn dahin« (Mt 6,2 u.ö.). Es fehlen die Schätze bei Gott (Mt 6,20; Lk 12,21). Deshalb kommt trotz aller Mühe am Ende nichts heraus.

[150] Vgl. Mitchell S. 46; Wellhausen S. 173

Wollt ihr so euer Leben führen? ist die Frage, die Gott durch Haggai stellt.

7 So spricht Jahwe Zebaoth: Nehmt euch zu Herzen, wie es euch geht!
8 Geht hinauf auf die Berge und holt Holz und baut das Haus! So werde ich Wohlgefallen daran haben und mich geehrt sehen, spricht Jahwe.
9 Ihr schaut aus nach viel, aber siehe, euch begegnet wenig. Und ihr schleppt nach Hause, aber ich blase es weg. Warum wohl? lautet die Frage Jahwe Zebaoths. Wegen meines Hauses, das wüst bleibt, während bei euch ein jeder für sein eigenes Haus rennt!
10 Darum hat der Himmel über euch den Tau zurückgehalten, und die Erde hat ihren Ertrag zurückgehalten.
11 Und ich habe Dürre über das Land und über die Berge und über das Getreide und über den Wein und über das Öl und über das gerufen, was der Erdboden hervorbringt, und über den Menschen und über das Vieh und über alle Arbeit der Hände.

7 Es fällt auf, daß V. 7 bis auf die beiden Wörtchen »Und nun« eine buchstäbliche Wiederholung von V. 5 darstellt. Aber gerade die Wiederholung macht das Vorgetragene eindrücklich. Sie ist offenbar beabsichtigt.[151]

Zum Inhalt von V. 7 vgl. die Erklärung oben bei V. 5.

Zum dritten Mal (vgl. V. 2 und 5) begegnet uns das an die Spitze gestellte **So spricht Jahwe Zebaoth.** Will Haggai hier betonen, daß es nicht seine eigene Meinung ist, was er da vorträgt? Will er damit sagen, daß es nicht die Zeitumstände, seine eigene Reflexion o.ä. sind, die seine Botschaft hervorgebracht haben? Wir sollten ihn an dieser Stelle ernst nehmen, und nicht in eine rationalistische Erklärung flüchten, die die Haggai-Botschaft als notwendiges Erzeugnis jener unruhigen Jahre oder der nationalistischen Hoffnung der Juden hinstellen will.

8 Überraschend, wie ein Posaunenton, fällt V. 8 in die Hörerschaft hinein: **Geht hinauf auf die Berge und holt Holz und baut das Haus!** Zwar ist schon seit V. 2 klargeworden, daß es um den Tempel Gottes geht. Und auch das ist klar, daß der unterlassene Wiederaufbau gegen Gottes Willen verstößt. Aber jetzt, in diesem Zusammenhang, hätte man eher V. 9-11 hinter V. 7 erwartet als V. 8! Die Überraschung ist bei den Auslegern so groß, daß manche eine Umstellung vornehmen wollen. Budde

[151] Diese Aufgabe der Betonung, die die Wiederholung hat, wird u.a. von Elliger verkannt, wenn er V. 7b als späteren Einschub streichen möchte (S. 85ff). Ebenso verfuhren Wellhausen, Nowack und Marti, worüber Mitchell S. 52 berichtet.

z.B. setzt V. 8 hinter V. 4, Sellin hinter V. 11.[152] Aber weder die hebräische noch die griechische Bibel gibt uns einen Grund für solche Umstellungen. Ja, wir müssen umgekehrt sagen, daß offenbar die Überraschung gezielt und geplant ist. Elliger hat recht mit seiner Bemerkung, »daß wohl nicht ohne Absicht gerade diesem Spruch V. 7f als dem Herzstück in der Mitte ... sein Platz angewiesen worden ist.«[153]

Wer ist angeredet? Ganz Israel, aber repräsentiert in den verantwortlichen Führern Serubbabel und Josua.

Geht hinauf auf die Berge und holt Holz: Das göttliche **Geht** durchzieht seit dem Ruf an Abraham (1Mo 12,1) die gesamte Heilsgeschichte. Es hat eine Spitze im ntl. Missionsbefehl (Mt 28,19). Menschen Gottes lassen sich in Bewegung setzen. Hier ist der Mench mit seiner Verantwortung und Entscheidungsfähigkeit aufgerufen. **Die Berge** oder »das Gebirge« sind die Berge Judäas, die damals offensichtlich noch bewaldet waren (Neh 8,15).[154] **Holt Holz:** Sellin verweist darauf, daß nach Sach 4,7 der zweite Tempel nicht nur aus Holz bestand. Der Schluß legt sich also nahe, daß noch genügend Steine vom ersten Tempel herumlagen,[155] die es unnötig machten, neue Steine aus dem Gebirge zu brechen. Salomo hatte für die Holzbeschaffung Phönizier und eigene Arbeiter eingesetzt (1Kö 5,15ff). Jetzt, beim zweiten Tempel, wird der freiwillige Einsatz aller Israeliten erwartet.[156]

Baut das Haus! - das ist der eigentliche Zielpunkt der ersten Botschaft Haggais! **Das Haus** meint wie in V. 2 und 4 den Tempel. »Baut das Haus«: das wird gesagt, als ob das schlichtweg eine Möglichkeit wäre! Da ist nichts von politischer Rücksicht, Taktik, wirtschaftlicher Berechnung u.ä. zu spüren. Was Gott uns aufträgt, macht er auch möglich. Das gibt allen denjenigen eine große Ruhe, die sich mit gutem Gewissen auf Gottes Wegen wissen.

Manche Ausleger vermissen es, daß in V. 8 kein gewaltiger Bußruf erschallt, sondern dafür eine praktische Weisung gegeben wird. Aber gerade in der praktischen Nachfolge wird sich zeigen, ob sich Israel von der Selbstsucht ab- und dem Herrn zukehrt.

Kommt es zum Wiederaufbau des Tempels - wozu Gottes Gnade die Möglichkeit gibt - dann, so sagt der Herr, **werde ich Wohlgefallen daran haben. Wohlgefallen haben** bedeutet so viel wie: Gefallen haben, lieben, befriedigt sein. Dieses Wort wird auffallend oft im Hinblick auf die Opfer benutzt, an denen Gott »Wohlgefallen hat«[c]. Also betrachtet Gott

[c] 5Mo 33,11; Jer 14,12; Hes 20,40f; Hos 8,13; Am 5,22; Mi 6,7; Mal 1,10.13

152 Budde, S. 11; Sellin S. 402; unentschieden Harrison S. 948. Vgl. auch Mitchell S. 52; Nowack S. 314
153 Elliger S. 87; ähnlich Baldwin S. 41
154 Wellhausen S. 173; Sellin S. 402; Baldwin S. 41; Mitchell S. 48
155 Wellhausen S. 173; Sellin S. 403; Baldwin S. 41
156 Baldwin a.a.O.

den Tempelbau geradezu als ein wohlgefälliges Opfer. Damit aber befinden wir uns ganz in der Nähe von Ps 51,18, wo Sündenbekenntnis, Demut und Gehorsam als gottwohlgefällige Opfer bezeichnet werden (vgl. Ps 119,108). Man kann ferner aus dem Zusammenhang von V. 7-11 schließen, daß Gott nicht nur am neuen Tempel, sondern am ganzen tempelbauenden Volk Wohlgefallen haben wird.

Die letzten Worte von V. 8 sind nicht leicht zu übersetzen. Die Lutherbibel hat: »ich will meine Herrlichkeit erweisen«.[157] Von der hebräischen Grammatik her wäre diese Übersetzung jedoch schwierig, es sei denn, man würde die Vokalisation ändern.[158] Genauer ist hier die Einheitsübersetzung: »Das würde mich ehren«. Ähnlich wie Baldwin und Elliger[159] versuchen wir so dicht als möglich am überlieferten hebräischen Text zu bleiben, der ja einen guten Sinn gibt, und übersetzen: **So werde ich mich geehrt sehen.** D.h. Gott will sich nicht nur mit den Lippen ehren lassen, sondern auch mit der Tat. Darum geht seit alter Zeit der Kampf der Propheten (Jes 29,13; vgl. Mt 15,7ff). Jetzt heißt die geforderte Tat: Der Tempel soll wieder erbaut werden! Bevor das geschieht, bleibt Gottes Ehre verletzt.

Wir fügen noch eine Notiz zur jüdischen Auslegung bei. Die Rabbinen beobachteten, daß dem hebräischen Wort für »ich werde mich geehrt sehen« am Ende das übliche »He« (dt. »h«) fehlt. Weil das »He« zugleich die Zahl »fünf« bedeutet, schlossen sie, daß dem zweiten Tempel fünf Dinge fehlten: die Lade, die Lose »Urim« und »Tummim«, das Feuer, die Schechina (= Gottesgegenwart) und der Heilige Geist.[160] Darin steckt insofern ein Korn Wahrheit, als nach den Propheten Haggai, Sacharja und Maleachi die atl. Prophetie erlosch. Erst mit Johannes dem Täufer trat wieder ein großer, echter Prophet in Israel auf.

9 In V. 9 bis 11 spricht Gott noch einmal den jämmerlichen Zustand an, in den Israel durch seine Schuld geriet:

Ihr schaut aus nach viel, aber siehe, euch begegnet wenig. Die Übersetzungen schwanken wieder (»erwarten« die Lutherbibel, »erhoffen« die Einheitsübersetzung). Für **ausschauen** steht im Hebräischen ein Wort, das eigentlich »sich wenden« heißt, aber auch »sich hinwenden, um Ausschau zu halten«. Hier ist **vieles** das Orientierungsziel, dem man sich erwartungsvoll zuwendet.[161] Nach dem Zusammenhang muß **viel** einen materiellen Charakter haben: Geld, gefüllte Scheunen, Häuser usw. In dem »ausschauen nach« spürt man geradezu die schlaue Wen-

157 Ähnlich Frey S. 17; Wellhausen S. 37; Mitchell S. 48; Bach Sp. 24
158 So macht es z.B. Sellin S. 400
159 Baldwin S. 41; Elliger S. 87; vgl. auch Horst S. 204
160 Vgl. Joma 21b und Mitchell S. 52
161 Vgl. Frey S. 17; Gesenius S. 646; Sellin S. 400

digkeit, den verbissenen Fleiß und nimmermüden Einsatz. **Aber siehe, euch begegnet wenig: Siehe** ist hier ein Ruf, der zum Aufmerken und Überlegen nötigt. »Es läuft auf wenig hinaus«, »eure Augen treffen auf Weniges« könnte man auch übersetzen. Wir werden also an V. 6 erinnert. Wiederum könnte man für unsere Gegenwart mit ihrem materialistischen und egoistischen Gewinnstreben kaum eine bessere Überschrift finden als diesen Satz.

Und ihr schleppt nach Hause, aber ich blase es weg lautet der nächste knapp, fast sprichwörtlich formulierte Satz. Sein Sinn ist an sich klar: Was erworben wurde, zerrinnt unter den Händen. Doch gibt es eine Diskussion über das **ich blase es weg** bzw. »ich blase darein«. Wellhausen, Sellin u.a. verstehen es als Zauberwort, und übersetzen: »ich verderbe es durch Zauber«.[162] Aber das Hebräische gibt dazu keinen Anlaß, und daß der biblische Gott in die Nähe des Magischen gerückt wird, ist absurd. Besser Frey: »Gottes Zorn bläst drein« (S. 20). Am besten freilich ist die Erklärung, wonach die Schnelligkeit illustriert wird, mit der Gott jeden bleibenden Gewinn zunichte macht.[163] Was also nicht mit Gott gesammelt wird, verfliegt!

Warum wohl? lautet die Frage Jahwe Zebaoths. Diese **Frage** gehört in die lange Reihe von Fragen, mit denen Gott seit 1Mo 3,9 den Menschen zur Besinnung ruft. Interessant ist das zugrundeliegende hebräische Wort. Wo wir **lautet die Frage** übersetzten (normalerweise »spricht« bzw. »Spruch«) heißt es im Hebräischen eigentlich: »wurde ins Ohr geflüstert« (vgl. Mt 10,27), »wurde leise und feierlich ein Laut gegeben/geflüstert«. Im Deutschen kann man dies schwer wiedergeben. Sehr wahrscheinlich handelt es sich um einen Hinweis auf die Art des Offenbarungsempfangs - nämlich als Hören einer leisen göttlichen Stimme (vgl. 1Kö 19,12f; Jes 42,2).

Wegen meines Hauses, gibt Gott selbst die Antwort, **das wüst bleibt, während bei euch ein jeder für sein eigenes Haus rennt.** Das Bild ist ungeheuer plastisch: **jeder rennt für sein eigenes Haus.**[164] Ähnlich sagt man im Deutschen: »Man läuft sich die Füße ab«. Übrigens wurden die Eilboten des Perserreiches mit demselben Wort bezeichnet, das hier für **rennen** steht (Est 3,13.15; 8,10). Wahrscheinlich bemühten sich Haggais Zeitgenossen nicht nur darum, »wieder zu einem eigenen Hause zu kommen« (So Elliger S. 87). Sondern sie verwandten auch alle Kräfte auf dessen weiteren Ausbau. Ja, vielleicht umschließt der Begriff **»Haus«** sogar Familie, Hab und Gut, wie es auch im Deutschen der Fall ist. In krassem Gegensatz dazu **bleibt** Gottes **Haus wüst.** In manchem erin-

[162] Wellhausen S. 174; Sellin S. 403; ebenso Horst S. 204
[163] Vgl. Mitchell S. 48
[164] Vgl. Sellin S. 403; Mitchell S. 53

nert diese Situation an den deutschen Wiederaufbau nach 1945. Jedenfalls wird hier Mt 6,33 auf den Kopf gestellt: »Trachtet am ersten nach dem Reich Gottes und nach seiner Gerechtigkeit, so wird euch solches alles zufallen«.

10 Die Verse 10 und 11 nennen jetzt konkrete Punkte, an denen der Un-
segen sichtbar wird: **Darum hat der Himmel über euch den Tau zu-
rückgehalten.** Der **Tau** ist im flüssearmen Orient neben dem Regen ei-
ne wichtige Voraussetzung für die Landwirtschaft (vgl. 1Kö 17,1). Mehr
noch: er ist ein wichtiger Teil des Segens und sogar ein Symbol für die
messianische Zeit[d]. Wenn der Tau fehlt, fehlt Israel ein Gnadenzeichen.
Der Ausdruck **hat der Himmel zurückgehalten** darf uns nicht ver-
schleiern, daß dies auf Gottes Befehl geschieht. Auch der **Himmel** ge-
horcht dem Herrn[e]. Israel kennt diese Zusammenhänge. Schon im Mo-
segesetz warnt Gott vor Ungehorsam, ansonsten »will ich euren Him-
mel wie Eisen und eure Erde wie Erz machen« (3Mo 26,19; vgl. 5Mo
11,17). Damit sind wir schon beim nächsten Punkt: **die Erde hat ihren
Ertrag zurückgehalten.** Wieder ist eingetroffen, was 3Mo 26,19 und
5Mo 11,17 androhten. Und wieder ist deutlich, daß auch die Erde dem
Befehl des Herrn gehorcht[f]. Uns »modernen« Menschen sind diese Zu-
sammenhänge weithin verlorengegangen. Wir schieben alles auf sog.
»Naturgesetze«. Der dritte Punkt betrifft die **Dürre,** die Gott **über das**
11 **Land gerufen** hat (V. 11). Sie hängt natürlich mit dem Mangel an Tau
und Regen zusammen. Wiederum stehen wir nicht vor einer »Naturka-
tastrophe«, sondern vor einer »Gotteskatastrophe«. »Saat und Ernte,
Frost und Hitze, Sommer und Winter« kommen aus seiner Hand (1Mo
8,22). Ihr Ausbleiben bedeutet Gericht. Weil Gott der Herr der »Natur«
ist, ist auch der Gottessohn ein »Meister der Natur« und besitzt die Frei-
heit und die Macht, sog. »Naturwunder« zu vollbringen. Wir erkennen
hier eine durchgehende biblische Linie, die von der Sintflut über den
Exodus (2Mo 14; 16; 17) und über die Propheten (Jes 1,2f; Dan 4,32; Hos
4,10; Am 4,6ff; 7,4; Jon 4,6ff; Mi 6,13ff) bis zu Jesus führt (Mt 8,23ff;
14,13ff; 21,19). Übrigens steht für **Dürre** im Hebräischen ein Wort[165],
das ganz ähnlich klingt wie **wüstbleiben** (»choräb« und »chareb«) - of-
fenbar ein Wortspiel, das sich leicht einprägte.[166] Die Dürre ist also eine
Folge der Vernachlässigung des Tempels.

[d] 1Mo 27,28.39; 5Mo 33,13; Ps 110,3; Spr 19,12; Hos 14,6; Sach 8,12
[e] 2Mo 16,4; 5Mo 4,39; 10,14; 1Kö 8,35; Ps 19,2; Mal 3,10
[f] 1Mo 1,11.12.24; 5Mo 4,39; 10,14

Beachten wir noch einige Einzelheiten. Neben dem **Land** als einer allgemeinen Bezeichnung Judäas werden seine **Berge** hervorgehoben.[167] In der Tat ist Judäa eine gebirgige und steinige Landschaft. Unter den Erzeugnissen werden **das Getreide, der Wein** und **das Öl** besonders ge-

165 Vgl. Baldwin S. 42
166 Vgl. wieder Baldwin a.a.O.; Sellin S. 403; Frey S. 21
167 Vgl. Mitchell S. 50

nannt. Das stimmt mit den Angaben in 1Mo 27,28.37; Am 4,9; Mi 6,15; Sach 8,12 u.a. überein. **Wein** wird gelegentlich auch als »Most« wiedergegeben. Es handelt sich um unvergorenen Wein. **Öl** ist das frische, heurige Olivenöl. **Was der Erdboden hervorbringt** erinnert uns an 1Mo 3,17f. Daß **Menschen und Vieh** eine Schicksalsgemeinschaft bilden, die gemeinsam Segen und Fluch erfährt und auch gemeinsam Gottes Gericht zu tragen hat, stellt ebenfalls eine gesamtbiblische Linie dar (vgl. Jon 3,7ff; Röm 8,19ff). Wie groß ist die Verantwortung des **Menschen!** Ist er mit Gott in Harmonie, verwandelt sich seine Umgebung in ein Paradies. Trennt er sich von Gott, dann zieht er die Kreatur mit in den Fall hinein. **Alle Arbeit der Hände** bezeichnet neben der Landwirtschaft auch das Handwerk (vgl. V. 6).[168] Dennoch ist nach dem Zusammenhang klar, daß die Juden damals überwiegend ein Bauernvolk waren.

Fassen wir zusammen: In seiner ersten Botschaft (1,1-11) ruft Haggai zum Tempelbau auf. Erst wenn der Tempelbau in Angriff genommen ist, enden Gottes Gerichte, die in Dürre, Mißwuchs und allgemeinem Mangel bestehen. Keine äußeren Gründe haben diese Botschaft »produziert«. Es ist allein Gottes Befehl, der Haggai zum Reden treibt. Was wird dabei herauskommen?

II. DER ERFOLG DIESER ERSTEN BOTSCHAFT, 1,12-15

Der Abschnitt 1,12-15 hat im Haggaibuch einen besonderen Charakter. Er stellt nämlich einen Geschichtsbericht - man könnte auch sagen: einen Prophetenbericht - dar, während fast alle anderen Abschnitte prophetische Reden sind. Schaut man sich um, dann entdeckt man bald, daß die Kombination von Geschichtsbericht und prophetischer Botschaft auch in anderen Büchern des AT vorkommt. So z.B. bei Jesaja (vgl. Kap. 36-39), Jeremia, Hesekiel, Daniel, Hosea (vgl. Kap 1-3), Amos (vgl. Kap. 7) und Sacharja (vgl. Kap. 7). Ja, im Jonabuch hat der Geschichtsbericht (oder Prophetenbericht) sogar eindeutig den Vorrang.[169]

Wie Haggai also geschichtlich gewirkt hat, verdeutlicht uns Hag 1,12-15.

Eine Gliederung kann uns helfen, den Abschnitt besser zu erfassen. Er besteht nämlich aus vier Unterabschnitten: 1) Zuerst wird der Erfolg der Botschaft zusammenfassend beschrieben (V. 12a); 2) dann wird als erster Erfolg die Gottesfurcht genannt (V. 12b); 3) dann folgt eine mutmachende Verheißung (V. 13); 4) und schließlich wird als weiterer Erfolg der Beginn der Bauarbeiten genannt (V. 14-15).

[168] Anders Sellin S. 403: »nur« der Feldbau gemeint (unter Hinweis auf 5Mo 28,33; Ps 78,46; 128,2; Jes 45,15). Vgl. jedoch Keil S. 504

[169] Vgl. Sellin S. 394

1. Zusammenfassende Beschreibung, 1,12a

12a **Da hörte Serubbabel, der Sohn Schealtiels, und Josua, der Sohn Jozadaks, der Hohepriester, sowie der ganze Rest des Volkes[170] auf die Stimme Jahwes, ihres Gottes, und die Worte des Propheten Haggai, den Jahwe, ihr Gott, gesandt hatte.**

12a Kurz gesagt: Das Volk und seine Führer tun, was Gott will. Das ist also möglich, daß Menschen die Botschaft Gottes verstehen und ihr gehorchen! Zwar wird damit die allgemeine Sündhaftigkeit (vgl. Ps 14,3; 53,4; Röm 3,9ff). nicht aufgehoben. Aber es zeigt sich, daß Menschen von Gott her ansprechbar sind.

Über **Serubbabel, der Sohn Schealtiels, und Josua, der Sohn Jozadaks, der Hohepriester** haben wir oben bei V. 1 schon gesprochen.[171]

Wer aber ist **der ganze Rest des Volkes?** Viele Ausleger übersetzen »die Übriggebliebenen vom Volk« und denken an den von Jesaja geweissagten »heiligen Rest«, der die Katastrophe des Exils überlebt und sich dann zu Gott bekehrt (vgl. Jes 6,11ff; 7,3; 10,21; 11,11).[172] Andere sagen, es handle sich »einfach« um »die aus Babylon gerettete und heimgekehrte »Golah« (= Exilsgemeinde).[173] Aber die Zusammenstellung mit den Führern Serubbabel und Josua zeigt, das das gesamte jüdische Volk gemeint sein muß.[174] So will V. 12 also sagen: Alle Juden gehorchten (vgl. 2,4).

Hörte ist mehr als ein akustisches Hören. Es bedeutet zugleich: »gehorchte« (so auch die Lutherübersetzung). Worauf hörten sie? **Auf die Stimme Jahwes, ihres Gottes, und die Worte des Propheten Haggai«.** Man darf beides nicht auseinanderreißen. Das **und** ist hier ein erklärendes »und«. Praktisch ertönt **die Stimme Jahwes** aus den **Worten des Propheten.** Denn **Haggai** ist ja ein echter **Prophet, den Jahwe, ihr Gott, gesandt hatte.**[175] Die prophetischen Worte sind inspiriert, und es gibt hier keinen Zweifel, daß Haggai ein autorisierter und bevollmächtigter Sprecher Gottes ist.[176]

Es fällt auf, daß in V. 12 zweimal von **Jahwe, ihrem Gott,** die Rede ist.

170 »der ganze Rest des Volkes« wird von manchen Auslegern gestrichen, z.B. von Rudolph S. 22
171 Allerdings wird »Schealtiel« hier wie in 1,14 und 2,2 »Schaltiel« geschrieben
172 So z.B. die Einheitsübersetzung und Baldwin S. 42; Keil S. 504; Wiseman S. 964; Frey S. 22; Rendtorff S. 249
173 So z.B. Sellin S. 403; Beyse S. 34
174 So auch Mitchell S. 54; Andersen S. 29ff
175 Andere Übersetzungsmöglichkeit: »wie ihn Jahwe ... gesandt hatte«, (so Frey S. 17; Sellin S. 400). Elliger S. 85: »weil ihn ja ... gesandt hatte« (ähnlich Einheitsübersetzung). Doch siehe Mitchell S. 56
176 Baldwin S. 42; Frey S. 21; Wiseman S. 964. Anders Mitchell S. 54; Elliger S. 88

Damit wird der offenbarte **Jahwe**-Name betont (vgl. 2Mo 3,14) und zugleich festgehalten, daß dieser Jahwe eben der **Gott** Israels ist. Gott und sein Volk gehören immer noch zusammen!

2. Der erste Erfolg: Die Gottesfurcht, 1,12b

12b Und das Volk fürchtete sich vor Jahwe.

Ein kurzer Satz - aber welche Bedeutung hat er! **12b**

Das Volk: Das ist das ganze jüdische Volk im damaligen Judäa, einschließlich der Führer.

. . . fürchtete sich vor Jahwe: Die Bedeutung dieser Aussage geht uns erst auf, wenn wir sie mit 2Mo 14,31 vergleichen. **Sich vor Jahwe fürchten** heißt: ihm glauben, ihn ehren, ihm gehorchen, sich nach ihm richten. Mit Recht sagt Elliger: »Gottesfurcht ist der Reflex der Ehre Gottes beim Menschen« (S. 88). Gottesfurcht ist auch hier die Grundhaltung, der Ausgangspunkt des Handelns (vgl. Spr 1,7).

Das Verhältnis des Volkes zu seinem Gott **(Jahwe!)** ist nach der Predigt Haggais ein anderes geworden. Das sehen wir sofort an den unmittelbar danach folgenden Ereignissen.

Wie so oft teilt uns die Bibel nicht mit, welche Motive, welche inneren oder psychologischen Vorgänge den Sinneswandel herbeigeführt haben. Wichtig ist allein das Ergebnis, das Gottes Volk ihm jetzt zur Verfügung steht und nicht mehr anderem nachrennt. Wie im Jonabuch werden wir Zeugen einer ein ganzes Volk erfassenden Bußbewegung und Erweckung. So etwas gibt es also! Allerdings ist damit noch nicht entschieden, ob auch jeder einzelne sich von Herzen bekehrt hat.

3. Mutmachende Verheißung, 1,13

13 Da sagte Haggai, der Bote Jahwes, in einer Botschaft Jahwes zum Volk: Ich bin mit euch, lautet der Sprach Jahwes.

Einige Ausleger wollen diesen Vers als sekundär ausscheiden oder **13**
wenigstens teilweise umstellen.[177] Aber gerade die im Wadi Murabbaʿat gefundene Buchrolle bestätigt den überlieferten hebräischen Text, so daß wir keinen Grund haben, V. 13 auszuscheiden.[178]

Zunächst lernen wir an V. 13, was Inspiration und prophetische Au-

177 Vgl. Böhme S. 215; Budde S. 13; Wellhausen S. 174; Elliger S. 85; Horst S. 206; Mitchell S. 55; Sellin S. 404

178 Vgl. Benoit S. 184; Baldwin S. 32.43

torität bedeuten. **Haggai** wird hier als **Bote Jahwes** bezeichnet. Das ist diesselbe Bezeichnung, die sonst überwiegend einem Engel Gottes zukommt, wie denn überhaupt das Wort für »Bote« und »Engel« im Hebräischen und Griechischen dasselbe sein kann[a]. Zweitens heißt der Priester in Mal 2,7 ein »Bote Jahwes«. Drittens aber kann auch der Prophet so heißen (Jes 44,26; 2Chr 36,15). Beim Boten ist nur wichtig, was sein Absender durch ihn sagt. Ein treuer Bote kann zwar eigene Formulierungen gebrauchen, wo die Sache nicht leidet, aber er kann weder »dazutun noch davontun« (vgl. Off. 22,18f). Um dies zu unterstreichen, wird hier nicht von einer Botschaft Haggais gesprochen, sondern von **einer Botschaft Jahwes: Haggai sagte in einer Botschaft Jahwes.** Frey übersetzt: »kraft Botschaft Jahwes« (S. 17). Elliger noch wortgetreuer: »im Botenamt des Herrn« (S. 85). Das Interesse in Hag 1,13 geht eindeutig dahin, eine Unterscheidung zwischen dem eigentlichen Wort Gottes »jenseits der Wörter« und einem mangelhaften, gebrochenen Zeugnis des angeblich rein menschlich redenden Propheten auszuschließen. Vielmehr haben wir das Wort »in den Wörtern« - gerade so, und nicht anders.

[a] 1Mo 48,16; 2Mo 14,29; 23,20; 33,20; Ps 104,4; Mal 3,1 u.ö.

Man sollte deshalb auch nicht nach menschlichen Motiven forschen, weshalb der Prophet jetzt eine Trostbotschaft geben will. Er handelt, weil Gott ihn schickt.[179]

Die Botschaft geht ans ganze **Volk,** nicht bloß an Serubbabel und Josua. Dies entspricht der Tatsache, daß das ganze Volk »sich vor Jahwe fürchtete«, wie V. 12 sagte.

Was Haggai überbringt, ist wieder außerordentlich knapp: **Ich bin mit euch, lautet der Spruch Jahwes. Ich bin mit euch:** Was könnte Gott Trostvolleres und Kraftvolleres sagen? »Ich bin mit euch« ist das abschließende Jesuswort in Mt 28,20. »Ich bin mit dir/euch« ist ein Ausdruck engster Gottesgemeinschaft, wie das Beispiel Henochs (1Mo 5,24) und die Johannesoffenbarung (Offb 21,3) zeigen. »Er lasse sein Angesicht bei uns leuchten«, lautet der Segen in Ps 67,2. Man kann tatsächlich in Hag 1,13 sowohl **mit euch** als auch **bei euch** übersetzen. Vergleiche noch Jes 43,5. Was ist der Sinn dieser Aussage? Trost für »die Buße Tuenden« (So Elliger S. 85)? Das auch. Aber noch mehr: Gott hebt den Abstand zwischen sich und dem sündigen Volk auf, beseitigt also die Trennung durch seine Vergebung. Noch mehr: Er verspricht seinen Beistand beim Tempelbau. Was können dann alle Mächte dagegen ausrichten? Kein Statthalter bzw. Vizekönig von Ebirnari namens Tatnai (Esr 5,3ff), und kein Darius (Esr 6,1ff) können es hindern. Keine kleingläubigen Volksgenossen und keine Samaritaner. »Ich bin mit euch« ist die Garantie Gottes, daß der Aufbau gelingt (vgl. 2Mo 3,12; Ri 6,16).

179 Ebenso Frey S. 21

Über die Wendung **lautet der Spruch Jahwes** haben wir schon oben bei V. 9 gesprochen, wo der Zusammenhang allerdings die Übersetzung »lautet die Frage Jahwes« erforderte. Es handelt sich um das leise, feierliche Reden Jahwes in das innere Ohr des Propheten beim Empfang der Offenbarung.

Halten wir fest: Sobald das Volk sich für Gott zu öffnen beginnt, erfährt es eine ungewöhnliche Stärkung und Verheißung - noch vor Beginn der Bauarbeiten.[180]

4. Der zweite Erfolg: Der Beginn der Bauarbeiten, 1,14-15

14 Und Jahwe erweckte den Geist Serubbabels, des Sohnes Schealtiels, des Statthalters von Juda, und den Geist Josuas, des Sohnes Jozadaks, des Hohenpriesters, sowie den Geist des ganzen Restes des Volkes, so daß sie kamen und die Arbeit am Hause Jahwe Zebaoths, ihres Gottes, aufnahmen,
15 am vierundzwanzigsten Tage des sechsten Monats im Jahre zwei des Königs Darius.

In vielen Teilen der Bibel beobachten wir denselben Dreischritt: Das
Wort Gottes wird gepredigt - das Wort wird angenommen - Gott **er-** 14
weckt die Hörer, d.h. gibt ihnen neues Leben, Kraft und Weisung. So auch hier: In V. 2-11 hörten wir Haggais Predigt, in V. 12 wurde diese Predigt angenommen, in V. 13 geschah eine mutmachende Verheißung und jetzt **erweckte Jahwe den Geist des ganzen Volkes.**[181]

Der Ausdruck **erwecken** ist im Hebräischen sehr anschaulich. Er heißt u.a. »anreizen, aufregen, erwecken (auch aus dem Schlaf)«. Die nächsten Parallelstellen sind bei Jeremia, wo Gott die Völkerscharen und die Könige von Medien erweckt (50,9; 51,11), bei Jesaja, wo Gott das Ohr des Jüngers weckt (50,4), und bei Esra, wo Gott den Geist des Kyrus und der Heimkehrer erweckt (Esr 1,1.5). Vergleiche 1Chr 5,26; 2Chr 21,16. Von diesen Parallelstellen her ist auch deutlich, daß hier der menschliche **Geist** gemeint ist, und nicht der Heilige Geist. Wie in V. 12 sind **Serubbabel, Josua** und der **ganze Rest des Volkes,** d.h. das gesamte Volk außer den Führern, nacheinander genannt. Aus dieser stetigen Reihenfolge ergibt sich, daß Serubbabel an Würde dem Hohenpriester übergeordnet war.

180 Anders Sellin S. 404: Erst beginnen die Bauarbeiten, dann »kann ihnen die göttliche Hilfe zugesagt werden«

181 Falsch ist demnach Calvins Auslegung, wonach Gott zuerst die Annahme und Willigkeit beim Volk schaffe (Prädestinationslehre, vgl. Mitchell S. 55). Ähnlich wie Calvin Baldwin S. 43. Anders jedoch Wiseman S. 964.

Woran merkte man die »Erweckung«? Jede wahre Erweckung wirkt auch nach außen und bleibt nicht nur im Herzenskämmerlein verschlossen. Hier konnte man beobachten, **daß sie kamen und die Arbeit am Hause Jahwe Zebaoths, ihres Gottes, aufnahmen. Sie kamen:** d.h. sie setzten »die lässigen Hände und die müden Knie« in Bewegung (vgl. Hebr 12,12f). Jetzt rannten sie nicht mehr nur für ihr eigenes Haus (vgl. V. 9). Jetzt hatten sie Zeit für Gottes Sache. Das »kommen« ist nicht nur Ausdruck der Bereitwilligkeit, sondern auch des tatkräftigen, sehr wahrscheinlich organisierten Einsatzes. Ob es eine Entlohnung gab, muß offen bleiben. **Sie nahmen die Arbeit am Hause Jahwe Zebaoths, ihres Gottes, auf.** Schon in V. 12 war zweimal von **ihrem Gott** die Rede. Ob jemand »mein Gott« ist, spürt man am Zeugnis und Dienst. Zu **Jahwe Zebaoth** vgl. die Erklärung bei V. 2; schon zum fünften Mal begegnet uns dieser Ausdruck im Haggaibuch. Wenn es heißt: sie arbeiteten **am** oder **im Hause** Gottes, dann kann man voraussetzen, daß ein Rest des alten Tempels erhalten war. Galling meint, die Fundamentsteine bzw. Fundamentsteinlagen des ersten Tempels seien freigelegt und wiederbenutzt worden.[182] Dann hätte der zweite Tempel denselben Grundriß gehabt wie der erste. Aller Ton liegt jedoch auf der Tatsache, **daß sie die Arbeit aufnahmen** (ganz wörtlich: »daß sie Arbeit verrichteten«). Aus dem guten Willen wird die Tat. Im Hebräischen klingen die Worte »Bote« (V. 13), »Botschaft« (V. 13) und **Arbeit** (V. 14) ähnlich. Damit wird ein tiefer Zusammenhang angedeutet: vom »Boten« mit seiner göttlichen »Botschaft« führte der Weg zur gottgewollten »Arbeit«. Gnade führt immer zum Dienst. Die Offenbarung will nicht nur unsere Ansichten verändern, sondern auch unser Verhalten und unser Schaffen.

Eine Frage ist es noch, ob Serubbabel überhaupt eine Zuständigkeit für den Tempelbau besaß.[183] Die Beispiele von David, Salomo und Josua zeigen jedoch, daß der israelitische oder judäische König für den äußeren Zustand des Tempels verantwortlich war. Ebenso war der persische König nach persischem Reichsrecht verantwortlich für die äußere Ausübung des Gottesdienstes und die Errichtung der notwendigen Gebäude (vgl. 2Chr 36,23; Esr 1,1ff; 6,1f). So scheint Serubbabel sogar mit doppelter Legitimation gehandelt zu haben: für die Juden als Rechtsnachfolger der früheren Könige, und für die Perser als Bevollmächtigter des Großkönigs.

Von einer fremden Hilfe etwa durch persische Behörden ist hier nicht die Rede.[184]

Der kleine 15. Vers bietet für den einfachen Bibelleser kaum Proble-

182 Galling S. 80; ähnlich Baldwin S. 43
183 Vgl. Sauer S. 200,7
184 Andersen S. 35

me. Schaut man sich aber in der Literatur ein wenig um, dann entdeckt man eine Fülle von Änderungen im Text. Die wichtigste dieser Änderungen besteht darin, daß man Hag 2,15-19 hinter 1,15a einschiebt. Dieses Verfahren geht auf J.W. Rothstein (1908) zurück. In der Übersetzung von Elliger liest sich das Ergebnis dann so: »Am 24. Tage des Monats ... Gebet doch Acht von heute ab und weiterhin!« usw. [185] Gegen diese Änderung sprechen folgende Argumente: a) Wir haben keine alten Handschriften, die eine solche Umstellung bestätigen können; b) der Preis für die Umstellung liegt in der Annahme, daß eine beträchtliche Lücke im Text - oben durch die Punkte kenntlich gemacht - existieren muß. Beläßt man aber den Text in seiner überlieferten hebräischen Ordnung, die von neuen Handschriftenfunden gestützt wird, dann braucht man keine Lücke anzunehmen und erhält einen besseren Sinn.[186]

Der **vierundzwanzigste Tag des sechsten**[187] **Monats im Jahre zwei** 15
des Königs Darius ist der 21. September 520.[188] Es hat also von Hag 1,1 an 23 Tage gedauert, bis die Bauarbeiten begannen (vgl. 1,15 mit 1,1). Baldwin weist darauf hin, daß der **sechste Monat** ein Erntemonat war; die drei Wochen Abstand zu 1,1 hätten einen Abschluß der Erntearbeiten ermöglicht (S. 43). Wiseman hat eine andere Erklärung: Man habe die 23 Tage Abstand gebraucht, »um Materialien und Personal zu beschaffen« (S. 964). Beide Erklärungen werden ein Teil Wahrheit enthalten. Überdies muß man bedenken, daß der innere Erneuerungsprozeß, von dem in V. 12-14 die Rede ist, einige Zeit benötigte. Auch ist die mutmachende Verheißung von 1,13 später erfolgt als das in V. 2-11 Berichtete.

Jedenfalls aber war dieser 21. September 520 mit dem Beginn der Bauarbeiten ein »Wendepunkt« in der Geschichte Israels (Frey S. 22). Deshalb ist es verständlich, daß das Datum so betont wird. Die Einheitsübersetzung hat diesen Ton richtig getroffen, wenn sie übersetzt: »das war am vierundzwanzigsten Tag des sechsten Monats im zweiten Jahr des Königs Darius«.

[185] Elliger S. 89. Vgl. Rothstein S. 64 und Bach Sp. 26; Bardtke Sp. 6; Chary S. 128f; Eissfeldt S. 577; Henry Sp. 625; Hesse S. 109; Horst S. 203; Lindblom S. 272; Sellin S. 404ff; Nowack S. 316f

[186] Wie wir entscheiden sich z.B. Andersen S. 20f; Baldwin S. 43; Galling S. 79; May S. 190ff; Rudolph S. 23; Wiseman S. 964. Vgl. noch Birkeland S. 20 und Rosch-ha-Schana 3b

[187] Zur Diskussion um die Bestimmung »des sechsten« vgl. Elliger S. 89f; Mitchell S. 57; Sellin S. 405f

[188] Frey S. 22. Ackroyd JNES nennt den 22. September (S. 15), ebenfalls Galling S. 79. Vgl. Gelin S. 11; Nyberg S. 82 (21. September)

III. DIE ZWEITE BOTSCHAFT HAGGAIS: DIE HERRLICHKEIT DES NEUEN TEMPELS, 2,1-9

Fast alle Ausleger sind sich darin einig, daß 2,1-9 einen selbständigen, Abschnitt darstellt.[189] Diesen Abschnitt charakterisiert zweierlei: a) Die Ermutigung zum Weiterbauen (V. 1-5), und b) der Ausblick auf die Herrlichkeit des neuen Tempels (V. 6-9).[190]

1. Die Ermutigung zum Weiterbauen, 2,1-5

1 Im siebten Monat, am einundzwanzigsten Tage des Monats, erging das Wort Jahwes durch den Propheten Haggai wie folgt:
2 Sage doch zu Serubbabel, dem Sohn Schealtiels, dem Statthalter von Juda, und zu Josua, dem Sohn Jozadaks, dem Hohenpriester, und zum Rest des Volkes:
3 Wer ist unter euch noch übrig, der dieses Haus in seiner früheren Herrlichkeit gesehen hat? Und was seht ihr jetzt? Ist es nicht wie nichts in euren Augen?
4 Aber jetzt sei stark, Serubbabel! - lautet der Spruch Jahwes - Und sei stark Josua, Sohn Jozadaks, Hoherpriester! Und sei stark, alles Volk des Landes, lautet der Spruch Jahwes, und macht euch an die Arbeit! Denn ich bin mit euch, lautet der Spruch Jahwe Zebaoths,
5 und mit dem Wort, das ich mit euch festgemacht habe, als ihr aus Ägypten zogt. Und mein Geist wird unter euch bleiben. Fürchtet euch nicht!

1 Die Worte in Vers 1: **erging das Wort Jahwes durch den Propheten Haggai wie folgt** sind genau dieselben, die schon 1,1 benutzt, und sind dort erklärt.[191]

Wichtig ist das neue Datum. Der **siebte Monat** ist betont vorangestellt. Damit wird klargestellt, daß wir uns noch in demselben Jahr, nämlich dem Jahre zwei des Königs Darius, befinden (vgl. 1,15). Hebräisch heißt dieser **Monat** »Tischri«, sein **einundzwanzigster Tag** ist der 18. Oktober. Dieser 18. Oktober 520 war der letzte Tag des Laubhüttenfestes, das am 12. Oktober begonnen hatte.[193]

189 Vgl. nur Birkeland S. 86; Harrison S. 945

190 Vgl. wieder Birkeland a.a.O.

191 Für »durch« steht im Text aus Murabba'at: »an« (Benoit S. 184). Budde S. 9 wollte das schon früher konstruieren, doch stimmen der masoretische und der griechische Text überein und geben einen so guten Sinn, daß eine Änderung nicht ratsam ist (wie Budde auch z.B. Mitchell S. 64; Sellin S. 410)

193 Vgl. Frey S. 23; Rudolph S. 22; Wiseman S. 964; Bach Sp. 25

Laubhüttenfest - wir müssen uns zuerst verdeutlichen, was dieses Fest im Leben Israels bedeutete. Sieben Tage wurde es gefeiert. Aber auch der achte Tag hatte als Ruhetag einen besonderen Charakter (3Mo 23,34ff). »Laubhütten« hieß das Fest, weil man in »Laubhütten« (hebr. Sukkoth) wohnen sollte. Noch heute gibt es in Württemberg Häuser, die auf dem Dachboden Vorrichtungen für eine solche Hütte haben. Das Laubhüttenfest war ein Freudenfest, später sogar *das* Lichterfest Israels. Man feierte es als Erntedankfest mit vielen Opfern und freiwilligen Dankesgaben (3Mo 23,36f; 4Mo 29,12ff). Man feierte es aber auch in dankbarer Erinnerung an die Erlösung aus der Knechtschaft Ägyptens (3Mo 23,42ff). Und drittens hielt man an diesem Fest Ausschau nach der Heilszeit, der Zeit des Messias, der herrlichen Endzeit mit ihrer kommenden Erlösung und Befreiung. Man vergleiche hier das Auftreten Jesu am Laubhüttenfest nach Joh 7 und 8. Schließlich gehörte das Laubhüttenfest zu den drei Wallfahrtsfesten, zu denen alle Männer Israels erscheinen mußten (vgl. wieder 3Mo 23,33ff; 4Mo 29,12ff; 5Mo 16,13ff). Besonders berühmt wurde später *das* Laubhüttenfest, das Nehemia und Esra nach Vollendung des Mauerbaus mit dem Volk feierten (Neh 8).

Wie in 1,1 - einem Neumondsfest - wählte also Gott einen Festtag aus, um dem Volk **durch Haggai** eine Botschaft zu übermitteln. Vielleicht galt damals schon der »letzte Tag des Festes« als »der höchste« (Joh 7,37).

Die Situation von damals kann man sich in groben Umrissen noch vorstellen. Die Ernte war, nach Hag 1,6-11 zu schließen, vermutlich kümmerlich und kein zu starker Anlaß für ein Erntedank- und Freudenfest. Daneben bot allerdings die doppelte Befreiung aus der Gefangenschaft - nämlich aus Ägypten und jetzt auch aus Babylonien - echten Grund zu Lob und Dank. Andrerseits war Juda winzig geworden, von Feinden umlauert, von Mißständen geplagt. Der Tempel aber, sonst ein Mittelpunkt der Festversammlung, zeigte sich teils als Ruinenfeld, teils als eben begonnene Baustelle, und ließ sich auf keinen Fall mit der Pracht des früheren Tempels vergleichen. Was brauchte das Volk hier? Trost! Ermutigung!

Haben die Bauarbeiten am 21. oder 22. September angefangen, dann waren jetzt gerade vier Wochen ins Land gegangen. Vier Wochen außerdem, die noch in die Erntezeit fallen konnten (vgl. die Erklärung bei 1,15). Galling z.B. rechnet damit, daß »Der eigentliche Arbeitsbeginn« erst jetzt stattfand (S. 79), was sich allerdings nicht mit Hag 1,14 verträgt. Immerhin kann nicht allzuviel passiert sein. Baldwin erwägt, ob Steine auf ihre weitere Verwendbarkeit geprüft und aus den Ruinen zusammengetragen, die verbliebenen Mauern auf ihre Standfestigkeit getestet und Arbeitsgruppen aufgestellt worden wären. Andersen geht noch weiter und glaubt, nur das Dach habe noch gefehlt (1,4!) und der unfertige Bau sei eben verwahrlost gewesen.[194] Genaueres wissen wir nicht. Jedoch scheint Andersen zu weit zu gehen. Mit Baldwin[195] müssen wir auch in Betracht ziehen, daß in den Monat Tischri viele Feiertage fielen: der erste Tag war der Neujahrstag; der zehnte Tag der Yom Kippur, der Große Versöhnungstag; der fünfzehnte Tag der Beginn des Laubhüttenfestes; hinzu kommen die gewöhnlichen Sabbate (3 Mo 23,23ff). So blieben nur wenige Arbeitstage übrig. Gefühlsmäßiger Enthusiasmus kühlt rasch ab. Aus der Botschaft in V. 4ff können wir entnehmen, daß die Israeliten damals - trotz des Aufbruchs von V. 14 und V. 12! - durch tiefe Anfechtungen der Niedergeschlagenheit und Mutlosigkeit gingen. Frey bemerkt mit Recht: »In Glaubensdingen ist es vom ersten Aufbruch bis zum Ziel ein weiter, kümmerlicher, unansehnlicher Weg, umstellt von Hindernissen und Anfechtungen, Not und Kreuz, ein Weg, der zähes Durchhalten verlangt« (S. 23).

2 Die Verse 1-5 sind also der erste Teil der Botschaft Haggais am Laubhüttenfest. Er richtet sich (V. 2) an drei Adressaten: an **Serubbabel**, an **Josua** (vgl. zu beiden den Exkurs bei 1,1) und an den **Rest des Volkes.** Wieder ist **Serubbabel** vor **Josua** genannt, ihm also vorgeordnet. Haggai sieht in ihm eher den Führer der Judäer, und weniger den persischen Beamten. **Der Rest des Volkes** ist dasselbe wie in V. 14 »der ganze Rest des Volkes«: nämlich das gesamte jüdische Volk in Judäa, gleichgültig, ob es Rückkehrer aus Babylonien oder Nichtdeportierte waren. Man muß mit Andersen u.a. die Tatsache betonen, daß Gottes Anrede offensichtlich bewußt nicht zwischen Heimkehrern und im Lande Verbliebenen unterscheiden will. Sie alle sind Israeliten. Und sie werden alle an ihre Pflicht und ihre Verheißung aus dem Sinaigesetz (vgl. V. 5!) erinnert![196]

3 Wer Hag 2,3 verstehen will, muß mit dem letzten Satz des Verses anfangen: **Ist es nicht wie nichts in euren Augen?** Das also ist der Eindruck, den der Neubau bisher bei den Beobachtern hinterlassen hat: **wie nichts.** Ein niederschmetternder Eindruck! Enttäuschung, Verzagtheit, Resignation, Schmerz, Zweifel - all das schwingt hier mit. **Wie nichts:** so beginnt Gott sein Werk. Es lohnt sich, über dieses Baugesetz im Reiche Gottes einmal nachzudenken. »Wie nichts« erschien der Anfang, den Gott in einer gefallenen Menschheit mit Abraham gemacht hat. »Wie nichts« erschien der kleine David gegen den großen Goliath. »Wie« ein Senfkorn ist das, was Jesus in dieser Welt angefangen hat (Mt 13,31f).

194 Andersen S. 25ff; Baldwin S. 46; vgl. Frey S. 24
195 A.a.O.
196 Andersen S. 30f; Koch S. 65

Aber nun sind die beiden andern Sätze von V. 3 zu beachten: **Wer ist unter euch noch übrig, der dieses Haus in seiner früheren Herrlichkeit gesehen hat? Und was seht ihr jetzt?**[197] Diese Sätze haben nur einen Sinn, wenn tatsächlich **noch** Judäer vorhanden waren, die **dieses Haus** = den Tempel **in seiner früheren Herrlichkeit,** d.h. vor der Zerstörung durch die Babylonier im Jahre 587 v.Chr. **gesehen** haben.[198] Das ist vom zeitlichen Abstand her kein Problem. Hag 2,3 fällt ins Jahr 520 v.Chr., ist also 67 Jahre vom Ereignis der Tempelzerstörung entfernt. Mein Schwiegervater, jetzt (1984) 85 Jahre alt, erinnert sich über 70 Jahre hinweg noch bestens an den Ausbruch des 1. Weltkrieges (1914), an dem er vor 67 Jahren als Soldat teilgenommen hat. Wer sich über die **Herrlichkeit** des **früheren** salomonischen Tempels informieren will, braucht nur in 2Kö 25,5ff und Jer 27,18ff nachzulesen, was die Babylonier dort zerstört und geraubt haben. **Jetzt** aber wirkt das, was vom zweiten Tempel bisher zu sehen ist, einfach kümmerlich. Man vgl. dazu Esr 3,12, obwohl das in Esr 3 Berichtete zeitlich etwa 15 Jahre vor Hag 2 liegt.

Eine andere Frage ist es, ob Haggai selbst zu den Betagten gehört, die den salomonischen Tempel noch gesehen haben. Die Ausleger schwanken.[199] Unseres Erachtens deutet die Formulierung **Wer unter euch** (statt: »Wer unter uns«) eher darauf hin, daß Haggai den ersten Tempel nicht mehr gesehen hat.[200]

Bedenkt man, daß Haggai von **diesem Hause** spricht und die Frage stellt: **Was seht ihr jetzt?,** dann legt sich die Annahme nahe, daß das Laubhüttenfest auf dem Tempelplatz gefeiert wurde. Das würde wiederum bedeuten, daß der Altar und ähnliche Einrichtungen schon vorhanden waren, die einen notdürftigen Gottesdienst erlaubten[a].

[a] 3Mo 23,36f; 4Mo 29,12ff; 5Mo 16,15f mit Esr 3,2ff

Und nun erklingt eine klare, präzise Botschaft in diese Situation hin- 4
ein (V. 4). Gottes Wort begnügt sich nicht mit der Diagnose des Schmerzes. Es gibt vielmehr handfeste, praktische Anweisung und Therapie: **Sei stark!** Voraus geht das göttliche **Aber,** das sich siegreich allen Widerständen und Ermüdungen entgegenstellt. Sei stark: Im hebräischen Konsonantentext genügen drei Buchstaben für dieses entscheidende Wort. Die Urbedeutung heißt: »Schnüre fest!« Man kann auch übersetzen: »Ermanne dich!«, »Pack an!« o.ä. Es geht darum, in Glaubensgewißheit mit Gottes Kraft zu rechnen und deshalb die Aufgabe des Tempel-

[197] Auch die Übersetzung: »Und wie seht ihr es jetzt?« ist möglich. So übersetzen z.B. Frey S. 22; Keil S. 507; Mitchell S. 59. 64; Elliger S. 91; Sellin S. 409; die Lutherbibel. Am Sinn ändert sich dadurch kaum etwas

[198] Anders Waterman S. 75: Nicht mit dem früheren salomonischen Tempel, sondern mit babylonischen Tempeln in Babel und Borsippa werde hier verglichen!

[199] Vgl. Baldwin S. 28

[200] Ebenso Rudolph S. 21

baus anzupacken, ohne sich entmutigen zu lassen. Verweichlichung im Glauben kann zur Sünde werden. So kommt der Ruf: »Sei stark« immer in Situationen vor, wo Menschen der Bibel ängstlich zu werden drohen; z.B. bei Josua (5Mo 31,7; Jos 1,7; 23,6), Salomo (1Kö 2,2f) oder Timotheus (2Tim 1,7; vgl. Eph 6,10).

Drei werden hier ermutigt. Zuerst **Serubbabel.** Es fällt auf, daß er im Gegensatz zu Josua nur mit dem Eigennamen genannt ist. Mußte man ihm am wenigsten Mut zusprechen? Zweitens und drittens werden ermutigt **Josua, Sohn Jozadaks, Hoherpriester,** und **alles Volk des Landes.** Ebenso wie **Serubbabel** ist **Josua** oben im Exkurs zu 1,1 näher beschrieben. Bei ihm fällt auf, daß a) der Vatersname **(Jozadak)** und b) die Amtsposition **(Hoherpriester)** genannt sind. Brauchte er besonderen Zuspruch, und ist deshalb sein »Hohepriester«-Amt erwähnt? Ferner fällt auf, daß er mit dem **Volk des Landes** auf einer Ebene erscheint, weil **der Spruch Jahwes** beide zusammenfaßt. Haben beide mehr Vorbehalte gegen den Bau als Serubbabel? Es wäre nicht das einzige Mal, daß ausgerechnet der weltliche Statthalter beim Aufbau Jerusalems vorangeht (vgl. Nehemia!). Haben sich beide schon so gut an den provisorischen Gottesdienst seit den Tagen von Esr 3,2ff gewöhnt, daß sie eine Art »innere Koalition« bilden? Wir wissen es nicht. Jedenfalls ist der dritte Adressat **alles Volk des Landes.** Gemeint sind auch hier wieder alle Juden in Judäa, gleichgültig, ob sie im Exil waren oder nicht. Die Botschaft Gottes erfaßt sie nicht als Einzelgruppen oder Lobbyisten, sondern als Einheit, weil sie unter derselben Liebe Gottes und unter demselben Gesetz stehen.[201] Übrigens heißt das »Volk des Landes« hier auf Hebräisch »'am-haʿaräz«, ein Begriff, der später verächtlich wurde und die Ungelehrten oder Gesetzeswidrigen bezeichnete (so z.B. Joh 7,49). Zur Zeit Haggais aber scheint der Begriff noch positiv gewesen zu sein.[202]

Damit man ja nicht glaubt, der Prophet spreche aus eigenem Antrieb, fügt Haggai in Gottes Botschaft dreimal die Wendung **lautet der Spruch Jahwes** ein. Was sie bedeutet, ist oben bei 1,9 erklärt.

Macht euch an die Arbeit (im Hebräischen eigentlich nur ein Wort: »Arbeitet!«): Gott ruht nicht, bis er am Ziel ist. Er will den Tempel nicht durch die Perser entstehen lassen (anderswo bauten die Perser im eigenen Interesse alte Kultstätten wieder auf). Er will ihn auch nicht auf wunderbare Weise vom Himmel kommen lassen. Er will, daß ihn sein

[201] Vgl. Koch S. 63ff, der aber darin übers Ziel hinausschießt, daß er die samaritanische Oberschicht ebenfalls zum »Volk des Landes« rechnet. Vgl. noch Wiseman S. 964; Baldwin S. 47; Mitchell S. 60; Buccellati S. 207

[202] Es ist ohne Anhalt in den alten Handschriften, wenn Sellin (S. 410) u.a. statt »Volk des Landes« »Rest des Volkes« lesen wollen

Volk mit eigenen Händen baut. **Und arbeitet!** - was für eine nüchterne Weisung! Noch heute würde es manchem Gejammer und manchem Selbstmitleid ein Ende setzen, wenn man schlicht arbeiten und dienen würde. Aber auch dem Enthusiasmus und der Schwärmerei wird in der Bibel mit Nachdruck gesagt: »Arbeitet!«[b]. Vielleicht wurde das Volk bei dem Stichwort **arbeiten** sogar an die Tempelrenovierung unter Josia (2Chr 34,12) erinnert.[203]

[b] Neh 3,38; Spr 14,23; Mt 21,28; Apg 18,3; 1Kor 9,6; Eph 4,28; 1Thes 4,11; 2Thes 3,10ff

Unter Gottes Verheißung wird die Arbeit zum Segen. Das läßt auch der Schluß von Hag 2,4 erkennen: **Denn ich bin mit euch, lautet der Spruch Jahwe Zebaoths.**[204] Wiederum erklingt das **ich bin mit euch,** das schon in 1,13 die Juden getröstet und gestärkt hat. Gott wird nicht müde, zu trösten und zu stärken (vgl. die Erklärung bei 1,13). »Ich bin mit euch«: Wenn dieser Satz gilt, dann kann man Ps 127,1 umformulieren: »Wenn der Herr das Haus baut, so arbeiten nicht umsonst, die daran bauen«.

V. 5 setzt die Ermutigung zum Weiterbauen fort. Ein Problem dieses Verses liegt in der Schwierigkeit der Übersetzung. Selbst ein so konservativer Ausleger wie J. Baldwin sieht die erste Hälfte (5a) für einen späteren Einschub an und betrachtet nur die zweite Hälfte als echt und ursprünglich.[205] Für die meisten modernen Ausleger ist V. 5a eine »Glosse« (= nachträglicher Einschub).[206] Für diese Ansicht spricht, daß die griechische Bibel, die Septuaginta, V. 5a nicht enthält. Aber hat sich nicht der überlieferte hebräische Text als der bessere erwiesen? Und wird er nicht von den Textfunden im Wadi Murabbaʿat gestützt? So versuchen wir, trotz der unleugbaren Schwierigkeiten vom hebräischen Text auszugehen. 5

Dann ergeben sich für die Übersetzung hauptsächlich folgende Möglichkeiten:

a) Man bezieht das Zeitwort der zweiten Vershälfte auch auf die erste Vershälfte und übersetzt etwa so, wie es die Einheitsübersetzung tut: »Der Bund, den ich ... mit euch geschlossen habe, bleibt bestehen, und mein Geist bleibt in eurer Mitte«.[207]
b) Man übersetzt im Anschluß an das »mit euch« von V. 4: »und mit dem Wort ...«.[208]
c) Man ändert den Text soweit ab, daß er scheinbar besser in den Zu-

[203] Einen interessanten Gedanken bietet Baldwin S. 47: Ob man vielleicht das »Sei stark« von 5Mo 31,6f oder Jos 1,6ff; 10,25 am Laubhüttenfest gelesen hat?
[204] Für eine Streichung *»Zebaoths«* gibt es keinen Grund. Anders z.B. Elliger S. 91
[205] Baldwin S. 47
[206] Z.B. Elliger S. 91; Marti S. 385; Mitchell S. 60; Sellin S. 410; Rudolph S. 22; Ackroyd JJS 7 S. 163
[207] So oder ähnlich auch Frey S. 23; Keil S. 507; Sellin S. 409; früher Henderson, Hitzig, Köhler nach Mitchell S. 64
[208] So Marck nach Mitchell a.a.O.; Keil S. 508: »allenfalls« möglich

sammenhang paßt, und kann dann z.B. mit Elliger lesen: »Das ist der Bund, den ich mit euch geschlossen habe . . .«[209].

Die dritte dieser Möglichkeiten überzeugt am wenigsten, weil sie der subjektiven Willkür unterliegt. Die erste Möglichkeit muß ernsthaft in Betracht gezogen werden, hat aber den Nachteil, daß das Zeitwort dann weit entfernt ist und ein anderes Geschlecht aufweist als das regierende Hauptwort der ersten Vershälfte. Deshalb scheint uns die Möglichkeit b) die angemessenste zu sein. Obwohl Unsicherheiten bleiben, gehen wir also im Folgenden von b) aus.

Was ist **das Wort, das ich mit euch festgemacht habe, als ihr aus Ägypten zogt?** Ist es 2Mo 29,45f, an das Mitchell, Wiseman und Baldwin denken?[210] Es würde hier nicht übel passen. Aber sehr wahrscheinlich braucht man **das Wort** gar nicht auf eine eng begrenzte Stelle zu beziehen, sondern kann an das ganze Verheißungwort denken, das Gott beim Sinaibund (**festgemacht** oder »abgeschlossen«, wie man einen Bund schließt) an Israel richtete.[211] Hat man schon damals beim Laubhüttenfest aus dem 2. Mosebuch gelesen,[212] wie es durch Neh 8,14ff nahegelegt wird, dann wird der Bezug faszinierend: Gott erinnert an das Wort, das soeben im Gottesdienst verlesen und das von ihm beim Auszug **aus Ägypten** gesprochen wurde!

Man merkt auch an dieser Haggaistelle, welch große Rolle der Auszug **aus Ägypten** spielte. Immer wieder erinnern die Propheten an ihn (z.B. Jes 11,15f; Hos 11,1; Am 8,8; 9,5). Zugleich zeigt die Vertrautheit mit der Geschichte Israels, daß die Mosebücher ein Anknüpfungspunkt für die prophetische Botschaft waren (vgl. Mal 3,22!). Die Propheten wußten sich in Übereinstimmung mit Mose.

Ist das aber nicht eine auffallende Formulierung: **Ich bin mit dem Wort, das ich mit euch festgemacht habe?** Antwort: Zwar wiederholt sich diese Formulierung in der Bibel nicht mehr. Jedoch gibt es einige enge Parallelen. Man vgl. Ps 107,20: »er sandte sein Wort und machte sie gesund« (vgl. auch Jes 55,11), oder Jer 1,12: »Ich will wachen über mein Wort, daß ich's tue«, oder Jer 29,10; 33,14: »Ich will mein gnädiges Wort über euch erwecken«. Der Sinn der Formulierung **Ich bin mit dem Wort** usw. ist also der: Gott hat seine damaligen Verheißungen nicht vergessen, er sorgt dafür, daß sie in Erfüllung gehen. D.h. klipp und klar: Israel soll sich gerade jetzt auf sein Verheißungswort verlassen!

In V. 4 hieß es: »Ich bin mit euch«. In V. 5 hörten wir: »Ich bin mit meinem Wort«. Jetzt kommt ein Drittes hinzu: **Mein Geist wird unter euch**

209 Elliger S. 91. Vgl. über andere Möglichkeiten Mitchell a.a.O.

210 Mitchell S. 60; Baldwin S. 47; Wiseman S. 965

211 Ähnlich Keil S. 508f

212 Vgl. Baldwin a.a.O. Noch spezieller Waterman S. 75: Hag 2,5 erinnere an den beutebeladenen Auszug aus Ägypten

bleiben. Statt **unter euch** könnte man auch übersetzen: »in eurer Mitte«. »Mein Geist« - das ist der Heilige Geist. Er gibt die Kraft zum richtigen Handeln, er führt die Menschen nach Gottes Willen[c]. Sein Wirken in Israel ist aber auch ein Zeichen der Liebe Gottes zu seinem Volk. Deshalb nennt ihn Paulus später ein Unterpfand (2Kor 1,22) der Gottesgemeinschaft. Warum heißt es **bleiben**[213]? Weil Gottes Geist schon früher auf Mose, den Ältesten, den Propheten und manchen Königen gelegen hat[d]. Wenn also Gottes Geist **unter euch** bleibt, dann wird der Tempelbau zum Ziel kommen. Dann ist Gott selbst anwesend und keine ängstliche Sorge mehr berechtigt. Darum gilt jetzt die Losung: **Fürchtet euch nicht!** - weder vor äußeren Feinden, noch vor internen Problemen. Was könnte man sich noch heute für die Gemeindearbeit Schöneres wünschen als diese beiden Sätze: **»Mein Geist wird unter euch bleiben. Fürchtet euch nicht!«?** Hag 2,5 steht in der Mitte zwischen der Sinaiverheißung in 2Mo 29,45 und dem Jesuswort in Mt 14,27: »Seid getrost, ich bins; fürchtet euch nicht!«[214]

[c] Neh 9,20; Ps 51,13; 143,10

[d] 4Mo 11,16ff; 1Sam 16,13; 2Kö 2,15

2. Der Ausblick auf die Herrlichkeit des neuen Tempels, 2,6-9

6 Denn so spricht Jahwe Zebaoth: Noch einmal - nur kurze Zeit wird es dauern - erschüttere ich den Himmel und die Erde und das Meer und das Festland.
7 Ja, alle Völker werde ich erschüttern. Und es werden kommen die Kostbarkeiten aller Völker, und ich werde dieses Haus mit Herrlichkeit füllen, spricht Jahwe Zebaoth.
8 Mein ist das Silber und mein ist das Gold, lautet der Spruch Jahwe Zebaoths.
9 Größer als die frühere wird die künftige Herrlichkeit dieses Hauses sein, spricht Jahwe Zebaoth, und an diesem Ort werde ich Heil geben, lautet der Spruch Jahwe Zebaoths.

Auch diese Botschaft wurde am 18. Oktober 520 v.Chr., dem letzten Tag des Laubhüttenfestes, verkündigt (vgl. 2,1).

Die Verse 2-5 richteten den Blick nach oben. Die Verse 6-9 richten ihn nach vorn.

Fünfmal gebraucht Haggai hier die Wendung **(so) spricht Jahwe Ze-** 6
baoth bzw. **lautet der Spruch Jahwes.** Sie ist oben bei 1,2 bzw. 1,9 erklärt. Offensichtlich will Haggai unterstreichen, daß hier wirklich Gott

213 Statt »bleiben« kann man auch übersetzen: »wohnen« (Baldwin a.a.O.) oder »walten« (Frey S. 23)

214 Baldwin S. 47

redet. Die Hörer sollen sich dem Herrn gegenüber sehen, und nicht einem Menschen.[215]

Mit **Denn** (V. 6) wird angezeigt, daß die Verse 6-9 die Ermutigung zum Weiterbauen begründen.

Noch einmal - nur kurze Zeit wird es dauern - erschüttere ich den Himmel und die Erde und das Meer und das Festland: Das ist die erste Verheißung in diesen Versen. Die hebräischen Anfangsworte sind schwer zu übersetzen. Eine Reihe von Auslegern nimmt hier Streichungen vor.[216] Die griechische Bibel aus dem 3. Jh. v.Chr., die Septuaginta, übersetzt nur die beiden ersten von den vier in Frage kommenden hebräischen Wörtern. Aber das kann daran liegen, daß die Septuaginta, wie Elliger sagt, »vereinfacht«.[217] Deshalb empfiehlt es sich auch hier, am überlieferten hebräischen Text zu bleiben und so zu übersetzen, wie wir es getan haben.[218] Es geht dann um zwei Gedanken. **Noch einmal erschüttere ich den Himmel . . .** usw. Schon **einmal** hat Gott eine solche Erschütterung gewirkt, und zwar beim Bundschluß am Sinai, wie es Hebr 12,26f sagt und wie aus 2Mo 19,18 hervorgeht.[219] Wenn aber die erste Erschütterung beim Abschluß des Alten Bundes geschah, dann muß die neue Erschütterung den Abschluß des Neuen Bundes markieren! In der Tat ist dies bei der Kreuzigung Jesu geschehen, als die Sonne sich verfinsterte und **die Erde** erbebte (Mt 27,45.51ff). Haggai deutet also in V. 6 voraus auf die messianische Zeit. Ja, der Hebräerbrief eröffnet uns in 12,26ff noch eine weitere Perspektive, die uns die endgültige Erfüllung zeigt: nämlich das Vergehen der alten und das Kommen der neuen Welt (vgl. 2Petr 3,12). Erst dann wird Gott mit seinem neuen Schöpferhandeln **den Himmel und die Erde und das Meer und das Festland** im Vollsinne **erschüttern,** während am Sinai und auf Golgatha eine Erschütterung des **Meeres** noch nicht festzustellen war.[220] Wir müssen uns also darüber klarwerden, daß Hag 2,6ff die Endzeit ankündigt.[221] Und so Gewaltiges wird bei einem so armseligen Zustand der damaligen Bauarbeiten ausgesprochen![222]

Nun könnte man freilich gegen diese messianische Deutung von Hag 2,6 einen Einwand erheben. Der zweite Gedanke des Verses lautet ja:

215 Vgl. Bentzen S. 497
216 Vgl. Marti S. 386 mit Wellhausen, Nowack und Smend; Mitchell S. 65; Sellin S. 411
217 Ellinger S. 91
218 Prinzipiell ebenso Frey S. 23; Elliger a.a.O.; Junker S. 101; Keil S. 509
219 Ebenso Wiseman S. 965; Sellin S. 411; Frey S. 25; Keil S. 510. Marti S. 386 deutet auf die Zerstörung Jerusalems
220 Für Mitchell sind die Worte »und das Meer und das Festland« ein nachträglicher Einschub (S. 65)
221 So auch Wellhausen S. 175. Frey S. 25 deutet speziell auf die Neuschöpfung. Die endzeitliche Deutung von Hag 2 findet sich schon bei Luther S. 117
222 Vgl. Wellhausen S. 177

nur kurze Zeit wird es dauern, bis das alles geschieht. Diese Wendung entspricht im Hebräischen genau dem, was Jesus in Joh 13,33; 14,19; 16,16ff mit den Worten »noch eine kleine Weile« bzw. »(noch) über ein Kleines« ausdrückt.[223] Aber müßte man dann nicht erwarten, daß die Erschütterung, von der Hag 2,6 redet, schon bald nach dem Tempelbau oder nach Haggais Tod stattgefunden hätte? Hat die Botschaft Haggais dann nicht getäuscht? Eine solche Täuschung nehmen tatsächlich einige Ausleger an.[224] Man darf hier aber nicht mit menschlichen Maßstäben messen. Schon die Rabbinen warnten bei der Diskussion über Hag 2,6 vor dem Berechnen von Fristen.[225] Wenn tausend Jahre vor Gott wie ein Tag sind (Ps 90,4; 2Petr 3,8), dann ist das runde halbe Jahrtausend von Haggai bis zur Stiftung des Neuen Bundes nur ein halber Gottestag. In der Perspektive der Prophetie ist es durchaus berechtigt, von einer **nur kurzen Zeit** zu sprechen.[226]

Vielleicht sollten wir noch notieren, daß die Erschütterung der Erde usw. in der Prophetie öfters ein Zeichen für das Handeln Gottes ist.[227][a]

[a] Jes 2,19ff; 13,13; 29,6; Hes 38,20; Joe 3,16; Am 1,1; 8,8; 9,1ff

Ja, alle Völker werde ich erschüttern: Das ist die zweite Verheißung 7
in diesen Versen. Wir beobachten in allen Teilen der Bibel, daß Gott der Herr der Geschichte und der Herr der **Völker**-Welt ist (vgl. nur den Schöpfungsbericht oder die Psalmen 91-100 oder Jes 45; Jer 46-51; Hes 25-32; Dan 2 und 7-12; Am 1-2; Ob; Jon 1-4; Nah). Besonders eng sind die Parallelen bei Jesaja und Hesekiel (Jes 14,16; Hes 31,16). Aber eine weitere Parallele erfordert unsere Aufmerksamkeit, nämlich die Endzeitrede Jesu. Auch dort sind Erdbeben und Völkererschütterung miteinander verbunden (Mt 24,6fpar.). Das zeigt, daß Jesus die Linie der Propheten fortsetzt und vollendet. Das zeigt aber auch, daß Hag 2,7 wieder endzeitlich und messianisch zu lesen ist. Wer glaubt, daß Hag 2,7 aus den vorangehenden Erschütterungen im Perserreich zu erklären ist, befindet sich auf einem Holzweg.[228]

Doch was heißt das: **Alle Völker werde ich erschüttern?** Meint es die Demütigung der Völker?[229] Jes 49,23 und 60,14 können für eine solche Deutung sprechen.[230] Handelt es sich um das »Stürzen von Thronen innerhalb der Völkerwelt«?[231] Dafür spricht die Parallele in Mt 24,6f.

223 Wiseman S. 965
224 Z.B. Elliger S. 92f; Sellin S. 411; vgl. Frey S. 25f; Horst S. 202
225 Sanhedrin 97b (Goldschmidt VII S. 423)
226 Ganz anders Elliger S. 92: Haggai sieht das alles »in kürzester Frist Wirklichkeit werden«; ähnlich Sellin S. 411
227 Vgl. Baldwin S. 48
228 So mit Recht Wellhausen S. 175. Anders Wiseman S. 965; Mitchell S. 62
229 So Mitchell S. 62
230 Vgl. May S. 196
231 So Frey S. 26; ähnlich Junker S. 102

Handelt es sich um Tributleistungen an den Tempel und damit an Israel und seinen Gott?[232] Die Fortsetzung in V. 7 und der Vergleich mit Jes 60,4ff lassen sich dafür anführen. Oder handelt es sich um die Schau »einer neuen Menschheit, die der Glaube an den einen Herrn wieder einigt«?[233] In all diesen Deutungen steckt etwas Wahres. Geht man davon aus, daß Hag 2,6ff auf die messianische Endzeit zielt, dann müssen dort die bisherigen Weltreiche verschwinden, die alten Regierungen abtreten, die Völker sich dem Herrn zuwenden und von Jerusalem Heil und Segen ausgehen. Bis in die Grundfesten hinein wird die Völkerwelt umgestaltet werden. Das alles muß aber nicht mit einem einzigen Schlag geschehen. Vielmehr müssen wir nach dem biblischen Zusammenhang mit mehrfachen Erfüllungen rechnen.[234] Auch Jesus legt es uns in Mt 24,8 nahe, mit mehreren »Wehen« oder Wellen zu rechnen (»Anfang der Wehen«). So ergreift die Völkerwelt eine Veränderung durch das Auftauchen neuer Weltreiche (vgl. Dan 2 und 7!), eine Veränderung durch die Mission der Gemeinde des Neuen Bundes (vgl. Mt 24,14), eine Veränderung durch das Antichrist-Reich und schließlich, durch das Tausendjährige Reich (Offb 20,1ff).

Und es werden kommen die Kostbarkeiten aller Völker, und ich werde dieses Haus mit Herrlichkeit füllen: Das ist die dritte Verheißung in diesen Versen. Dabei gehen wir mit der Einheitsübersetzung, mit der Lutherübersetzung, mit Frey (S. 26), Marti (S. 386) und Mitchell (S. 62) davon aus, daß **die Kostbarkeiten aller Völker** den Tempel **mit Herrlichkeit füllen** sollen. Grammatikalisch allerdings kann man **die Kostbarkeiten** auch mit dem vorigen Satz verbinden, etwa in folgender Weise: »Ja, alle Völker werde ich erschüttern, daß die Kostbarkeiten aller Völker kommen sollen«. Der Sinn ändert sich hierdurch wenig; nur die Akzente verschieben sich.

Wiederum bietet die biblische Prophetie eindrucksvolle Parallelen.[235] Eine besonders wichtige Parallele stellt Jes 60,5-7 dar: »dein Herz wird weit werden, wenn sich die Schätze der Völker am Meer zu dir kehren und der Reichtum der Völker zu dir kommt . . . denn ich will das Haus meiner Herrlichkeit zieren«. Übrigens zeigt diese Parallele, daß auch in Hag 2,7 die **Kostbarkeiten der Völker** den Tempel **mit Herrlichkeit füllen** sollen. Die andere wichtige Parallele findet sich in Offb 21,24: »die Könige auf Erden werden ihre Herrlichkeit in sie (= das neue Jerusalem!) bringen« (vgl. noch Jes 49,22f). Sie weist darauf hin, daß wir auch hier mit mehrfacher Erfüllung rechnen sollten.

232 So Elliger S. 93; Wiseman S. 965; Marti S. 386
233 So Sellin S. 411
234 Ähnlich Frey S. 26 (»das sich anschwellend wiederholen soll«) und Wiseman S. 965 (»erste Erfüllung« - »endgültige Erfüllung«)
235 Vgl. May S. 196

Über das Wort **Kostbarkeiten** gab es manche Diskussion. Die lateinische Bibel übersetzte es nämlich mit »desideratus« = der Ersehnte. Deshalb sahen manche Ausleger in V. 7 einen Hinweis auf den Messias. Gemeint sind aber Güter (Einheitsübersetzung: »die Schätze«)[236], weshalb das zugehörige Zeitwort in der Mehrzahl steht.[237] Was soll man sich darunter vorstellen? Nach Sellin u.a. meldet sich hier »Der krasse Materialismus« des Judentums. Dann muß man an Silber und Gold im wörtlichen Sinne denken (vgl. V. 8).[238] Wie Dan 11,37 u.a. Stellen aber zeigen, kann **Kostbarkeiten** sowohl materielle als auch nichtmaterielle Güter bezeichnen. Insofern müssen wir die Deutung hier offen lassen. Sie hängt auch davon ab, wie man die Worte **dieses Haus mit Herrlichkeit füllen** versteht. Beziehen sie sich auf den soeben im Bau befindlichen Tempel, dann können wir an die Ausstattung des Tempels durch die Perser (Esr 6,8) denken,[239] oder an den prachtvollen Ausbau unter dem Idumäer Herodes (vgl. Mt 24,1; Joh 2,20).[240] Zielen sie aber auf die messianische Zeit, dann darf man das **Haus** mit der Gemeinde des Neuen Bundes gleichsetzen und bei den **Kostbarkeiten** an all das denken, was durch die Völkermission in diese Gemeinde eingeht.[241][b] Am besten erklärt man Hag 2,7 wieder im Wege einer mehrfachen Erfüllung: a) Vor dem Kommen Christi im Blick auf die materielle Austattung des Tempels durch die Perser und Herodes, b) nach dem Kommen Christi im Blick auf das Wachstum der Gemeinde (= der Tempel des Neuen Bundes) aus allen Völkern; c) in der Neuen Schöpfung im Blick auf die Schar der Erlösten aus allen Völkern (Offb 21,24). Ob außerdem an die Zentralstellung Jerusalems im Tausendjährigen Reich (Offb 20,1-9) gedacht ist, muß offen bleiben.[242]

[b] Eph 2,19ff; 1Petr 2,5; Hebr 3,6

V. 8 begründet und verstärkt die Aussage von V. 7: **Mein ist das Sil- 8**
ber und mein ist das Gold, lautet der Spruch Jahwe Zebaoths. Gott ist der Schöpfer aller Dinge. Ihm gehört die ganze Welt. Sollte er nicht dafür sorgen können, daß ein zweiter Tempel entsteht? Sollte ihm dessen Ausstattung Probleme machen? Eine solche kann sogar auf sehr einfache Weise geschehen. Nach Esr 6 hat der persische König Darius angeordnet, »daß man aus des Königs Schatz alles nehme, was die Juden zum Tempelbau brauchten, und sogar die täglichen Opfer bezahle« (Esr

[236] So auch Baldwin S. 48; Marti S. 386; Orelli S. 353; Keil S. 511f

[237] Eine andere Vokalisierung als im masoretischen Text braucht dabei nicht vorgenommen zu werden (gegen Elliger S. 91 u.a.)

[238] Sellin S. 398.411; James S. 234

[239] So Wiseman S. 965; Baldwin S. 48; Keil S. 516f

[240] Vgl. Baldwin S. 48

[241] Vgl. wieder Wiseman a.a.O.

[242] Auf »den anderen Äon« und damit auf c) der obigen Erklärung deutet Frey S. 26. Junker S. 102 denkt wohl an das Tausendjährige Reich

6,8-10). Ein Zeitgenosse konnte das als ganz normalen politischen Vorgang betrachten. Die Bibel sagt uns aber, daß darin Gottes Walten liegt - das Walten des Gottes, in dessen Hand »Des Königs Herz wie Wasserbäche ist; er lenkt es, wohin er will« (Spr 21,1).[243] Die Erinnerung an **Gold** und **Silber** hat aber noch weitere Dimensionen. Einmal wird hier die Linie zum Erbauer des ersten Tempels gezogen, nämlich zu Salomo, der viel **Gold** für den Tempel aufwandte (vgl. 1Kö 6,20ff; 7,48ff). Es gibt also eine legitime und fortlaufende Linie vom ersten zum zweiten Tempel. Zweitens aber waren »Gold und Silber« Ausweise der königlichen Macht (vgl. 1Kö 9,28; 10,21). Wenn Gott sagt: »Mein ist das Silber und mein ist das Gold«, dann deutet er damit an, daß er die Verfügungsmacht über die Schätze der persischen Könige besitzt und daß diese Schätze von ihm jederzeit einem andern gegeben werden können.[244] Wir sind nur Gottes Haushalter. Auf jeden Fall bleibt es für die Gläubigen ein Trost, daß der Herr sie jederzeit mit allem ausstatten kann, was sie im äußeren Leben brauchen. Das ist einer der Grundgedanken der Bergpredigt geworden (vgl. Mt 6,19-33). Aber auch die Rabbinen deuteten Hag 2,8 in diese Richtung: »flehe um Erbarmen zu dem, dessen der Reichtum ist, wie es heißt: ›mein ist das Silber und mein ist das Gold‹.«[245] Übrigens stimmt die Prophetie in Jes 60,9 überraschend gut mit Hag 2,8 zusammen.

9a **Größer als die frühere wird die künftige Herrlichkeit dieses Hauses sein:** So lautet die vierte Verheißung in diesen Versen. Noch einmal müssen wir uns in die Situation jener Tage hineinfühlen. Der Beginn der Bauarbeiten am Tempel traf ja auf Skepsis, auf wehmütige Erinnerungen. Es gab ja noch Leute, die sich an die **frühere Herrlichkeit** des von Salomo errichteten Tempels erinnerten. Man lese noch einmal 1Kö 6-8, um sich davon einen Begriff zu machen! Und nun soll **die Herrlichkeit dieses** jetzt begonnenen **Hauses** = Tempels die des **früheren** übertreffen? Gerade dies weissagt Haggai im Namen des Herrn.

Wenn wir oben richtig gedeutet haben, dann müssen wir auch jetzt in V. 9 von einer mehrfachen Erfüllung ausgehen. Das heißt: a) eine erste Erfüllung geschah unter Herodes, der den Tempel zum achten Weltwunder ausgestaltete, so daß seine weißen Prachtmauern und seine Goldplatten wie der »Schaum des Meeres« glänzten.[246] b) Eine zweite Erfüllung geschieht in geistlicher Weise durch das **Haus**, das die ntl. Ge-

[243] Fehl geht Sellins Auslegung S. 411, der in Hag 2,8 einen »Beweis für die Kräftigkeit des Gottesglaubens H.s« sieht, »der geradezu heroisch genannt werden muß«. Ähnlich wie Sellin auch Elliger S. 93

[244] Vgl. Baldwin S. 48; schon der Talmud in Aboda zara 2b

[245] Nidda 70b (Goldschmidt IX S. 948). Der Talmud beschäftigt sich mehrfach mit Hag 2,8: außer in Nidda 70b noch in Aboth X; Sanhedrin 103b; Aboda zara 2b

[246] Nach späteren Beschreibungen im Talmud. Vgl. noch Baldwin S. 48; Keil S. 516

meinde darstellt (vgl. wieder Eph 2,19ff; 1Petr 2,5; Hebr 3,6). c) Eine dritte Erfüllung wird das neue Jerusalem im ewigen Gottesreich sein (vgl. Offb 21,10ff), das allerdings keinen Tempel mehr aufweist.[247] d) Einige Ausleger deuten sogar nach Mt 12,6; Joh 2,19ff den neuen Tempel auf Jesus selbst.[248]

Daß man in V. 6-9 messianisch deuten muß, und sich nicht mit buchstäblicher Erfüllung (oben a) zufrieden geben darf, zeigt schließlich mit
völliger Klarheit die fünfte Verheißung: **An diesem Ort werde ich Heil** 9b
geben. Heil ist die Summe aller endzeitlichen Gaben Gottes. Das zeigt nicht zuletzt der Vergleich mit Jes 60,17f. Die Übersetzung der Lutherbibel, die das hebräische »schalom« mit Frieden wiedergibt, ist also zu schwach. Mit Recht übersetzen deshalb Elliger, Frey, Sellin u.a. mit »Heil«.[249] Und Wiseman merkt an: »Schalom meint totales geistliches, geistiges und physisches Wohlergehen. Es ist das Gegenteil der Zustände, wie sie die mit dem Tempelbau Beschäftigten damals erlebten«.[250] Vgl. im NT den »Segen in himmlischen Gütern durch Christus« (Eph 1,3).

Doch was heißt **an diesem Ort?** Ist der **Ort** der Tempel? Oder ist es Jerusalem, in dessen Namen (hebr. Jeruschalaim) der »schalom« steckt, und dessen Name im Hebräerbrief auf den »Frieden« gedeutet wird (Hebr 7,1ff)? Es fällt auf, daß der Name »Jerusalem« im ganzen Haggaibuch nicht erwähnt wird. Dennoch empfiehlt es sich, den »Ort« nicht nur auf den Tempel, sondern auf ganz Jerusalem als die Stadt des Zion und des Tempels zu deuten. Beide gehören ja in der biblischen Prophetie eng zusammen. Dann kann man sehen, daß Hag 2,9 in eine Reihe mit Jes 2,2ff; Jer 3,17; Mi 4,1ff gehört; und auch Hes 47,1ff fügt sich in diese Reihe ein. Ähnlich hat Jesus in Mt 5,34f Jerusalem und den Tempel miteinander verbunden[251] (vgl. Joh 4,20ff).

Damit eröffnet uns Hag 2,9 eine weite Perspektive. Denn das **Heil** der Welt, für Juden und für Nichtjuden, ist von Jerusalem ausgegangen, und zwar von der Golgathastätte, auf der Jesus den Sühnetod starb und den Neuen Bund stiftete. Genau diese Heilsbedeutung Jerusalems unterstreicht Jesus im Gespräch mit der Samaritanerin: »Das Heil kommt von den Juden« (Joh 4,22). Dementsprechend mußte die christliche Mission in Jerusalem beginnen (Apg 1,8). Auf die prophetischen Stellen bei Jesaja, Jeremia, Hesekiel und Micha, die in dieselbe Richtung deuten, haben wir oben schon hingewiesen. Das besagt natürlich nicht, daß Haggai schon Jesus vor Augen gehabt hat. Haggai hat nur treu weiter-

[247] Vgl. wieder Keil S. 518
[248] So etwa Baldwin a.a.O.; ähnlich Coppens S. 43; Keil S. 517
[249] Elliger S. 91; Frey S. 23; Sellin S. 409; vgl. Baldwin S. 49; Marti S. 386; Junker S. 102
[250] Wiseman S. 965. Vgl. die talmudische Diskussion in Baba bathra 3a (Goldschmidt VI S. 924)
[251] Vgl. Baldwin S. 49

gegeben, was ihm aufgetragen war. Aber in den prophetischen Worten steckte eine Durchschlagskraft und eine perspektivische Weite, die das menschliche Fassungsvermögen der Propheten überstieg (1Petr 1,10ff).[252]

Fassen wir zusammen, was sich aus Hag 2,1-9 ergeben hat: Gott ruft zum Weiterbau am Tempel auf, und er wird mit denen sein, die diesen Bau in Angriff nehmen. Ja, er wird sogar dafür sorgen, daß der zweite Tempel herrlicher wird als der erste. Weil dieser Aufruf am letzten Tag des Laubhüttenfestes geschah, können wir vermuten, daß Gottes Wort an die Lesung solcher Schriftstellen anknüpft, die die Erlösung aus Ägypten behandeln und den Blick auf die endzeitliche Erlösung richten. Dabei wandert die Verheißung hinüber in die messianische Zeit. Wann diese messianische Zeit anbricht, wird bei Haggai so wenig gesagt wie sonst in der atl. Prophetie.[253] Lesen wir aber Haggai vom Standpunkt des Neuen Bundes aus, wie das auch im NT geschieht (vgl. Hebr 12,26ff), dann läßt sich eine mehrfache Erfüllung dieser Verheißungen feststellen: noch zur Zeit des Alten Bundes, dann zur Zeit Jesu und seiner Gemeinde, und schließlich im ewigen Gottesreich. Die prophetische Perspektive entfaltet sich also mit dem Fortgang der Heilsgeschichte.

IV. DIE DRITTE BOTSCHAFT HAGGAIS: WENN HEILIGE MENSCHEN BAUEN, SEGNET GOTT, 2,10-19

Durch die Datumsangaben in Hag 2,10 und 2,20 wird klargestellt, daß Hag 2,10-19 einen neuen, geschlossenen Abschnitt bildet.[254] Aber so wie die zweite Botschaft Haggais zwei Unterabschnitte aufwies (2,1-5 und 2,6-9), so teilt sich auch Hag 2,10-19 in zwei Unterabschnitte. Der erste reicht von V. 10 bis V. 14, der zweite von V. 15 bis V. 19.

Wir wenden uns dem ersteren zu:

1. Sind die Bauleute heilig? 2,10-14

10 Am vierundzwanzigsten Tag des neunten Monats im Jahre zwei des Darius erging das Wort Jahwes an den Propheten Haggai wie folgt:

11 So spricht Jahwe Zebaoth: Erbitte doch von den Priestern eine Weisung in folgender Frage:

252 Vgl. Sellin S. 412; Elliger S. 93

253 Deshalb sind alle Deutungsversuche abzulehnen, die wie Marti oder Sellin einen unmittelbaren Anbruch der messianischen Zeit aus Haggai herauslesen wollen

254 Vgl. Harrison S. 945; Birkeland S. 86

12 **Wenn jemand heiliges Fleisch im Zipfel seines Gewandes trägt und mit seinem Zipfel Brot oder gekochte Speise oder Wein oder Öl oder sonst eine Speise berührt, wird sie dann heilig? Und die Priester gaben zur Antwort: Nein.**
13 **Da sagte Haggai: Wenn jemand, der durch eine Leiche unrein geworden ist, all dies berührt, wird es dann unrein? Und die Priester gaben zur Antwort: Es wird unrein.**
14 **Da erwiderte Haggai: So ist es mit diesem Volk und so ist es mit diesen Leuten in meinen Augen, lautet der Spruch Jahwes. Und so ist es mit allem Werk ihrer Hände, und mit dem, was sie dort opfern: Unrein ist es.**

Hier liegt nun der zweite Geschichtsbericht des Haggaibuches vor.[255] Der erste ist uns ja in 1,12-15 begegnet.

Hag 2,10-14 weist eine gewisse Ähnlichkeit mit anderen Gesprächen auf, die zwischen Priestern und Propheten geführt wurden, z.B. Jer 29,24ff; Am 7,10ff oder Mal 1,6-2,9. Jedenfalls ist es interessant zu sehen, in welchem Verhältnis hier Priester und Prophet stehen.

Wieder wird genau datiert: **Am vierundzwanzigsten Tag des neun- 10**
ten Monats im Jahre zwei des Darius. Darius ist derselbe Perserkönig Darius (522-486 v.Chr.), der uns schon in 1,1.15 begegnete. Noch immer befinden wir uns in dessen Regierungs- **Jahr zwei,** d.h. im Jahre 520 v.Chr. Der **vierundzwanzigste Tag des neunten Monats** dieses Jahres ist der 18. Dezember 520.[256] Der **neunte Monat** heißt hebräisch »Kislew«. Seit dem letzten Auftreten Haggais am 18. Oktober, dem letzten Tag des Laubhüttenfestes, sind also genau zwei Monate verflossen (vgl. 2,1). Im Gegensatz zu 1,1 und 2,1 scheint aber der 18. Dezember kein Festtag gewesen zu sein.[257]

Die Wendung **erging das Wort Jahwes an den Propheten Haggai** entspricht 2,1 und 1,1 und ist zum größten Teil bei 1,1 erklärt. Nur heißt es jetzt nicht mehr: »durch den Propheten«, sondern **an den Propheten.** Diese Änderung hängt wohl damit zusammen, daß hier zuerst der Prophet selbst angesprochen wird. Haggai muß selber handeln (V. 10-13), bevor er (in V. 14-19) Gottes Botschaft an andere ausrichten kann.

Übrigens ist es interessant, daß Sacharja einen Monat vor dieser dritten Botschaft Haggais ebenfalls seine Tätigkeit in Jerusalem begonnen hatte (Sach 1,1).[258]

[255] Rudolph S. 22; Elliger S. 93
[256] Baldwin S. 49; Ackroyd JNES S. 15; Galling S. 80; Rudolph S. 21; Frey S. 29. Coppens S. 44 will den »neunten« Monat in den »sechsten« ändern
[257] Mitchell S. 25.66
[258] Vgl. Baldwin S. 50; Wiseman S. 965; Frey S. 29; Mitchell S. 66

11 Auf den ersten Blick ist die Anweisung verblüffend, die **Jahwe** in V. 11 gibt: **erbitte doch von den Priestern eine Weisung in folgender Frage ...** Hatte Haggai die **Priester** nötig? Konnte er die **Weisung** nicht direkt von Gott erhalten? Oder sollte er gar die Priester für sich gewinnen?[259] Auf den zweiten Blick erkennt man aber, was hier geschehen soll. Die Priester sollen nämlich selbst die Aussage vorbereiten, die Haggai sogleich im Namen Gottes machen muß. Daß er die Priester einbezieht, gibt seiner Botschaft mehr Überzeugungskraft und offene Türen. Insofern handelt es sich um eine prophetische »Gleichnisbehandlung«.[260] Jesus hat später ähnliche Fragen benutzt (vgl. Mt 21,24ff.31.40ff). Hag 2,11 darf also nicht so verstanden werden, als wäre Haggai ein Laie gewesen.[261]

Aus V. 11 geht einwandfrei hervor, daß damals - also noch vor dem Wiederaufbau des Tempels! - schon **Priester** amtierten.[262] Dieser Schluß hatte sich übrigens schon in 1,1 aus der Nennung des Hohenpriesters ergeben. Offensichtlich bestand ein hierarchisch geordnetes und rechtlich-gesetzlich amtierendes Priestertum. V. 11-14 berichten dann von Opfern. Das heißt, daß der Opferdienst bereits vollzogen wurde. Der Altar war ja schon ca. 536 v.Chr. errichtet, und zwar an seiner früheren Stätte, und Opfer wurden längst dargebracht (Esr 3,2ff). Ferner ist in V. 11 die Rede von einer **Weisung.** Dafür steht im Hebräischen »Thora«. Hier ist die mündliche Weisung gemeint, die die Priester nach 3Mo 10,10f; 5Mo 33,10; Jer 2,8; 18,18; Hes 7,26; Mal 2,6f u.a. Stellen zu geben hatten.[263] Es handelt sich aber um dasselbe Wort, das auch für das geschriebene Gesetz benutzt wird, und zweifellos setzt die mündliche Belehrung durch die Priester das geschriebene Gesetz und dessen Studium voraus.[264] Vielleicht wird deshalb **von den Priestern** (Mehrzahl!) gesprochen, weil eine Entscheidung des verantwortlichen Kollegiums erbeten wird.[265] Auch die Erteilung von »Thora« deutet auf das provisorische Funktionieren eines umfassenden Gottesdienstes und Opferkults.[266]

Weiter können wir aus V. 11 entnehmen, daß Haggai wie in 1,1ff und 2,1ff auf dem Tempelplatz gesprochen hat.[267]

Manche Ausleger schließen aus der Tatsache, daß **die Priester** be-

259 So Sauer S. 206, 53
260 So Bach Sp. 25; vgl. Baldwin S. 50
261 So aber Bentzen Introduction S. 155; Rudolph S. 21; Neil S. 509
262 Mit Unrecht streichen Budde S. 10; Rudolph S. 22 die erste Hälfte von V. 11 als nachträglichen Einschub
263 Orelli S. 355; Mitchell S. 66
264 Das wird von Marti S. 387 u.a. übersehen. Vgl. Orelli S. 355
265 So Marti a.a.O.
266 Vgl. Andersen S. 26; Koch S. 61
267 So Baldwin S. 50; Junker S. 104

fragt wurden, daß die Priester zum Bauen unwillig gewesen wären.[268] Diese Meinung wird aber durch 1,12ff widerlegt, wo ausdrücklich festgestellt wird, daß der Hohepriester und das gesamte Volk, einschließlich der Priester, den Bau in Angriff nahmen. Nicht die Unwilligkeit ist das Problem, sondern die mangelnde Heiligkeit. Das wird jetzt in den folgenden Versen klar.

Die im Auftrag Gottes gestellte **Frage** lautet: **Wenn jemand heiliges** 12a
Fleisch im Zipfel seines Gewandes trägt und mit seinem Zipfel Brot oder gekochte Speise oder Wein oder Öl oder sonst eine Speise berührt, wird sie dann heilig? Klären wir zunächst die Einzelheiten.

Der **Zipfel seines Gewandes** »diente dem Orientalen als Tasche«.[269] Der Vorgang selbst knüpft an 3Mo 6 an. Dort wird das vor dem Herrn Geschlachtete zum **heiligen Fleisch** erklärt (3Mo 6,11.18; vgl. Jer 11,15). Ebenfalls wird das **Gewand**, das damit in Berührung kommt, für **heilig**, d.h. dem Heiligtum gehörend erklärt (3Mo 6,20). Aber eins kann nicht geschehen: Das **heilig** gewordene Gewand macht das von ihm **Berührte** nicht seinerseits **heilig**. Es gibt also keine Kette von mehr und mehr »heilig« Werdendem, sondern die Heiligkeit ist begrenzt. Sie muß aus einer direkten Quelle stammen. Der **Zipfel des Gewandes**, der irgend **eine Speise berührt**, läßt also letztere nicht **heilig** werden.[270]

Genau so lautet die **Antwort**, die **die Priester gaben: Nein.** Haggai 12b
hat also die Priester tatsächlich gefragt.[271] Und ihre **Antwort** entspricht offensichtlich 3Mo 6. Die Rabbinen haben die Gesetzestreue der Priester in Hag 2,12 später ausdrücklich bestätigt.[272] Aus diesem Vorgang ergibt sich zweierlei: Der Pentateuch (die 5 Bücher Moses) lag höchstwahrscheinlich schon als ein geschriebenes Dokument vor[273], und die Priester waren zur Zeit Haggais schon die Gesetzeskundigen, als die sie uns im Maleachibuch begegnen.[274]

Halten wir noch zwei Einzelheiten fest. Einmal beweist die Nennung von **Brot, Wein, Öl** und **gekochter Speise,** daß die Landwirtschaft im Israelland - abgesehen von der Dürre - wieder einen normalen Stand erreicht hatte.[275] Zweitens beweist Hag 2,12f, daß der »Diskussionsstil«, den wir im Maleachibuch antreffen, schon in älterer Zeit geübt wurde.

In V. 13 stellt **Haggai** eine zweite Frage, die aber mit der ersten eng 13
zusammengehört. **Wenn jemand, der durch eine Leiche unrein gewor-**

[268] So z.B. Sellin S. 413
[269] Junker S. 103
[270] Vgl. Baldwin S. 50; Junker a.a.O.; Orelli S. 355
[271] Koch S. 61; Orelli a.a.O.
[272] In Pesachim 16b (Goldschmidt II S. 390)
[273] Vgl. Baldwin S. 50; ganz anders Marti S. 387
[274] Vgl. dazu die Auslegung von Mal 1,6-2,9 in der Wuppertaler Studienbibel
[275] Vgl. Buccellati S. 207

den ist, all dies berührt, wird es dann unrein? All dies: Das sind die vorher genannten Speisen (V. 12). Das **unrein werden durch eine Leiche** ist wieder im 3. und 4. Mosebuch ausführlich geregelt (3Mo 22,4; 4Mo 19,11-22). Dort heißt es: »Wer einen toten Menschen anrührt, der wird sieben Tage unrein sein« (4Mo 19,11), und »alles, was der Unreine berührt, wird unrein werden« (4Mo 19,22). Dort finden sich sogar die Ausdrücke **Leiche, unrein, berührt, wird unrein** wörtlich wieder. Es kann also kein Zweifel sein, daß Haggai aufgrund von 3Mo 22,4 und 4Mo 19,11ff formuliert. Wieder zeigt sich, daß der Prophet das Gesetz des Mose kennt und der Pentateuch (= die 5 Bücher Moses) sehr wahrscheinlich schriftlich vorliegt. Deshalb können auch **die Priester** ganz richtig **zur Antwort** geben: **Es wird unrein.**[276]

Fassen wir den Inhalt von V. 13 kurz zusammen: Ein unreiner Mensch verunreinigt, was er anfaßt, während ein heiliges Gewand nicht heiligt, was es berührt. Doch was ist der Sinn dieser Feststellungen? Wir sind jetzt gespannt, welche Nutzanwendung Haggai im Namen Gottes daraus zieht!

14 **Da erwiderte Haggai:** Vielleicht hörten nicht nur die Priester zu, sondern das ganze auf dem Tempelplatz versammelte Volk. Die Ausdrükke: **dieses Volk, diese Leute** unterstützen eine solche Vermutung.

Unheimlich scharf mußten die Worte in die Hörer hineinfahren: **So ist es mit diesem Volk und so ist es mit diesen Leuten in meinen Augen, lautet der Spruch Jahwes.** Gott läßt den Propheten fortfahren: **Und so ist es mit allem Werk ihrer Hände, und mit dem, was sie dort opfern: Unrein ist es.**

Dreimal steht **so** oder **ebenso.** Was gemeint ist, ist klar: Das **Volk** und die **Leute,** um die es geht, sind unrein. Sie gleichen dem, der sich durch Berühren einer Leiche unrein gemacht hat - einer der schlimmsten Fälle der Verunreinigung, die das AT kennt.[277] Und deshalb ist all ihr Schaffen **(alles Werk ihrer Hände),** ja selbst ihr Opfer **(was sie opfern) unrein.** Keiner soll glauben, das Opfer, das an sich »heilig« ist, würde auch ihn heilig machen. Nein! Umgekehrt: Wer als Unreiner opfert, der macht auch sein Opfer unrein. Das ist durchgehende biblische Linie[a]. Schon deshalb hätte man Haggai niemals als »gesetzlich« bezeichnen dürfen.

[a] 1Sam 15,22f; Ps 51,18ff; Jes 1,11ff; Jer 6,20; Am 5,21ff; Mt 9,12f

Aber jetzt erhebt sich die Frage: Wer ist **dieses Volk?** Wer sind **diese Leute?** Der unbefangene Leser, der die Literatur betrachtet, erlebt eine Überraschung. Seit Rothstein (1908) haben viele Forscher die Ansicht vertreten, Hag 2,14 meine die Samaritaner, oder wenigstens die samaritanische Oberschicht. Haggai habe hier die Samaritaner vom Tempel-

[276] Vgl. wieder die rabbinische Diskussion in Pesachim 17b (Goldschmidt II S. 390)
[277] Frey S. 31: »schwerste Unreinheit«

bau ausgeschlossen. Deshalb sei Hag 2,10ff »der Geburtstag des nachexilischen Judentums«, der »Anfang der starren religiösen Abschließung der jüdischen Gemeinde von aller Welt«.[278] Aber diese Ansicht wird mit Textveränderungen erkauft, zu denen uns die alten Handschriften kein Recht geben. Außerdem findet sich in Hag 2,10-14 keine Spur von den Samaritanern. Schließlich wird hier niemand vom Tempelbau ausgeschlossen, wie sich unten zeigen wird. Andere meinen, »dieses Volk« und »diese Leute« seien die im Lande Zurückgebliebenen[279] oder unreine Juden, die sich den kanaanäischen Kulten zugewandt hätten.[280] Auch davon steht nichts im Text. Vielmehr umschließen die beiden Begriffe **Volk/Leute** (hebräisch ʿam und goj) wie in 1,2.12.13.14; 2,2.4 alle damals im Lande befindlichen Juden, gleichgültig, ob sie aus der babylonischen Gefangenschaft heimgekehrt oder gar nicht deportiert worden waren.[281]

Damit aber wird die ganze Schwere der Anklage sichtbar. Sollte Israel nicht »ein heiliges Volk sein« (2Mo 19,6)? Und jetzt ist es **unrein?** Wie konnte das geschehen? Antwort: Durch Ungehorsam! Ungehorsam ist nach dem uralten Prophetenwort von 1Sam 15,23 »wie Zauberei«, »wie Abgötterei und Götzendienst«. Und wann war Israel ungehorsam geworden? Als es den Tempelbau verweigerte! Vgl. 1,2ff. Die Botschaft Gottes blickt also in Hag 2,10-14 auf, 1,2-11 zurück. Sie deckt die Anklage auf, unter der Israel bis jetzt gestanden hat. Damit ist auch die Frage vieler Ausleger beantwortet, weshalb nach Beginn der Bauarbeiten (1,12ff) noch so harte Worte fallen konnten. Haggai sagt: Bis jetzt war »alles Werk ihrer Hände« unrein; aber von jetzt an (V. 15!) wird es rein und gesegnet, weil Israel im Gehorsam den Tempelbau begonnen hat.[282] Die letzte Bestätigung für diese Deutung gibt das kleine Wörtchen **dort: So ist es mit dem, was sie dort opfern. Dort:** Das ist der provisorische Altar, von dem Esr 3,2ff erzählt und der in 2,10ff vorausgesetzt ist.[283] Haggai kann mit der Hand auf ihn hinüberzeigen.[284] Also sind alle bisherigen Opfergaben auf diesem Altar von dem Augenblick an unrein und unerwünscht gewesen, als Israel nur das Seine gesucht (1,4ff) und Gottes Tempel vernachlässigt hatte.

[278] So Rothstein S. 41 (vgl. S. 3ff) und Sellin S. 399. Ihnen folgen mit Modifikationen z.B. Eissfeldt S. 577; Bach Sp. 25f; Beyse S. 36; Ackroyd JJS 2 S. 5; Elliger S. 94f; Henry Sp. 625; v. Rad; S. 293; Hesse S. 128ff; Nowack S. 321
[279] So z.B. Chary S. 136f; Bardtke Sp. 6
[280] So Janssen S. 51f
[281] So auch Adinolfi S. 248; Baldwin S. 50f; Buccellati S. 209; Frey S. 28ff; Birkeland S. 86; James S. 231; Junker S. 103f; Keil S. 520f; Koch S. 53.60ff; May S. 193f (unter Verweis auf viele Parallelen im AT); Mitchell S. 68f; Orelli S. 355; Rendtorff S. 249; Townsend S. 559f
[282] Ebenso deuten Baldwin S. 50f; Mitchell S. 68f; ähnlich auch Waterman S. 75; Keil S. 521
[283] Junker S. 104; Marti S. 388; Orelli S. 355; Keil S. 521. Anders z.B. Richter S. 433
[284] Junker S. 104

Das wird jetzt anders (V. 15ff). Und so erweist sich Hag 2,14ff zuletzt als eine vorwärtsweisende und tröstliche Botschaft.[285] Wenn wir als Überschrift die Frage wählten: Sind die Bauleute heilig? dann läßt sich jetzt die Antwort formulieren: Bisher waren sie es nicht, aber als sie Gott fürchteten und den Bau begannen, da sind sie es geworden.

Für den Bibelleser lohnt es sich, hier eine Pause des Nachdenkens einzulegen. Wir sind heute - vor allem als evangelische Christen - so träge geworden. Manchmal entschuldigen wir sogar unsere Trägheit mit der »Allwirksamkeit der Gnade«. Aber Gottes Wort sagt uns, daß Gott die Kraft zu einem neuen Verhalten schenken und uns nicht der alten Trägheit überlassen will. Das können wir aus Haggai lernen. Um wieviel mehr gilt das im Neuen Bund, wo Früchte des Heiligen Geistes wachsen sollen (z.B. Gal 5,16ff)! Beten wir mit Michael Hahn: »Herr, laß mich deine Heiligung durch deinen Geist erlangen . . .« (EKG 516).

Übrigens weist Sach 1,1-6 eine erstaunliche Nähe zu Hag 2,10-19 auf.

2. Jetzt beginnt der Segen, 2,15-19

15 Aber jetzt gebt doch acht auf das, was von diesem Tage an und weiterhin geschehen wird! Bevor man Stein auf Stein legte am Tempel Jahwes -

16 wie war es da? Man kam zu einem Getreidehaufen von zwanzig, und es waren zehn. Man kam zur Kelter, um fünfzig Maß zu schöpfen, und es waren zwanzig.

17 Ich habe euch geschlagen mit Getreidebrand und mit Vergilben und mit Hagel in allem Werk eurer Hände. Und dennoch kamt ihr nicht zu mir, lautet der Spruch Jahwes.

18 Gebt doch acht auf das, was von diesem Tage an und weiterhin geschehen wird: Vom vierzundzwanzigsten Tage des neunten Monats an, nämlich von dem Tage an[286], an dem der Tempel Jahwes aufgerichtet wurde. Gebt acht,

19 ob die Saat noch in der Scheune bleibt, ja bis der Weinstock und der Feigenbaum und der Granatapfelbaum und der Ölbaum zu tragen beginnen! Von diesem Tage an will ich segnen.

Der hebräische Text hat einige Probleme, auf die wir später noch kommen werden.

Die Gottesbotschaft dieser Verse **(lautet der Spruch Jahwes)** richtet

[285] Das hat Frey S. 31 übersehen. Erst recht übersehen es diejenigen, die 2,15ff an eine andere Stelle setzen wollen.

[286] Zur Übersetzung vgl. Fernandez S. 213

den Blick nach vorn. Sie steckt voller Verheißungen - ein Evangelium für die damalige Zeit.

Wenden wir uns dem Inhalt zu: **Aber jetzt**[287] markiert einen ent- 15
scheidenden Einschnitt.[288] Der Gottesdienst »dort« am provisorischen Altar (V. 14) endet. Der Ungehorsam ist überwunden. Der neue Tempel wächst. Eine »Wende vom Fluch zum Segen« (Frey S. 31) ist vollzogen.

Mit hoffnungsvollen Augen soll Israel in die Zukunft schauen: **Gebt doch acht auf das, was von diesem Tage an und weiterhin geschehen wird.** Für **acht geben** steht dieselbe hebräische Wendung, die wir in 1,5 und 1,7 mit »Nehmt euch zu Herzen« übersetzt haben. Es geht also nicht um eine Zuschauerrolle, sondern um eine Herzensausrichtung, eine konzentrierte innere und äußere Beteiligung. **Weiterhin** weist in die Zukunft[289] (vgl. 1Sam 16,13; 30,25). **Auf das, was geschehen wird** steht nicht ausdrücklich im Urtext, muß jedoch sinngemäß ergänzt werden.[290]

Was die Zukunft bringt, erhält sein volles Profil erst durch den Vergleich mit der düsteren Vergangenheit. **Bevor man Stein auf Stein legte am Tempel Jahwes - wie war es da?** So klar der Sinn im Ganzen ist und so einfach das Sätzchen im Deutschen anmutet, so schwierig ist der hebräische Text an dieser Stelle. Statt **wie war es da?** hat die griechische Bibel: »wie ging es euch da?« Die Einheitsübersetzung schließt sich - wie öfters - der griechischen Bibel (Septuaginta) an.[291] Anders Orelli. Er übersetzt: »zur Zeit, da diese Tage waren«.[292] In ähnliche Richtung gehen die englische King James Übersetzung und die englische Revised Version (1611 bzw. 1881). Diese Versuche haben den Vorteil, daß sie näher am hebräischen (masoretischen) Text bleiben. Sie stellen eine gute Möglichkeit dar. Ehrlicherweise müssen wir aber zugeben, daß eine genaue Übersetzung derzeit nicht möglich ist. Das Hebräische am Anfang von V. 16 scheint *diesen* Sinn zu haben: »bevor es so war«, wobei zu ergänzen ist: **wie war es da?** Deshalb wählten wir mit Elliger diese Übersetzung: »wie war es da?«[293]

Interessant ist ferner die Wendung **Stein auf Stein legen** oder »Stein zu Stein legen«. Was ist damals tatsächlich geschehen? Galling zieht die Parallele zu 1Kö 5,31 und stellt sich die Sache so vor, »daß man . . . vor-

287 Gegen Elliger S. 84 u.a. ist das »Aber jetzt« ursprünglich (so auch Koch S. 59)
288 Frey S. 27 übertreibt ein wenig: »Markstein der Zeitenwende«
289 Birkeland S. 86; Gesenius S. 445; Elliger S. 89; Junker S. 104; Mitchell S. 73; Marti S. 388; Orelli dagegen: »rückwärts« (S. 356). Ebenso Keil S. 521. Baldwin S. 51 will beides annehmen.
290 Vgl. Einheitsübersetzung
291 Ebenso Junker S. 105; Frey S. 27; Marti S. 389; Sellin S. 404. Vgl. noch Budde S. 15
292 Orelli S. 356. Mitchell kommt auf dem Wege der Textänderung zu einem ähnlichen Ergebnis (S. 74)
293 Elliger möchte allerdings den masoretischen Text abändern (S. 89). Vgl. noch einmal Mitchell S. 74. Baldwin S. 52 läßt die Entscheidung offen

bereitete ... Quadern den inzwischen freigelegten Fundamentsteinen des alten Tempels einfügte« (S. 80). Die Lage des Tempels habe sich nicht verändert.[294] Weitere Forscher vertreten im Grundsatz dieselbe Meinung. Demnach ist der Tempel nur abgebrannt (2 Kö 25,9; 2Chr 36,19), die Fundamentsteine blieben erhalten, in der Tempelrunie konnten die Rückwanderer den Altar wieder an der früheren Stätte errichten (Esr 3,3), und weil noch viele Steine benutzbar waren, brauchte man nach Hag 1,8 nur noch das Holz zu beschaffen. Diese Ansicht hat alles für sich, einschließlich der Überlieferung,[295] daß der zweite Tempel zu seiner Vollendung nur 4 1/2 Jahre - bis 516 v.Chr. - benötigte, während Salomo mit viel reicheren Mitteln 7 1/2 Jahre gebraucht hatte (1Kö 6,37f). In summa: Es handelte sich nur um den Wiederaufbau, nicht um die Neugründung des Tempels. Auch Hag 2,18 spricht nicht dagegen, wie noch zu zeigen ist. Andrerseits spricht Jer 41,5 *für* diese Auslegung.[296]

Halten wir als eine Einzelheit noch fest, daß offenbar die Architektur in Stein keine Probleme verursachte.[297]

16 **Bevor man Stein auf Stein legte am Tempel Jahwes - wie war es da?** hatte V. 15f gefragt. Jetzt geben V. 16 und 17 ein anschauliches Bild dieser düsteren Vergangenheit. **Man kam zu einem Getreidehaufen von zwanzig, und es waren zehn.** Wie der Vergleich mit Rt 3,7 zeigt, ist der **Getreidehaufen** auf der Dreschtenne gemeint. **Zwanzig** Maßeinheiten (Epha = 39,3 Liter oder Seah = 13,1 Liter?)[298] waren erwartet. **Zehn** ist der reale Ertrag. Die Ernte hat also nur zu 50 Prozent der Erwartung entsprochen. Das ist genau das, das Hag 1,6 und 1,11 schon zum Ausdruck brachten. **Man kam zur Kelter, um fünfzig Maß zu schöpfen, und es waren zwanzig.** Hier entsprach der tatsächliche Ertrag noch nicht einmal 50 Prozent der Erwartungen! Vgl. wieder 1,6.11. **Kelter** ist eigentlich die ausgehauene Kufe, in die der gekelterte Wein hineinläuft[a]; nach Joe 2,24 wird das Wort allerdings auch für die Ölkelter benutzt. Das hebräische Wort für **Maß** heißt in Jes 63,3 auch Kelter = Weinpresse, muß aber hier in V. 16 eine Maßeinheit bezeichnen.[299] Die griechische Bibel spricht von »Metreten« (wie Joh 2,6!) = Bath = jeweils 39,3 Liter.[300]

[a] Jes 5,2; Jer 48,33; Joe 4,13; Spr 3,10

[294] Was Bach allerdings voraussetzt, wenn er Sp. 24f formuliert: »indem man einen neuen Grundstein neben den alten legte«
[295] Die Baldwin S. 53 vorträgt
[296] So oder ähnlich Andersen S. 26; Baldwin S. 52f; Gelston S. 232ff; Galling S. 80; Janssen S. 44f, 102f; Fernandez S. 214
[297] Buccellati S. 207
[298] Vgl. Marti S. 389; Orelli S. 356. Die griechische Bibel deutet auf »Seah«
[299] Gesenius S. 637. Als nachträglichen Einschub behandeln es Elliger S. 89; Marti S. 389
[300] Vgl. Orelli S. 356; Junker S. 104; Sellin S. 407. Mitchell S. 74 sieht in dem Wort eine Wechselbezeichnung für »Kelter«

17 **Ich habe euch geschlagen mit Getreideband und mit Vergilben und mit Hagel in allem Werk eurer Hände,** setzt V. 17 die Schilderung der Vergangenheit fort.[301] **Ich:** das ist der lebendige Gott Israels, der Natur und Geschichte lenkt. Unser ganzes Leben bis in seine kleinsten Verästelungen hängt von ihm ab. **Geschlagen:** man denke an unser Wort »Schicksalsschläge«. Aber kein blindes Schicksal, sondern der ins tiefste Herz schauende Gott ist der Handelnde. »Geschlagen«: dieses Wort, das man auch sonst in ganz allgemeinem Sinne für »schlagen« gebrauchte, enthält die volle Härte des Gerichts. Die Bibel schminkt die Tatsachen nicht. Wir sollten uns an dieser Stelle allerdings daran erinnern, daß Gott mit seinen Schlägen gute Ziele verfolgt (s. den Schluß von V. 17). **Getreidebrand und Vergilben** gehören im AT zusammen[b]. Es handelt sich um Getreidekrankheiten, die durch Dürre entstehen (1Mo 41,6ff).[302] Auch da liegt der Zusammenhang mit 1,11 auf der Hand. **Hagel** ist ein Ausdruck göttlichen Gerichts, wie 2Mo 9,18ff; Ps 78,47f und 105,32 zeigen. Ja, alle genannten Maßnahmen sind Auswirkungen des Gerichts, wie aus 5Mo 28,22 und den anderen oben genannten Stellen hervorgeht.[303] Nun aber nennt der Schluß von V. 17 das Ziel, das Gott mit allen diesen Maßnahmen verfolgte: **Und dennoch kamt ihr nicht zu mir, lautet der Spruch Jahwes.** Also zur Umkehr sollte Israel gebracht werden! (Vgl. denselben Gedanken in Offb 9,21; 16,21.) Und das Ergebnis? **Dennoch kamt ihr nicht zu mir.**[304] Gott zwingt niemand. Die Umkehr wird von ihm ermöglicht, aber es liegt beim angeredeten Menschen, ob er diese Möglichkeit wahrnimmt. Erst jetzt, durch die Botschaft Haggais, kommt Israel wieder zu Gott.

[b] 5Mo 28,22; 1Kö 8,37; 2Chr 6,28; Am 4,9

Wie ein guter Bibelkenner vielleicht bemerkt, stimmt Hag 2,17 teilweise wörtlich mit Am 4,9 überein. Evtl. liegt sogar ein Zitat der Amosstelle vor.[305] Daß eine Gottesbotschaft frühere Aussagen der Bibel wiederholt, braucht uns nicht zu verwundern. Diese Wiederholungen haben den Nutzeffekt, daß Israel an seine heiligen Schriften erinnert und die Einheit unter den vielerlei Boten Gottes sichtbar wird.

Übrigens läßt Hag 2,17 erkennen, daß Juda damals weitgehend ein Agrarstaat war (vgl. »alles Werk eurer Hände« und 1,11).

Orientieren wir uns kurz, bis zu welchem Punkt wir mit unserer Auslegung gekommen sind. Haggais Segensankündigung setzte ein mit dem Ruf, acht zu geben (V. 15a). Dann zeigte sie die düstere Vergangenheit als den dunklen Hintergrund auf, gegen den der kommende Segen

301 Zu Unrecht und ohne Anhalt bei den alten Handschriften erklären Ackroyd JJS 7 S. 166; Budde S. 15; Elliger S. 89; Marti S. 389; Mitchell S. 70 Hag 2,17 für einen nachträglichen Einschub
302 Vgl. Sellin S. 407. Marti S. 389 will die Getreidekrankheiten »von Nässe herrühren« lassen
303 Vgl. Baldwin S. 52; Wiseman S. 965
304 Zur Übersetzung vgl. Wiseman S. 965; Driver JThS S. 398f
305 So Baldwin S. 52; Birkeland S. 87; Koch S. 63, 31

strahlend aufleuchtet (V. 15b-17). Nun aber, in V. 18 und 19, spricht sie endlich konkret von der herrlichen Segens-Zukunft.

So wichtig ist dieses Kommende, daß zum zweiten und zum dritten
18 Mal der Aufmerksamkeitsruf erschallt: **Gebt doch acht auf das, was von diesem Tage an und weiterhin geschehen wird: Vom vierundzwanzigsten Tage des neunten Monats an, nämlich von dem Tage an, an dem der Tempel Jahwes aufgerichtet wurde. Gebt acht . . .** (V. 18). Das Datum **Vom vierundzwanzigsten Tage des neunten Monats an** usw. ist heftig umkämpft. Viele erklären es für unecht, d.h. als nachträglichen Einschub.[306] Aber weder die alten Handschriften noch der Sinn erfordern eine solche Radikalkur. Rudolph will den **neunten** in den »sechsten« **Monat** ändern,[307] um den Gleichstand mit 1,15 zu erreichen. Doch gerade dadurch verfehlt man den Text. Warum? Der **neunte Monat,** hebräisch »Kislew«, entspricht unserem November/Dezember. In diesem Monat wird, nachdem etwa Mitte Oktober der Frühregen einsetzte, die Aussaat abgeschlossen.[308] Da ist es außerordentlich anschaulich, wenn in V. 19 der Ausblick auf Saat und Ernte erfolgt! Deshalb muß der **neunte** Monat bleiben. Aber es gibt noch einen zweiten Grund. Warum soll Gottes Botschaft, nachdem schon in 2,1 vom siebten und in 2,10 vom neunten Monat die Rede war, jetzt plötzlich wieder zum sechsten Monat zurückkehren?

Beläßt man also den Vers, wie ihn der hebräische Text überliefert, dann ergibt sich Folgendes: Am Ende der Herbstaussaat übermittelt Haggai ganz bestimmte göttliche Verheißungen. Dabei ist es Gottes Wille, daß sich dieser Tag der Verheißungsübermittlung fest ins Gedächtnis einprägt.[309] Deshalb wird das Datum wiederholt: **von diesem Tage an - Vom vierundzwangzigsten Tage des neunten Monats an.** Ja, man kann noch einen Schritt weitergehen. Wie Wiseman[310] bemerkt, finden sich solche Formulierungen »oft« in antiken Verträgen. Damit haben wir hier eine Art Bundschließung vor uns. Gott beschenkt Israel mit Segen. Israel aber hat die Verpflichtung, gehorsam den Tempel des Herrn zu bauen. Jedenfalls ist der 24. »Kislew« ein tiefer Einschnitt in der Geschichte Israels.

Doch wie steht es mit dem Ausdruck: **nämlich von dem Tage an, an dem der Tempel des Herrn aufgerichtet wurde?** Haben die Bauarbeiten nicht schon vor einem Vierteljahr begonnen (1,15)? Doch. Es scheint aber, als sei dieser 24. »Kislew« (2,10) eine feierliche Station auf dem

306 So z.B. Ackroyd JJS 2 S. 7; Budde S. 15; Elliger S. 89; Marti S. 389; Sellin S. 407f. Vgl. auch Birkeland S. 87; Mitchell S. 70.75f

307 Rudolph S. 23

308 Vgl. Baldwin S. 49f

309 Orelli S. 356

310 Wiseman S. 965f; ebenso Baldwin S. 52

Wege der Neuerrichtung gewesen. Wiseman denkt sogar an einen rituellen Akt analog Esr 3,10, d.h. eine gottesdienstliche Feier.[311] Ist es der Baubeginn zu ebener Erde?[312] War es die erste fertiggestellte Baustufe?[313] Jedenfalls bedeutet das hebräische Wort für **aufrichten** nicht unbedingt die Grundsteinlegung, wie Einheitsübersetzung und Lutherbibel suggerieren. Sondern es kann auch »wiederaufbauen«, »ausbessern«, »restaurieren« heißen (vgl. 2Chr 24,27; 31,7).[314] Deutet man so, dann ergibt sich auch eine Übereinstimmung mit Esr 3-6. Die Winterszeit bot die Möglichkeit, konzentriert mit dem Aufbau fortzufahren, nachdem die Saat im Boden war. Übrigens ist es eigenartig, daß das Chanukka-Fest, das Fest der Tempelweihe nach den Makkabäerkämpfen, gerade auf diesem 24. Kislew liegt, den Gott als ein entscheidendes Datum zur Herstellung des zweiten Tempels anspricht[c].

c 1Makk 4,51ff; 2Makk 10,1ff

Worauf soll Israel achtgeben? **Ob die Saat noch in der Scheune** 19
bleibt, ja, bis der Weinstock und der Feigenbaum und der Granatapfelbaum und der Ölbaum zu tragen beginnen. Eventuell muß man ein kleines hebräisches Wort, ohne die Konsonanten zu verändern, anders vokalisieren, um mit der Septuaginta zu lesen: »und ob der Weinstock usw . . ., immer noch keine Frucht tragen«.[315] Der Sinn bleibt auch dann im wesentlichen derselbe.

Ob die Saat noch in der Scheune bleibt: Das kann Israel jetzt schon feststellen. Offensichtlich ist der Regen gefallen, offensichtlich mußte **die Saat** nicht wegen Dürre und steinhartem Boden **in der Scheune bleiben.** Es ist Gottes Barmherzigkeit, daß er unserem schwachen Glauben immer wieder ein Angeld, ein Unterpfand gibt.[316][d]

d 2Kor 1,22; 5,5; Röm 8,23; Eph 1,13ff

Ja, bis der Weinstock und der Feigenbaum und der Granatapfelbaum und der Ölbaum (oder Olivenhain) **zu tragen beginnen:** Das soll also geschehen! Mißernte, Dürre, Armut (1,6.11; 2,16f) haben ein Ende. So reich kann Gott schenken. Unser äußeres Ergehen ist ihm nicht gleichgültig. Auch in der Bergpredigt heißt es im Blick auf äußere Güter: »Das wird Gott euch alles zusetzen« (Mt 6,33; vgl. 6,11.25ff). Allerdings ist im NT der geistliche Segen weit stärker betont (vgl. Mt 6,33 mit Eph 1,3). Wir sehen, was Juda damals hauptsächlich produzierte: Ge-

311 Wiseman S. 966
312 So vermutet Wiseman a.a.O.
313 In diese Richtung geht Andersen S. 26
314 Vgl. wieder Baldwin S. 52f; Andersen S. 10ff; Fernandez S. 214; Gelston S. 232ff; Janssen S. 102f; Wiseman S. 966. Zur Gegenposition vgl. Mitchell S. 71
315 So die Einheitsübersetzung und Frey S. 28; Junker S. 105f; Budde S. 16. Andere, kühnere Änderungen finden sich mehrfach in den Kommentaren, die wir hier im Einzelnen nicht besprechen können.
316 Ganz anders Sellin S. 409: »Unterpfänder kann er dafür noch nicht geben«. Vgl. aber Marti S. 389f

treide, Wein, Feigen, Granatäpfel, Oliven.[317] In einem halben bis dreiviertel Jahr wird man das alles sehen (Juni bis September).

Wie ein gewaltiges Finale wirkt der Schlußsatz: **Von diesem Tage an will ich segnen.** Das vorher Gesagte ist hier eingeschlossen. Aber **segnen** ist schon im AT mehr als eine gute Ernte.[318] Es bedeutet Gottes Wohlgefallen, das sich für den Menschen heilsam auswirkt. »Segnen« heißt: Gott will bei seinem Volk sein, im neuen Tempel wohnen, er will schützen, bewahren, das für Leib und Seele Nötige geben, die Arbeit gelingen lassen - kurz und gut: wieder Israels Gott sein! Wir sollten hier zurückdenken zu 2,9: »An diesem Ort werde ich Heil geben«. Liegt darin nicht auch eine Andeutung, daß die Segenslinie in und mit Israel weiterläuft, bis der Messias erscheint?

Gerade von diesem letzten Gedanken her schließt sich nun ausgezeichnet an, was Hag 2,20-23 verkündet:

V. DIE VIERTE BOTSCHAFT HAGGAIS: GOTTES VERHEISSUNG FÜR SERUBBABEL, 2,20-23

Was diese Botschaft bedeutet, wollen wir erst dann zusammenfassen, wenn wir diese vier Verse einzeln betrachtet haben.[319]

20 Und das Wort Jahwes erging zum zweiten Mal an Haggai am vierundzwanzigsten Tage des Monats, und zwar folgendermaßen:

20 **Zum zweiten Mal** wird hier gesagt, weil es sich um dasselbe Datum wie bei der dritten Botschaft handelt. Auch diese dritte Botschaft (2,10-19) **erging** ja **am vierundzwanzigsten Tage des Monats an Haggai** (2,10; vgl. die Erklärung dort). Wir haben also noch immer den 18. Dezember des Jahres 520 v.Chr. An ein und demselben **Tag** gibt Gott zwei verschiedene, innerlich allerdings zusammenhängende Botschaften. Das heißt, es handelt sich um ein wichtiges Datum in der Geschichte Israels und in der Geschichte der ganzen Bibel.

21a Sage zu Serubbabel, dem Statthalter von Juda:

21a Ein Vergleich mit 2,2 zeigt sofort die Besonderheit dieser Botschaft. Dort, in 2,2, sind **Serubbabel** und Josua nebeneinander genannt. Ja, im

[317] Vgl. Buccellati S. 207

[318] Auf die Fruchtbarkeit nach 5Mo 28,8; Mal 3,10 deutet Orelli S. 356 - zu eng! Ähnlich Junker S. 106; Elliger S. 90; Mitchell S. 72

[319] Ohne irgendeine Stütze in den alten Handschriften will Böhme S. 215 den ganzen Abschnitt 2,20-23 für sekundär erklären

ganzen Haggaibuch standen sie nebeneinander (1,1.12.14; 2,2.4). Jetzt aber, in 2,21, ergeht die Botschaft an Serubbabel allein.[320]

Nun drängt sich eine zweite Beobachtung auf. Die nächste biblische Parallele ist nämlich 2Sam 7. Auch dort wird ein Prophet (Nathan) beauftragt, einem Davididen (David) eine Verheißung Gottes zu übermitteln - ihm ganz allein!

Damit ordnet sich Hag 2,20-23 in die lange Kette messianischer Verheißungen an einen Davididen ein. Sie beginnt mit der Verheißung an den Stamm Davids, nämlich **Juda,** in 1Mo 49,8ff: »Juda, du bists! ... Es wird das Zepter von Juda nicht weichen, noch der Stab des Herrschers von seinen Füßen, bis daß der Held komme, und ihm werden die Völker anhangen«. Sie verläuft von dort zu 1Sam 16 mit der Salbung Davids durch den Propheten Samuel. Dann erfolgt die Weissagung vom ewigen Königtum aus der Nachkommenschaft Davids durch Nathan in 2Sam 7,4ff. Sie wird besungen im 89. Psalm und steht auch hinter dem 2. und 72. Psalm. Dann reden viele Propheten von diesem Davids-Bund: Jesaja (55,3), Jeremia (23,5f; 30,9), Hesekiel (34,23ff; 37,24ff), Hosea (3,5); Amos (9,11ff), Micha (5,1ff), Sacharja (4,6ff; 6,12ff; 12,10).

Man darf also die Tatsache, daß der Hohepriester Josua in Hag 2,20ff nicht vorkommt, nicht so deuten, als werde hier Josua beiseite geschoben oder als befinde sich Josua gar in Opposition zu Serubbabel.[321] Auch sollte man das Prophetenwort nicht zum politischen Spruch machen, als wolle Haggai aus den politischen Geschehnissen seiner Tage eine Folgerung ziehen und Serubbabel zur politischen Unabhängigkeit oder gar zur Rebellion gegen die Perser ermuntern.[322]

Vielmehr müssen wir festhalten: Es ist Gottes Wort, das hier ergeht. Es handelt sich nicht um Haggais politische oder theologische Einsicht! Allerdings ist es möglich, daß Serubbabel als **Statthalter von Juda,** d.h. als Beamter des persischen Königs, besonders unter seiner Verantwortung gelitten hat, und deshalb gerade damals - am 24. Kislew = 18. Dezember 520 - einen Zuspruch brauchte. Wenn Serubbabel in Analogie zu Esr 4 beim Perserkönig denunziert wurde, riskierte er Kopf und Kragen.[323] Esr 5 und 6 erzählt, wie Serubbabel tatsächlich über gefährliche Klippen hinweg getragen wurde.

21b Ich werde den Himmel und die Erde erschüttern,
22 und Königsthrone umstürzen, und die Macht der Reiche der Völker vernichten. Und ich werde die Kriegswagen und ihre Lenker

[320] Nach Keil S. 526 richtet sich Hag 2,20-23 allerdings an die ganze »Gemeinde« Israel
[321] Vgl. Mitchell S. 76f; Sellin S. 415
[322] So aber Bloomhardt S. 154ff; Sellin S. 415; Sellin, Serubbabel S. 15; Waterman S. 73ff.Ähnlich Nyberg, S. 82. Anders Ackroyd JNES S. 14ff; Horst S. 202
[323] Vgl. Junker S. 106f; Frey S. 33

umstürzen, und Roß und Reiter werden fallen, ein jeder durch das Schwert des andern.

23 **An jenem Tage, lautet der Spruch Jahwe Zebaoths, werde ich dich, Serubbabel, Sohn Schealtiels, meinen Knecht, nehmen, lautet der Spruch Jahwes, und dich zum Siegelring machen. Denn ich habe dich erwählt, lautet der Spruch Jahwe Zebaoths.**

23 Hier haben wir den Inhalt der Weissagung vor uns. Sie trägt geheimnisvolle Züge. Was bedeutet z.B. der **Siegelring** von V. 23? Eine lange Diskussion hat darüber stattgefunden. Und wann soll das alles geschehen? Diese Frage ist nicht weniger umstritten.

21b Schon das erste Wort der Weissagung ist entscheidend: **Ich.** Gott redet auf keinen Fall von dem, was Serubbabel tun soll. Gott redet von dem - was er selbst tun wird! Es ist das königliche, souveräne »Ich« Gottes, das uns auch bei der Berufung des Mose (2Mo 3,6.14), bei der Erwählung der Davidsfamilie (2Sam 7,14) und bei der Neuschöpfung (Offb 21,5ff) begegnet. An diesem Umstand scheitern alle Erklärungsversuche, die in Hag 2,20ff einen Aufruf zum Heiligen Krieg, eine messianische »Verschwörung« gegen die Perser, »nationalistic hopes« u. dgl. entdecken wollen.[324]

Sodann beobachten wir, daß V. 21b den 6. Vers wörtlich aufnimmt: **Ich werde den Himmel und die Erde erschüttern.** Haben wir V. 6 messianisch gedeutet, dann müssen wir auch jetzt messianisch deuten (vgl. die Erklärung bei 2,6). Kurz gesagt: es handelt sich um die Erschütterung des **Himmels und der Erde** bei der Schließung des Neuen Bundes (vgl. Mt 27,45.51ff) und bei der Neuschöpfung (vgl. 2Petr 3,12; Hebr 12,26ff). Damit ist für die Auslegung eine zweite Entscheidung gefallen: Nicht die »nahe bevorstehende Weltumwälzung« ist hier geweissagt.[325] Sondern ohne Datum wird hier offenbart, was Gott in einer Zukunft, die er selbst bestimmen wird, tun wird.

Daraus ergibt sich eine dritte Feststellung. Wenn es um die Zukunft geht, dann können die Verse 20-23 nicht durch die kürzlichen Aufstände im Perserreich verursacht sein. Denn die sind ja niedergeschlagen. Zwar formuliert Elliger: »Dieser Tag steht unmittelbar bevor, denn - vielleicht liegt dem Haggai die umfassende Aufstandsbewegung im Sinn, die Darius I. erst vor kurzem niedergekämpft hat - Gott ist schon dabei, den großen Umsturz ins Werk zu setzen« (S. 97). Jedoch ist diese Erklärung mit zwei schweren Mängeln behaftet: a) Ist das Perserreich jetzt, nach dem Sieg des Darius, unter Kontrolle und wieder zur Ruhe

324 So z.B. Sauer S. 203; Olmstead S. 136f; Waterman S. 76ff

325 So aber Wellhausen S. 177; Lindblom S. 418; Neil S. 510; Elliger S. 97: »Gott ist schon dabei, den großen Umsturz ins Werk zu setzen«. Dagegen mit Recht Siebeneck S. 317f; ähnlich Baldwin S. 54; Hoonacker S. 562.575

gekommen; b) muß man mit Hoonacker davon ausgehen, daß in der prophetischen Perspektive die Zeiten ineinanderrücken und biblische Prophetie bewußt ohne Datierung arbeitet.[326] Das zeigt nicht zuletzt der Vergleich mit Jes 7,14ff; 8,8; 40,3ff.[327] Ja, es ist geradezu ein Wunder der Offenbarung, daß zu einem Zeitpunkt, zu dem alle Hoffnungen der Aufrührer scheiterten und das Perserreich zu neuer Macht emporsteigt, Gottes Weissagung das Ende der Weltreiche ankündigt. Als es für die Völker dunkel wurde, wurde es für Israel hell!

V. 22 entfaltet weiter, was in der Endzeit geschehen soll. Noch immer 22
ist es allein Gott - **Ich** -, der hier handelt:

Ich werde Königsthrone umstürzen, und die Macht der Reiche der Völker vernichten. Und ich werde die Kriegswagen und ihre Lenker umstürzen, und Roß und Reiter werden fallen, ein jeder durch das Schwert des andern.

Mit Recht weist man in der Forschung auf die Parallelen beim Exodus (1Mo 15,1.3ff.21), in den Psalmen - vor allem den messianischen Psalmen (vgl. Ps 2,9.12; 110,3.5f) - und in Hes 38 hin.[328] Man könnte diese Linie durchziehen bis hin zu Offb 15,2-4. Sodann beobachten wir, daß das doppelte **umstürzen** in Hag 2,22 derselbe Begriff ist, mit dem Gottes Gericht über Sodom und Gomorra[329] (1Mo 19,21.25.29; 5Mo 29,22; Jes 1,7; Jer 20,16; Kla 4,6), über Babel (Jes 13,19), über Samaria (Am 4,11) und Jerusalem (Kla 4,6) beschrieben wird, und der auch in Jonas Gerichtspredigt vorkommt (Jon 3,4). Was sagen uns diese Parallelen? Daß Gott in der Endzeit alle Völker richtet und allen Weltreichen ein Ende bereitet. So werden **Königsthrone** (ohne Artikel; d.h. alles, was ein »Köngsthron« ist)[330] umgestürzt, wie ein Topf umgestülpt wird. **Die Macht der Reiche der Völker** wird so völlig **vernichtet,** daß nichts davon übrigbleibt. Ähnliches finden wir in Dan 7,9ff. Speziell kann man auch an den Untergang Gog und Magogs, der letzten irdischen Mächte, nach Hes 38 und Offb 20,8ff denken. Weil alle diese Reiche sich auf **die Kriegswagen und ihre Lenker** stützten und nur durch Gewalt zu errichten waren, entzieht ihnen Gott das Fundament, indem er die antiken und modernen **Kriegswagen und** Armeen zerstört. Beachten wir, daß nur Gott so etwas tun kann. Es wird also kein Friedensreich geben, bevor Gott selbst eingreift. Die **Völker,** hebräisch »gojim«, sind die gesamte Menschheit außerhalb Israels. Da nichts von Israel gesagt wird, dürfen wir annehmen, daß Israels **Macht** länger dauert: vielleicht ein indirekter Hinweis auf das Tausendjährige Reich? Schließlich heißt es,

[326] Hoonacker, a.a.O.
[327] Andere Jesajastellen, die Sauer S. 201 nennt (50,2f; 43,14ff; 45,1ff), passen viel weniger
[328] Ackroyd S. 163; Sauer S. 202; Baldwin S. 54
[329] Frey S. 34; Baldwin a.a.O.; Sellin S. 416
[330] So auch Orelli S. 357; vgl. Hoonacker S. 575

daß **Roß und Reiter** (wörtlich: Pferde und ihre Reiter) **fallen werden, ein jeder durch das Schwert des andern.**[331] Wieder werden wir an den Untergang Gog und Magogs erinnert, wo es heißt: »daß jeder sein Schwert gegen den andern erhebt« (Hes 38,21). Sach 14,13 erklärt näher, wie das zugeht: »Zu der Zeit wird der Herr eine große Verwirrung unter ihnen anrichten, so daß einer den anderen bei der Hand packen und seine Hand wider des andern Hand erheben wird« (vgl. Ri 7,22). Ein Gottesschrecken, ein unmittelbares Eingreifen vom Himmel (Offb 20,9), bedeutet das endgültige Ende der gottesfeindlichen Reiche.[332]

Halten wir fest: Haggais vierte Botschaft geht, ähnlich wie diejenige Hesekiels, Daniels und Sacharjas, weit über das Perserreich hinaus. Natürlich wird dann, am Ende der Weltgeschichte, auch das Perserreich verschwunden sein![333] Aber wenn es *nur* um das Perserreich gegangen wäre, hätte die Botschaft anders formuliert werden müssen (vgl. Dan 8,3ff). So wie sie jetzt lautet, kündigt sie das Ende aller Reiche an.

Damit verbunden ist - entsprechend dem Vorbild des Exodus - die endgültige Befreiung des Gottesvolkes. Und dies alles, ohne daß Gottes Volk zu kämpfen hätte: »He will act, and Judah will not need to fight«.[334]

23 Und welche Bedeutung hat dabei Serubbabel? **An jenem Tage, lautet der Spruch Jahwe Zebaoths, werde ich dich, Serubbabel, Sohn Schealtiels, meinen Knecht nehmen, . . . und dich zum Siegelring machen. An jenem Tage:** Das kann wiederum nur die Endzeit sein. **Tag** ist in der Bibel nicht nur der Vierundzwanzig-Stunden-Tag. Er ist auch der Gottestag[a] und der »Jüngste Tag«, oder »Jahwes Tag«, d.h. eine ganze Epoche[b]. »An jenem Tage« wurde bei den Propheten geradezu ein stehender Ausdruck für die Endzeit[c]. **Ich werde dich nehmen** kann zunächst ein gewöhnliches Herausgreifen meinen. Daneben gibt es aber eine Reihe von Stellen im AT, wo das betreffende hebräische Wort eine besondere Erwählung, ja sogar eine Entrückung und Hervorholung aus dem Tode bedeutet (1Mo 5,24: Henoch; 2Kö 2,3ff: Elia; 2Sam 7,8: David; Ps 49,16 und 73,24: die Gerechten). Die benachbarten Begriffe »Siegelring« und »erwählen« legen es nahe, auch das **nehmen** im Sinne einer besonderen Erwählung und Einsetzung zu verstehen.[335] **Ich werde dich machen** (wörtlich: »Ich werde dich setzen bzw. festsetzen oder bestim-

[a] Ps 90,4; 2Petr 3,8
[b] Jes 13,6; Hos 2,2; Joe 1,15; Am 5,18
[c] Jer 31,29; Joe 3,2; 4,1.18; Am 9,11; Mi 5,9; Sach 14,4.6.8.13.20

331 Zu Unrecht streicht Sellin S. 416 die Worte nach dem »fallen werden« als Glosse, ebenso Mitchell S. 79

332 Dieses endgültige Ende käme noch stärker, wenn man mit Mitchell S. 79 das »fallen« analog zu Jes 5,14; Hes 32,19 als Hinabsteigen in die Totenwelt verstehen dürfte

333 Vgl. wieder Frey S. 34; Elliger S. 97; Waterman S. 76

334 Baldwin S. 54; Mitchell S. 77. Weil viele biblische Anklänge und Parallelen zu entdecken sind, hält Sauer S. 203 den Haggai für einen »Epigonen«. Dabei verkennt er, daß Haggai der Bote, und nicht der Erfinder, der Botschaft ist. Von einer »aktiven Mitarbeit« der Juden beim »Heiligen Krieg«, die Sauer S. 203 annimmt, ist hier nichts zu finden.

335 So auch Siebeneck S. 317, 13; Baldwin S. 54; Mitchell S. 78

men«) geht in dieselbe Richtung. Es drückt die geschichtliche Erwählung aus. Die Fortsetzung **Denn ich habe dich erwählt** bestätigt unsere bisherige Deutung. Dasselbe hebräische Wort drückt z.B. die Erwählung der Priester (4Mo 16,5), des Volkes Israel (5Mo 7,6), Davids (Ps 78,70), oder des Messias (Jes 41,9; 42,1) aus.[336] Hinzu kommt die Ehrenbezeichnung **mein Knecht.** Auch sie wird in Jes 42,1 auf den Messias angewandt, ja, sie hat sämtlichen »Gottesknecht-Liedern« bei Jesaja den Namen gegeben. »Mein Knecht« heißt ferner Mose (4Mo 12,7f; 5Mo 34,5; Hebr 3,5f), Jesaja (Jes 20,3), der messianische »Sproß« von Sach 3,8 und David (2Sam 7,8; Hes 34,23; 37,24f; Ps 18,1; 36,1; 89,4.21). »Seine Knechte« sind Abraham (Ps 105,6.42), Josua (Jos 24,29; Ri 2,8), Hiob (1,8; 2,3; 42,8), und die Propheten (Jer 7,25; Dan 9,6; Am 3,7; Sach 1,6). »Mein Knecht« heißt also: Gott hat zu Serubbabel ein engeres Verhältnis, als er es zu den Israeliten im allgemeinen hat; Serubbabel hat einen besonderen Platz und eine besondere Rolle in der Heilsgeschichte.[337] Bedenkt man, daß Serubbabel ein Davidide war, dann liegt die Beziehung auf die Davidsverheißungen besonders nahe. Diese Davidsverheißungen haben ihre Wurzel in 2Sam 7. Von da aus führt die Linie über Ps 2; Ps 89; Ps 110, über Jes 11; 55,3; Jer 23,5; 33,14ff; Hes 34,23ff; 37,24ff weiter zu Hag 2,20ff. Jetzt, in der Perspektive dieser Linie, können wir Hag 2,23 besser verstehen. Gott prophezeit Serubbabel, daß die Segenslinie der Davididen nicht erlischt, sondern über ihn weiterläuft. Die Ausleger sprechen hier von einem »Königsmessianismus«.[338] Damit wird Serubbabel zu einem Segensträger und einem Vorläufer des davidischen Messias. Daß auch die erste Davidsverheißung in 2Sam 7 im Zusammenhang mit dem Tempelbau stand, so wie jetzt Serubbabel als ein späterer David den zweiten Tempel plant, unterstreicht nur das soeben gewonnene Ergebnis.[339]

Schon lange hat man auf den merkwürdigen Bezug zu Jer 22,24ff hingewiesen. Dort überbringt Jeremia dem Großvater Serubbabels, Jojachin = Konja, eine Gerichtsbotschaft: »Wenn Konja ... ein Siegelring wäre an meiner rechten Hand, so wollte ich dich doch abreißen und in die Hände derer geben, die dir nach dem Leben trachten und vor denen du dich fürchtest ...« Man versuchte das Verhältnis von Hag 2,23 und Jer 22,24ff so zu erklären, daß Haggai »in bewußtem Gegensatz zu ... Jeremia« formuliere.[340] Diese Erklärung bleibt aber vordergründig, weil sie sich auf die menschlichen Boten Jeremia und Haggai konzen-

[336] Vgl. wieder Siebeneck a.a.O.
[337] Siehe wieder Siebeneck a.a.O. sowie Sellin Serubbabel S. 21f; Sauer S. 203f; Baldwin S. 54; Hammershaimb S. 105
[338] Vgl. Siebeneck S. 316; Sellin S. 416; Hoonacker S. 575
[339] Vgl. Orelli S. 357
[340] Sauer S. 204

triert und vergißt, daß der Redende Gott selber ist. Außerdem arbeitet sie mit der Annahme, daß zwei echte Propheten einander öffentlich widersprechen können. Eine andere Erklärung lautet, Haggai mache wieder gut, was Jeremia angerichtet habe, bzw. hebe Jer 22,24ff auf.[341] Auch diese Erklärung bleibt vordergründig. Außerdem weiß das Jeremiabuch, daß Jojachin nicht einfach ausgerottet wurde (vgl. 33,14; 52,28ff mit 22,26ff).[342] Jer 22,24ff kündigt ja keineswegs die Ausrottung der Davididen oder die Rücknahme der Verheißungen an (vgl. Jer 23,5ff!). Deshalb muß man anders interpretieren. Hag 2,23 besagt, daß Serubbabel im Gegensatz zu seinem Großvater Jojachin vom Herrn gesegnet und angenommen wird. Das zeitweilige Gericht, das seinen Großvater traf, wird bei ihm umgewandelt zu Heil und Segen. Aus Jer 22,24ff wird in ein und derselben Gottesgeschichte Hag 2,23ff, so wie in dieser selben Gottesgeschichte Jes 38,1 zu Jes 38,5ff wurde.[343]

Aber gerade der Vergleich mit Jer 22,24 läßt uns nach der Bedeutung des **Siegelrings** fragen. Denn der »Siegelring« ist die einzige genauere Angabe über die Rolle Serubbabels. Damit kommen wir auch zu der Frage: Was soll denn nun Serubbabel konkret werden?

Die Antwort der meisten modernen Ausleger ist einfach: Serubbabel werde hier zum Messias und König erklärt.[344] Manche stellen sich auch den Verlauf im einzelnen vor: Haggai und Sacharja »rechneten ... damit, daß Serubbabel zum Vasallenfürsten erhoben würde und dann durch Jahwes Eingreifen zur Würde des Weltherrschers emporsteigen sollte«.[345] Weil das alles nicht eintraf, mußte man natürlich »von einer Nichterfüllung prophetischer Weissagungen sprechen« und erklärte kurzerhand, Haggai habe sich »geirrt«.[346] Waterman stellte sogar fest, daß die messianischen »Verschwörer« Serubbabel, Haggai und Sacharja elendiglich zugrundegingen, weil sie nicht früh genug vom Sieg des Rebellenbesiegers Darius erfahren hätten![347] Aber diese Ausleger täuschten sich schon im Ausgangspunkt. Denn nirgendwo steht in Haggai, Serubbabel sollte Messias werden. Serubbabel wird nicht einmal »König« genannt. Er bleibt nach Hag 2,21 ein »Statthalter von Juda«.[348]

341 So etwa Driver S. 344; Olmstead S. 138; Rost S. 302; Marti S. 390
342 Darauf macht Baltzer S. 38 aufmerksam
343 Vgl. dazu noch Harrison S. 946; Ackroyd S. 164; Siebeneck S. 317f; Bardtke Sp. 6; Henry Sp. 625; Wellhausen S. 177; Baldwin S. 54; Frey S. 34f; Sellin S. 416
344 So z.B. Bach Sp. 25; Bardtke Sp. 6; Bentzen Introduction S. 156; Boehmer S. 722; Chary IB S. 443; Eissfeldt S. 576; Elliger S. 84.97; Henry Sp. 625; Lindblom S. 418; Neil S. 509; Rendtorff S. 249; Schmoldt II S. 192; Waterman S. 98; Galling S. 94; ähnlich Wiseman S. 966; Mitchell S. 78; Marti S. 390; Nowack S. 311.322
345 So Rost S. 302; ähnlich Sellin Serubbabel S. 19.211; Wellhausen S. 177
346 So Hesse S. 124; ähnlich Chary IB S. 443; Elliger S. 98
347 Waterman S. 78
348 Ebenso Junker S. 108; zurückhaltend auch Hoonacker S. 575; Halévy S. 308; Coppens S. 43

Was meint dann der **Siegelring**? In Parallele zu Jer 22,24 und in Übereinstimmung mit Sir 49,11 handelt es sich hier nicht um den Siegelring, den man an einer Schnur um den Hals trug (so 1Mo 38,18), sondern um den Siegelring »an der rechten Hand«[d]. Da er die ganze Autorität seines Besitzers verkörperte[e], wurde sorgfältig auf ihn achtgegeben. Daß Serubbabel Gottes »Siegelring« sein soll, bedeutet also: Gott hat ihn lieb und gibt auf ihn acht (vgl. noch Hl 8,6). Man könnte auch sagen: er versiegelt Gottes Plan mit der Davidsfamilie, und ist insofern Gottes Repräsentant.[349] Er ist jedoch nicht zum Immanuel oder zum zweiten David nach Jes 7,14; Jer 23,5ff; 30,9; 33,14ff; Hes 34,23ff; 37,24ff Hos 3,5; Mi 5,1ff bestimmt.[350]

d 1Mo 41,42; Est 3,10; Lk 15,22

e 1Kö 21,8; Est 3,10; 8.2.10

Halten wir fest: Die Weissagung in Hag 2,23 besitzt einen dreifachen Inhalt: a) Die davidischen Verheißungen und Segnungen laufen über Serubbabel weiter; b) das Gericht, das auf seinem Großvater Jojachin lastete, wird bei Serubbabel aufgehoben; c) Serubbabel ist Gott lieb und wert und bildet gewissermaßen das Siegel auf Gottes Heilsplan mit dem künftigen Davididen.[351]

Nun stehen wir aber vor einer schwierigen Frage: Wie kann Serubbabel das alles **An jenem Tage,** der vielleicht viele Jahrhunderte entfernt ist, sein? Diese Frage wird in Hag 2,23 grundsätzlich offen gelassen. Nur einen Hinweis finden wir, der eine Antwort vorbereiten kann. Dieser Hinweis steckt in dem Wort **nehmen.** Wir haben schon darauf hingewiesen, daß dieses Wort die Überwindung des Todes bedeuten kann[f]. Sollte also die Rolle Serubbabels erst nach seinem Tode offenbar werden? Die Antwort lautet im gesamtbiblischen Zusammenhang: Ja. Denn dieser Serubbabel ist in beiden Stammbäumen Jesu zur entscheidenden Schaltstelle geworden, die auf den wahren zweiten David, den davidischen Messias hinführt, nämlich auf Jesus (vgl. Mt 1,12f; Lk 3,27). Ohne diese christologische (= christusbezogene) Deutung bleibt Hag 2,23 hohl. Erst dann, wenn man die ganze Bibel liest, erst wenn man die Heilsgeschichte in ihrem Zusammenhang überblickt, lüftet sich der Schleier des Geheimnisses, der über Hag 2,23 liegt. Und wir erkennen, daß hier - fast exakt auf der Hälfte der Zeitstrecke zwischen der Davidsverheißung in 2Sam 7 und der Erfüllung in Jesus - ein Segens- und Verheißungsträger vorgestellt wird, den seine Zeitgenossen wohl kaum verstanden, der aber als Messiasvorläufer eine hervorragende Bedeutung besitzt, eben als der menschliche Vorfahr und Segensmittler für den Messias Jesus.[352]

f 1Mo 5,24; 2Kö 2,3ff; Ps 49,16; 73,24

349 So etwa Siebeneck S. 317f; Harrison S. 946; Ackroyd S. 164; Lagrange S. 69

350 So mit Recht Chary S. 135

351 In diese Richtung deuten z.B. auch Harrison und Siebeneck a.a.O., sowie Keil S. 527

352 Diese christologische Deutung unterstützt auch Siebeneck S. 318. Vgl. auch Ackroyd S. 164f; Orelli S. 358; Keil S. 521f

Exkurs III: Das Ende Serubbabels

Über das weitere Geschick Serubbabels erfahren wir im Haggaibuch nichts.

Dagegen wird der Name Serubbabels in sechs weiteren biblischen Schriften erwähnt: im 1. Chronikbuch, in Esra, Nehemia, Sacharja, Matthäus und Lukas.

Das *1. Chronikbuch* gibt uns in 3,17ff den Stammbaum Serubbabels. Im Blick auf seinen Vater Schealtiel bzw. Pedaja haben wir diese Angaben schon im Kommentar ausgewertet (s. den Exkurs über Serubbabel und Josua). Nun gilt es aber zu beachten, daß dort sieben Söhne und eine Tochter Serubbabels aufgeführt werden, sowie eine Reihe von Enkeln, Urenkeln usw. Die »Stammbäume« Jesu in Mt 1 und Lk 3 führen die Geschlechterfolge Serubbabels hinab bis zu Joseph, dem Mann Marias. Daraus läßt sich immerhin soviel entnehmen, daß Serubbabels Familie erhalten blieb, ja, sogar zahlreich war. Das spricht gegen die These, Serubbabel habe von persischer Hand den Märtyrertod erlitten. Denn sonst wäre wohl auch seine Familie, mindestens die männlichen Nachkommen, ausgerottet worden (vgl. 2Kö 25,7).

Damit sind wir schon bei den verschiedenen Theorien über das weitere Geschick Serubbabels:

a) Es habe »eine Erhebung Serubbabels zum Könige stattgefunden«, darauf sei »Jerusalem noch einmal verheert, der Tempel verwüstet« worden und Serubbabel »den Märtyrertod gestorben«.[353]

b) Serubbabel sei vermutlich von der persischen Regierung abgesetzt worden und habe die Vollendung des Tempels nicht mehr mitfeiern können.[354]

c) »Serubbabels Abgang geschah ... ohne jeden Eklat«. Er habe »nach der Vollendung des Tempelbaus seinen Auftrag ... für beendet« angesehen und sei »nach Babylon« zurückgekehrt.[355]

Sehen wir in den Texten nach, was sich davon bestätigen läßt. Das *Esrabuch* berichtet, daß Serubbabel aus Babel nach Israel zurückkehrte, nachdem das Edikt des Kyrus im Jahre 538 v. Chr. eine solche Rückkehr ermöglicht hatte (2,2). Nach Esr 3,2ff baute Serubbabel mit andern zusammen den Altar an der früheren Stelle wieder auf, richtete mit ihnen zusammen die Gottesdienste und Feste wieder ein, und nahm schließlich den Tempelbau in Angriff, der aber am Widerstand der benachbarten Nichtjuden zunächst scheiterte (3,8ff; 4,1ff). Esr 5,1ff bestätigt,

[353] Sellin Serubbabel S. 208f; ähnlich Waterman passim
[354] Rost S. 302; ähnlich Hammershaimb S. 106; Marti S. 379; Nyberg S. 82f; Rudolph S. 21
[355] Galling S. 95 nach A. Alt

daß Serubbabel und Josua tatsächlich aufgrund der Prophetie Haggais und Sacharjas den Tempelbau erneut in Angriff nahmen. Wenn Esr 5,2 im Blick auf die Propheten bemerkt: »sie standen ihnen bei und unterstützten sie« (Einheitsübersetzung), dann kann man an die ermutigenden Prophezeiungen in Hag 1,13-2,23 und Sach 3,1-10; 4,1-14; 6,9-15 denken. Nun aber führt Esra über das Haggaibuch hinaus. Er berichtet nämlich vom erneuten Widerstand, diesmal offensichtlich vonseiten der persischen Behörden (5,3ff), der klugen Verteidigung der jüdischen Führer - offensichtlich auch Serubbabels! - und der schlußendlichen Zustimmung des Darius zur Vollendung des Tempelbaus sowie der Einweihung des neuen Tempels (5,5-6,18). Nirgendwo ist die Rede davon, daß Serubbabel gerügt oder abgesetzt worden sei. Im Gegenteil, Darius unterstützte den Tempelbau auch finanziell und erlaubte dort den jüdischen Gottesdienst. Tatsächlich wurde der Tempel am 3. »Adar« des Jahres 6 des Darius (= Februar/März 515) fertig.[356] Die Bauzeit ist relativ kurz: ca. 4 1/2 Jahre. Da Esr 5,8 von Quadersteinen spricht, die lange zur Herstellung brauchten, muß man auch vom Esrabuch her annehmen, daß Quader des alten Tempels wieder Verwendung fanden. Nur eines erstaunt: daß nämlich Serubbabel in Esr 6,16ff nicht bei den Einweihenden genannt wird. Aber auch Josua wird nicht erwähnt! Vielmehr lehrt ein Vergleich von Esr 6,14 (»Älteste«) mit 5,5 (»Älteste«), daß Serubbabel sehr wahrscheinlich unter den »Ältesten der Juden« mit einbegriffen ist.

Übrigens deutet Esr 6,14 an, daß Haggai und Sacharja auch den weiteren Bau des Tempels begleiteten.

Das *Nehemiabuch* bestätigt in 7,7 und 12,1 die Serubbabelnotiz von Esr 2,2, enthält aber darüber hinaus keine weiteren Nachrichten über Serubbabel.

Anders wird es, wenn wir zu *Sacharja* kommen. Wie Haggai hat Sacharja eine persönliche Botschaft für Serubbabel (4,6-10). Dabei wird Serubbabel u.a. geweissagt, daß die Probleme weichen (V. 7) und er den Tempelbau »vollenden« wird (V. 9). Ja, daß er den Tempelbau vollendet, wird sogar zum Erkennungszeichen dafür, daß Sacharja ein echter Prophet ist (V. 9). Die Frage nach den beiden Ölbäumen (4,1-5.11-14) und dem »Sproß« (6,12ff) können wir hier beiseitelassen. Jedenfalls ergibt sich aus dem Sacharjabuch soviel, daß Serubbabel den Tempelbau zu Ende gebracht hat - wie aus Esr 5f zu schließen! Es findet sich dort keine Andeutung, daß Serubbabel später abgesetzt oder gar hingerichtet worden sei.

Sowohl *Matthäus* (1,12f) als auch *Lukas* (3,27) weisen Serubbabel in der menschlichen Ahnenreihe Jesu auf und kennzeichnen ihn auf diese

356 Vgl. Nyberg S. 83; Horst S. 202

Weise als Davididen und menschlichen Vorfahren Jesu. Weitere Angaben machen sie nicht.

Stellen wir diesen biblischen Zeugnissen noch zwei außerbiblische zur Seite. Das um 175 v.Chr. entstandene *Sirachbuch* rühmt Serubbabel neben Josua: »Sie haben das hehre Heiligtum erbaut« (49,11f). Das *3. Esrabuch*, etwa 150-100 v.Chr. entstanden, beschäftigt sich viel mit Serubbabel. Es gibt zu erkennen, daß Serubbabel für den gesamten Tempelbau verantwortlich war - mehr noch als Josua (6,26ff). Ebensowenig wie bei Sirach finden wir eine Andeutung von einer Absetzung oder gar Hinrichtung des Serubbabel.

Fassen wir zusammen. Weder die oben genannte Theorie a) noch die Theorie b) haben einen Anhalt an der Überlieferung. Sie bleiben reine Konstruktionen. Auch der Theorie c) können wir nicht ganz zustimmen. Denn von einer Rückkehr Serubbabels nach Babylon hören wir in den Quellen nichts. Dagegen stimmen alle Quellen, sofern sie überhaupt davon reden, in folgenden Punkten überein: Serubbabel hat den Tempelbau nicht nur begonnen, sondern auch vollendet. Seine Familie dauerte fort. Auf seinen Ruhm als Erbauer des »zweiten Tempels« fällt keinerlei Schatten.[357] Darius I. von Persien hat ihn unterstützt. Alles Weitere, was man von Serubbabel sagen will, ist reine Vermutung. Nur dies muß über das Alte Testament und über die alten jüdischen Quellen hinaus im Auge behalten werden: daß in Gottes Heilsgeschichte noch nicht der Tempelbau das Größte ist, was über Serubbabel gesagt werden kann, sondern seine größte Würde darin besteht, daß er ein Träger göttlicher Verheißungen und der davidische Vorläufer des Messias Jesus gewesen ist.

[357] Vgl. dazu Ackroyd S. 165; Baldwin S. 55. A.a.O. zitiert Baldwin aus der modernen jüdischen Tempelweihliturgie: »Durch Serubbabel wurde ich (= der Tempel) nach siebzig Jahren gerettet.« Vgl. noch Junker S. 108; Beyse S. 13

LITERATURVERZEICHNIS

Ackroyd, P.R., Exile and Restoration, London, 1968
abgek.: Ackroyd

Ackroyd, P.R., Some Interpretative Glosses in the Book of Haggai, JJS, 7, 1956, S. 163-167
abgek.: Ackroyd JJS 7

Ackroyd, P.R., Studies in the Book of Haggai, JJS, 2, 1951, S. 163-176; 3, 1952, S. 1-13
abgek.: Ackroyd JJS 2

Ackroyd, P.R., Two Old Testament Historical Problems of the Early Persian Period, JNES, 17, 1958, S. 13-27
abgek.: Ackroyd JNES

Andersen, F.I., Who Built the Second Temple?, ABR, 6, 1958, S. 1-35
abgek.: Andersen

Bach, R., Art.: Haggai bzw. Haggaibuch, RGG, 3, 3. Aufl., 1959, Sp. 24-26
abgek.: Bach

Baltzer, K., Das Ende des Staates Juda und die Messias-Frage, Studien zur Theologie der alttestamentlichen Überlieferungen, hrsg. von R. Rendtorff und K. Koch, Neukirchen, 1961, S. 33-43
abgek.: Baltzer

Bardtke, H., Haggai, EKL, 2, 1958, Sp. 5-6
abgek.: Bardtke

Begrich, J., Die priesterliche Tora, BZAW, 66, 1936, S. 63-88
abgek.: Begrich

Bentzen, A., Introduction to the Old Testament, 3. Ed., Copenhagen, 1957
abgek.: Bentzen Introduction

Bentzen, A., Quelques remarques sur le mouvement messianique parmi les juifs aux environs de l'an 520 avant Jésus-Christ, RHPhR, 10, 1930, S. 493-503
abgek.: Bentzen

Benoit, P., Milik, J.T. et de Vaux, R., Les Grottes de Murabbaʿat, Discoveries in the Judaean Desert, II, Oxford, 1961
abgek.: Benoit

Beyse, K.-M., Serubbabel und die Königserwartungen der Propheten Haggai und Sacharja. AVTRW, 52, 1971
abgek.: Beyse

Birkeland, H., Zum hebräischen Traditionswesen, ANVAO, HF, 1938, No 1, Oslo, 1938
abgek.: Birkeland

Bloomhardt, P.F., The Poems of Haggai, HUCA, 5, 1928, S. 153-195
abgek.: Bloomhardt

Böhme, W., Zu Maleachi und Haggai, ZAW, 7, 1887, S.210-217
abgek.: Böhme

Boehmer, Haggai und Sacharja, zwei Propheten des Herrn, NKZ, 12, 1901, S. 717-740
abgek.: Boehmer

Buccellati, G., Gli Israeliti di Palestina al tempo dell'esilio, BeO, 2, 1960, S. 199-209
abgek.: Buccellati

Budde, K., Zum Text der drei letzten kleinen Propheten, ZAW, 26, 1906, S. 1-28
abgek.: Budde

Chary, Th., Les prophètes et le culte a partir de l'exil, BT, 111, 1955
abgek.: Chary
Chary, Th., Le Prophétisme à l'époque perse (538-332), IB, Edition Nouvelle, II, 1973, S. 440-475
abgek.: Chary IB
Coppens, J., Les Douzes Petits Prophètes, Bruges-Paris, 1950
abgek.: Coppens
Cody, A., When ist the Chosen People called a goy?, VT, 14, 1964, S. 1-6
abgek.: Cody

Driver, G.R., Linguistic and Textual Problems, Minor Prophets, JThS, 39, 1938, S. 154-166; 260-273; 393-405
abgek.: Driver JThS
Driver, S.R., An Introduction to the Literature of the Old Testament, New York, 1956
abgek.: Driver

Eissfeldt, O., Einleitung in das Alte Testament, 3. Aufl., Tübingen, 1964
abgek.: Eissfeldt
Elliger, K., Das Buch der zwölf kleinen Propheten, II, ATD, 25, 8. Aufl., Göttingen, 1982
abgek.: Elliger
Fernandez, A., El profeta Ageo 2, 15-18 y la fundación del segundo templo, Bib., 2, 1921, S. 206-215

Galling, K., Serubbabel und der Wiederaufbau des Tempels in Jerusalem, Verbannung und Heimkehr, Festschrift für Wilhelm Rudolph, Tübingen, 1961, S. 67-96
abgek.: Galling
Gelin, A., Aggée, Zacharie, Malachie, SB (J), 26, 2. Aufl., 1953
abgek.: Gelin
Gelston, A., The Foundations of the Second Temple, VT, 16, 1966, S. 232-235
abgek.: Gelston
Gesenius, W., Hebräisches und aramäisches Handwörterbuch über das Alte Testament, bearb. von F. Buhl, Unveränderter Neudruck der 1915 erschienenen 17. Aufl., Berlin/Göttingen/Heidelberg, 1962
abgek.: Gesenius
Goldschmidt, L., (Hrsg.), Der Babylonische Talmud, 9 Bde, Berlin, 1897ff
abgek.: Goldschmidt I usw.

Halévy, J., Le prophète Aggée (Haggai), RSEHA, 15, 1907, S. 289-309
abgek.: Halévy
Hammershaimb, E., Some Aspects of Old Testament Prophecy from Isaiah to Malachi, Kobenhavn, 1966
abgek.: Hammershaimb
Henry, M.-L., Art: Haggai bzw. Haggaibuch, BHH, 2, 1964, Sp. 624-625
abgek.: Henry
Hesse, F., Haggai, Verbannung und Heimkehr, Festschrift für Wilhelm Rudolph, Tübingen, 1961, S. 109-134
abgek.: Hesse
Hinz, W., Das erste Jahr des Großkönigs Dareios, ZDMG, 92, 1938, S. 136-173
abgek.: Hinz

Hoonacker, A. van, Les Douze Petits Prophètes, EtB, 3, 1908
abgek.: Hoonacker
Horst, F., Die Zwölf Kleinen Propheten, Nahum bis Maleachi, HAT, 1. Reihe, 14, 3. Aufl., 1964
abgek.: Horst

Jacob, B., Beiträge zu einer Einleitung in die Psalmen, ZAW, 16, 1896, S. 129-181; S. 265-291
abgek.: Jacob
James, F., Thoughts on Haggai and Zechariah, JBL, 53, 1934, S. 229-235
abgek.: James
Janssen, E., Juda in der Exilszeit, FRLANT, 69 (= NF, 51), Göttingen, 1956
abgek.: Janssen
Junker, H., Die Zwölf Kleinen Propheten, II. Hälfte, HSAT, VIII, 3. Abt., II. Hälfte, 1938
abgek.: Junker

Keil, C.F., Biblischer Commentar über die zwölf kleinen Propheten, BC, 4, 3. Aufl., 1888
abgek.: Keil
Koch, K., Haggais unreines Volk, ZAW, 79, 1967, S. 52-66
abgek.: Koch
König, F.W., Der falsche Bardija, Klotho, 4, 1938
abgek.: König

Lagrange, M.-J., Notes sur les prophèties messianiques des derniers prophètes, RB, 3, 1906, S. 67-83
abgek.: Lagrange
Lindblom, J., Prophecy in Ancient Israel, Oxford, 1962
abgek.: Lindblom
Luther, M., Vorrede auf den Propheten Haggai, 1532, nach H. Bornkamm, Luthers Vorreden zur Bibel, Hamburg, 1967, S. 116-117
abgek.: Luther

Marti, K., Das Dodekapropheton, KHC, XIII, 1904
abgek.: Marti
Mason, R.A., The Purpose of the ›Editorial Framework‹ of the Book of Haggai, VT, 27, 1977, S. 413-421
abgek.: Mason
May, H.G., »This People« and »This Nation« in Haggai, VT, 18, 1968, S. 190-197
abgek.: May
Mitchell, H.G., A Critical and Exegetical Commentary on Haggai and Zechariah, ICC, 21, 1912
abgek.: Mitchell

Neil, W., Haggai, IDB, 2, 1962, S. 509-511
abgek.: Neil
North, F.S., Critical Analysis of the Book of Haggai, ZAW, 68, 1956, S. 25-46
abgek.: North
Noth, M., Die israelitischen Personennamen im Rahmen der gemeinsemitischen Namengebung, BWANT, 3. Folge, Heft 10, 1928
abgek.: Noth
Nowack, W., Die kleinen Propheten, HK, III, 4, 3. Aufl., 1922
abgek.: Nowack

Nyberg, H.S., Das Reich der Achämeniden, Historia Mundi, 3, München, 1954, S. 56-115
abgek.: Nyberg

Olmstead, A.T., History of the Persian Empire, Chicago, 1948
abgek.: Olmstead

Orelli, C. von, Das Buch Ezechiel und die zwölf kleinen Propheten, KK, A, 5. Abt., 1888
abgek.: Orelli

Parker, R.A., und *Dubberstein, Waldo H.,* Babylonian Chronology 626 B.C. - A.D. 75, Providence, 1956
abgek.: Parker/Dubberstein

Poebel, A., Chronology of Darius' First Year of Reign, AJSL, 55, 1938, S. 142-165; 285-314
abgek.: Poebel

Rad, G. von, Theologie des Alten Testaments, II, München, 1965
abgek.: v. Rad

Richter, G., Erläuterungen zu dunkeln Stellen in den Kleinen Propheten, BFchTh, 18, 1914, S. 277-473
abgek.: Richter

Rost, L., Erwägungen zum Kyroserlass, Verbannung und Heimkehr, Festschrift für Wilhelm Rudolph, Tübingen, 1961, S. 301-307
abgek.: Rost FS

Rost, L., Einleitung in die alttestamentlichen Apokryphen und Pseudopigraphen einschließlich der großen Qumran - Handschriften, Heidelberg, 1971
abgek.: Rost

Rothstein, J.W., Juden und Samaritaner, BWAT, 3, 1908
abgek.: Rothstein

Rudolph, W., Haggai usw., KAT, XIII, 4, 1976,
abgek.: Rudolph

Sauer, G., Serubbabel in der Sicht Haggais und Sacharjas. Das ferne und nahe Wort, Festschrift Leonard Rost hrsg. von F. Maass, Berlin, 1967, S. 149-207
abgek.: Sauer

Schmoldt, H., Art.: Haggai, Reclams Bibellexikon, Stuttgart, 1978, S. 191
abgek.: Schmoldt I

Schmoldt, H., Art.: Haggaibuch, ebd., S. 192
abgek.: Schmoldt II

Sellin, E., Serubbabel, Leipzig 1898
abgek.: Sellin Serubbabel

Sellin, E., Das Zwölfprophetenbuch, KAT, XII, 1922
abgek.: Sellin

Siebeneck, R.T., The Messianism of Aggeus and Proto - Zacharias, CBQ, 19, 1957, S. 312-328
abgek.: Siebeneck

Smend, R., Die Entstehung des Alten Testaments, ThW, 1, 2. Aufl., 1981
abgek.:Smend

Smith, G.A., The Book of the Twelve Prophets, II, New and Revised Edition, London, 1928
abgek.: Smith

Townsend, T.N., Additional Comments on Haggai II 10-19, VT, 18, 1968, S. 559-560
abgek.: Townsend

Volz, P., Art.: Darius, CBL, 4. Aufl., Stuttgart, 1924, S. 119-120
abgek.: Volz

Waterman, L.,The Camouflaged Purge of Three Messianic Conspirators, JNES, 13, 1954, S. 73-78
abgek.: Waterman

Wellhausen, J., Die Kleinen Propheten, 3. Aufl., Berlin, 1898
abgek.: Wellhausen

Werbeck, W., Art.: Haggaibuch, Zur Auslegungsgeschichte, RGG, 3, 3. Aufl., 1959, Sp. 26
abgek.: Werbeck

Wiseman, D.J., Haggai, Brockhaus Kommentar zur Bibel, 3, 1. Aufl., Wuppertal/Basel, 1982, S. 961-966
abgek.: Wiseman

Der Prophet Maleachi

erklärt von

Gerhard Maier

R. Brockhaus Verlag Wuppertal

INHALTSVERZEICHNIS

Der Prophet Maleachi

A. Einleitung

B. Auslegung

A. Einleitung

I. Der Prophet Maleachi

Zwei Meinungen stehen sich gegenüber:

1. Der Verfasser bzw. der Prophet trage den Eigennamen »Maleachi«.
2. Der Verfasser bzw. der Prophet bleibe anonym; »Maleachi« sei kein Eigenname, sondern heiße nur: »mein Bote«.

Die zweite Meinung wird auch von konservativen Forschern vertreten.[1] Sie ist grammatikalisch durchaus möglich. Denn das hebräische »mal'aki« bedeutet - wenn es kein Eigenname ist - tatsächlich »mein Bote«.

Doch wie kommt es, daß ein prophetisches Buch keinen Eigennamen trägt, sondern einem geheimnisvollen, anonymen »Boten« zugeschrieben wird? Die Anhänger der zweiten Meinung greifen hier zu folgender Erklärung: Ursprünglich sei Mal 1-3 nur ein Anhang zum Buch Sacharja gewesen; infolge eines Mißverständnisses oder vielleicht auch durch die Identifizierung des »Boten« von Mal 3,1 mit dem Verfasser sei dann nachträglich das »mein Bote« aus Mal 3,1 zur Überschrift und schließlich zum Eigennamen geworden. O. Kaiser hält diese Erklärung für so überzeugend, daß er schreibt: »es kann kein Zweifel daran bestehen, daß der Name . . . auf 3,1 zurückgeht«.[2]

Eine gewisse Stütze erhält diese zweite Meinung dadurch, daß die jüdische Tradition z.T. Mardochai[3] oder Esra als den Verfasser des Maleachibuches angibt.

Welche Argumente führen nun die Vertreter der ersten Meinung ins Feld? 1. Es sei ungewöhnlich, daß ein biblisches Buch anonym in der Bibel stehe.[4] Dieses Argument schlägt aber nicht durch, da es in der Bibel durchaus Ausnahmen geben kann (vgl. Hebräerbrief!). 2. Ein Eigenname »Maleachi« sei im Hebräischen gut vorstellbar. Evtl. handle es sich um eine Kurzform von mal'akijahu), so wie Abi Kurzform für Abijjah (2Kö 18,2) oder Uri Kurzform für Urijjah (1Kö 4,19) ist.[5] 3. Der Talmud fasse Maleachi meistens als Eigenname auf, und stelle Maleachi an die Seite anderer Propheten wie Daniel, Haggai oder Sacharja.[6] Das trifft in der Tat zu.[7] 4. Alle Übersetzungen, wie z.B. die

[1] Z.B. von Harrison S. 958. Früher schon Ephraem, Cyrill Alexandrinus, Hengstenberg (vgl. Bulmerincq I S. 7ff)

[2] S. 260. Vgl. Ackroyd S. 230; Böhme S. 210; Driver S. 356; Eissfeldt S. 596; Elliger S. 188; Horst S. 263; Neil S. 229; Gelin S. 63; Bardtke Sp. 1221; Caquot S. 189; G.A. Smith S. 323; J.M.P. Smith S. 4.9; Nowack S. 406; Rad S. 298; Rendtorff RGG Sp. 628; Sekine Sp. 1131; Sellin S. 536; Soggin S. 343; Wallis S. 229; Fohrer S. 96. Levy leitet allerdings S. 276 »Maleachi« von 2Mo 23,23 ab.

[3] Mardochai z.B. in Megilla 15a (R. Nachman; vgl. Bulmerincq I S. 6); Esra z.B. in Megilla 15a (R. Josua b. Qorcha), im Targum Jonathan (vgl. Young S. 283); Calvin und Vitringa schlossen sich dieser jüdischen Tradition an (vgl. Bulmerincq I S. 5)

[4] Young S. 284

[5] Vgl. hier Halévy S. 1; Junker S. 194; Orelli S. 403; Rendtorff S. 255; Rudolph S. 247; Childs S. 493f; Isopescul S. 3 mit weiteren Stellen; Köhler S. 2ff

[6] Bulmerincq I S. 36ff; Fürst S. 47

[7] Vgl. Megilla 15a; Baba bathra 15a

lateinische Vulgata oder die syrische Peschitta, fassen Maleachi ebenfalls als Eigennamen auf.[8] Das gilt auch für die Überschrift der griechischen Septuaginta, die allerdings 1,1 in Maleachi durch »sein Bote« übersetzt.

Alles in allem hat die erstgenannte der beiden Meinungen die stärkeren Argumente für sich. Deshalb gehen wir in unserem Kommentar davon aus, daß »Maleachi« ein Eigenname ist. Als Sinn dieses Namens ergibt sich: »Mein Engel (= Wächter) ist Jahwe« (vgl. 1Mo 48,16)[9], oder »Jahwes Bote«[10].

Schon oft hat man sich Gedanken über die Person des Propheten gemacht. Was wissen wir von ihm? Zuerst muß in aller Nüchternheit festgestellt werden, daß abgesehen vom Namen keine direkten Daten über ihn vorliegen. Damit befinden wir uns in derselben Lage wie bei Obadja und Habakuk, über die wir außer ihrem Namen auch kaum mehr etwas wissen.[11]

Indirekt ergeben sich jedoch einige Hinweise. Zweifellos ist Maleachi ein echter Prophet. Selbst kritische Forscher beobachten, daß sein Buch »den genuinen prophetischen Geist atmet«.[12] Vieles verbindet ihn mit den alten vorexilischen Propheten, z.B. Jesaja, Jeremia, Amos, Hosea, aber auch mit dem Exilspropheten Hesekiel.[13] So steht er ganz in der Linie der Prophetie des alten Israel.[14] Eine Bestätigung dieser aus dem gesamtbiblischen Vergleich gewonnenen Sicht bildet der Talmud. Er rückt Maleachi in eine Reihe mit Daniel, Haggai und Sacharja, und erklärt: »Haggai, Zekharja und Maleakhi (sind) ... die letzten der Propheten«.[15]

Maleachi ist ferner ein Schriftgelehrter.[16] Unmöglich, daß der Mann, der die Botschaft »Gedenket an das Gesetz Moses« (3,22), weitergab, nicht selbst das Gesetz studiert haben sollte. Gesetz und Gottesdienst sind ihm vertraut, wie es sich in allen drei Kapiteln zeigt. Er kennt Israels Geschichte. Auffällig ist der häufige Diskussionsstil. Er erinnert, wie Driver bemerkte, an die damals beginnenden Schulen der Schriftgelehrten.[17] Vielleicht dürfen wir Maleachi sogar zu den Gründern der Schriftgelehrtenschulen rechnen.

Umstritten ist die Frage, ob Maleachi Priester gewesen ist.[18] Daß sich Mal 1,6-2,9 an die Priester richtet, bedeutet noch lange nicht, daß er selber Priester war. Bedenkt man jedoch, daß damals die Schriftgelehrsamkeit noch ganz in den Händen der Priester lag

[8] Bulmerincq I S. 3
[9] So Halévy S. 1; Junker S. 194
[10] So Rudolph S. 247. Vgl. Mariani S. 511; Adinolfi S. 247
[11] Bulmerincq I S. 12; Young S. 284
[12] Driver S. 358
[13] Harrison S. 961; vgl. Junker S. 196; Gelin S. 63; Vriezen S. 132
[14] Ebenso Ackroyd S. 230; Eissfeldt S. 598; Elliger S. 189; Rad S. 298; Rendtorff RGG Sp. 629. Nur wenige bestreiten, daß er noch ein echter Prophet ist, z.B. Wallis S. 231
[15] Baba bathra 15a; vgl. Megilla 15a
[16] Holtzmann S. 1; vgl. Driver S. 358; Fürst S. 49
[17] Vgl. Driver a.a.O.: Fürst a.a.O. So stark ist die Parallele zur Schriftgelehrsamkeit, daß Holtzmann Maleachi zum Gründer des Pharisäerbuches machen wollte (S. 14ff).
[18] Bulmerincq I S. 42ff; Halévy S. 1; Orelli S. 403; Lindblom S. 208; Renker S. 84 tendieren in diese Richtung, lassen die Frage jedoch offen. Sellin dagegen meint, Maleachi sei »sicher« kein Priester gewesen (S. 536)

(vgl. Mal 2,6f), dann ergibt sich eine gewisse Wahrscheinlichkeit dafür, daß Maleachi aus der Priesterschaft stammte. Auch Jeremia und Hesekiel sind Priester und Propheten zugleich gewesen (Jer 1,1; Hes 1,3).

Alles andere, was wir gerne wissen möchten - Vatersname, Herkunftsort, Lebenslauf usw. - bleibt im Dunkeln.

Doch können wir die Zeit der Abfassung des Buches und deshalb auch die ungefähre Zeit seines Wirkens in groben Zügen bestimmen.

II. Abfassungszeit und Verfasser des Maleachibuches

In der Forschung wurde das Maleachibuch verschieden datiert. Die Datierungsvorschläge reichen von ca. 480 bis 140 v.Chr. Wir stellen sie kurz zuammen:

1. Die größte Gruppe unter den modernen Forschern datiert in die Zeit kurz *vor* Esra und Nehemia, wobei gelegentlich 475, 470, 465, 460, 450 als ungefähre Zeitansätze genannt werden.[19]

2. Eine kleinere Gruppe datiert *in* die Zeit Esras und Nehemias, z.T. in der Meinung, Maleachi sei ein Mitarbeiter Esras gewesen.[20]

3. Andere bevorzugen ein Datum *nach* Esra und Nehemia.[21]

4. Gelegentlich verzichtet man auf eine nähere Bestimmung und nimmt nur ganz allgemein die Perserzeit als Entstehungszeit an.[22]

5. Manche gehen ins 4. Jh.v.Chr. herab.[23]

6. Wieder andere datieren in die griechische Zeit, also ins 3. Jh.v.Chr.[24]

7. Extrem späte Datierungen vertreten H. Winckler (kurz vor der Makkabäerzeit, also ca. 200 v.Chr., S. 535) und H.H. Spoer (z.Zt. des Makkabäers Jonathan, also 160-143 v.Chr., S. 181ff).

Alle Datierungen beruhen auf Schlüssen aus dem Inhalt. Orientierungspunkte, z.B. archäologische, fehlen. Deshalb ist Vorsicht angebracht. Betrachtet man die Angaben des Maleachibuches, dann erkennt man Folgendes:

1. Der Tempel steht (1,7ff; 2,13; 3,1.8.10). Wie die Überlegungen unter 2. zeigen werden, kann es sich nur um den zweiten Tempel handeln, der im Adar (Februar/März) 515

[19] Z.B. Botterweck, S. 29f; Bright S. 389; Eissfeldt S. 598; Elliger S. 189; Fohrer S. 96; Halévy S. 44; Harrison S. 960; Hoonacker S. IX: Horst S. 263: Junker S. 194f; Kellermann S. 189; Levy S. 274; Nowack S. 407; Pautrel Sp. 739; Rendtorff RGG Sp. 628; Ricciotti S. 142; Sekine Sp. 1131; Sellin S. 535f; Soggin S. 343; Young S. 284; Neil S. 229; Gelin S. 63; Vriezen S. 133; Chary S. 161; G.A. Smith S. 329; J.M.P. Smith S. 8

[20] Z.B. Bulmerincq I S. 46ff; Orelli S. 403f; Driver S. 357; Mariani S. 511; Isopescul S. 12; Köhler S. 22; Verhoef S. 34

[21] Z.B. Kaiser »zwischen 400 und 350« (S. 262); Rudolph »zwischen 450 und 420« (S. 249); Bardtke Sp 1222

[22] So z.B. Rendtorff S. 255; Smend S. 187

[23] Melanchthon (nach Bulmerincq I S. 93); F. Hitzig und C.C. Torrey (vgl. Bulmerincq I S. 95; Junker S. 194)

[24] So Coccejus (nach Bulmerincq I S. 94); Holtzmann (»Zeit der ersten Diadochen«, S. 21)

v.Chr. vollendet wurde.[25] Demnach muß das Maleachibuch *nach* 515 v.Chr. geschrieben sein.

2. Die weltliche Gewalt liegt bei einem Provinzgouverneur (pächah, 1,8). Israel/Juda hatte also keine Könige mehr. Das bedeutet, daß wir uns in der Zeit des zweiten Tempels befinden (siehe zu 1.). Noch genauer formuliert: in der Zeit der persischen Herrschaft, die 332 v.Chr. endete (vgl. Neh 5,14f.18; 12,26; Hag 1,1.14; 2,2.21).

3. Die Abgaben an den Tempel erfolgen nur mangelhaft (1,8.14; 3,8-10). Das läßt auf einen gewissen Abstand zur Einweihung des Tempels schließen, als man vermutlich noch pflichtbewußter und begeisterter an den Tempel lieferte.

4. Maleachi weist auf ähnliche Mißstände hin wie Esra und Nehemia. Das betrifft z.B. die Mischehen mit heidnischen Frauen (vgl. Mal 2,11 mit Esr 9,2; Neh 10,31f; 13,23ff) oder mangelnde Abgaben an den Tempel (vgl. Mal 1,6ff; 3,8ff mit Neh 10,33ff; 13,10ff). Die Vermutung liegt nahe, daß die von Esra und Nehemia betriebene Reform zur Zeit Maleachis noch nicht stattgefunden hatte.

5. Edom spielt eine Rolle (1,2ff). Das könnte auf den Zeitraum hindeuten, in dem die Edomiter Südjudäa besetzten und damit Juda bedrohten (um 500 v.Chr.).[26]

6. Samaria wird nirgends ausdrücklich erwähnt. Es scheint also, daß der Bruch mit den Samaritanern, der endgültig unter Nehemia (Kap. 3-6) erfolgte, noch nicht in aller Schärfe geschehen war.

Erwägt man alle die Beobachtungen, dann ergibt sich eine ziemliche Wahrscheinlichkeit, daß Maleachis Wirken in die Zeit von etwa 480 bis 450 v.Chr. fällt. Bestätigt wird dieser Zeitansatz durch den Talmud, der Maleachi neben Haggai und Sacharja den »letzten der Propheten« nennt und Maleachi sowohl mit Haggai/Sacharja als auch mit Esra verbindet.[27] Maleachi gehört also in die Zeit zwischen Haggai/Sacharja (um 515 v.Chr.) und Esra/Nehemia (um 450).

Ob Maleachi selbst oder ein Schüler von ihm das Buch niedergeschrieben hat, läßt sich nicht mehr sicher sagen. Da aber schon Jesaja (8,16) und Jeremia (36,2ff.32) eigenhändig bzw. durch Schreiber ihre Botschaften aufzeichneten, spricht nichts gegen die Annahme, daß schon Maleachi selbst die Niederschrift besorgte. Damit kämen wir für das Maleachibuch auf eine Abfassungszeit von etwa 480-450 v.Chr.

Jedenfalls muß das Buch mindestens um 200 v.Chr. vorgelegen haben, da es bereits im Sirachbuch (ca. 175 v.Chr.) zitiert wird (Sir 48,10).[28]

25 Vgl. Ricciotti S. 124; Kaiser S. 261f
26 Vgl. Bright S. 395; Albright BASOR S. 14
27 Megilla 15a; Baba bathra 15a; vgl. Fürst S. 47
28 Vgl. noch einmal Junker S. 195; Kaiser S. 261f

III. Die zeitgeschichtliche Situation

Wie wir sahen, gehören Maleachi und sein Buch sehr wahrscheinlich in die Zeit der persischen Herrschaft. Diese begann im Jahre 539 v.Chr. mit Kyrus und endete 331 v.Chr. mit der Niederlage des Darius III. gegen Alexander den Großen.

Leider ist die Zeit der Perserherrschaft eine Zeit, aus der wir nur wenige Nachrichten zur Geschichte Israels besitzen. Ricciotti beklagt eine »entmutigende Knappheit an dokumentarischen Angaben«, und Albright schreibt: »es gibt nur wenige Abschnitte der biblischen Geschichte, die unbekannter sind als die Zeit, die mit der Wegführung nach Babel 587 begann und mit der mazedonischen Eroberung 332 v.Chr. endete.«[29]

Versuchen wir dennoch, die damaligen Zeitverhältnisse wenigstens im Umriß zu erkennen.

Nach Kyrus (559-530 v.Chr), Kambyses (530-525 v.Chr.) und Darius I. (525-486 v.Chr.) kommt 486 v.Chr. Xerxes = Ahasveros an die Spitze des persischen Staates. Olmstead bemerkt, daß Xerxes nicht so übel gewesen sei, wie man allgemein annimmt.[30] Xerxes hatte an drei Fronten zu kämpfen. Zuerst in Babylonien, wo ein Aufstand gegen die Perser im Gange war. 482 v.Chr. schlägt er ihn nieder.[31] Sodann in Ägypten, das sich seit 486 v.Chr. im Aufstand gegen die Perser befand. 484 oder 482 v.Chr. ist auch dieser Aufstand siegreich beendet.[32] Der Aufstand in Ägypten hat zwar nicht auf Juda übergegriffen. Unruhe und Truppenbewegungen müssen aber auch Juda in Mitleidenschaft gezogen haben.

Anders als in Babylonien und Ägypten kämpfte Xerxes an der dritten Front erfolglos. Diese dritte Front wurde durch Griechenland gebildet. Am 23. September 480 v.Chr. wird die persische Flotte bei Salamis in der Nähe von Athen geschlagen, am 27. August 479 das persische Landheer bei Plataä in Griechenland. Ricciotti spricht von einer »Katastrophe« für die Perser.[33] 468-466 v.Chr. werden die Perser noch einmal bei Eurymedon an der Küste Pamphyliens (Kleinasien) geschlagen.[34]

Doch dann wird Xerxes 465 v.Chr. ermordet. Sein Sohn Artaxerxes I. Longimanus (465-424 v.Chr.) folgt ihm auf dem Thron, nachdem Artaxerxes seinen älteren, bevorrechtigten Bruder Darius umgebracht hatte.[35] Dieser Artaxerxes ist der Arthasastha der Bibel, dem Nehemia als Mundschenk diente (Neh 2,1ff). Gleich nach dem Regierungswechsel bricht wieder ein Aufstand in Ägypten los, den Athen unterstützt (seit 460 v. Chr.). Nur mit Mühe gelingt es den Persern, den Aufstandsführer Inanus oder Jenkeru gefangenzunehmen und Ägypten erneut zu unterwerfen (454 v.Chr.).[36] Wiederum

[29] Ricciotti S. 126; Albright S. 104; vgl. Bright S. 389
[30] Das Jahr seines Regierungsantritts wird verschieden berechnet: auf 486 (so Olmstead S. 230) oder 485 (so Ricciotti S. 26)
[31] Bright S. 391; Olmstead S. 236f; Galling S. 15; Ricciotti S. 27
[32] Vgl. Galling S. 155; Olmstead S. 235: Ricciotti a.a.O.
[33] Ricciotti S. 27f
[34] Ricciotti S. 28; Bright S. 391; Bengtson S. 178f
[35] Olmstead S. 289; Ricciotti S. 28
[36] Olmstead S. 303f; Ricciotti S. 28; Bright S. 392

läßt sich vermuten, daß Juda die Unruhe im nahen Ägypten und die Truppenbewegungen zu spüren bekam, auch wenn es selbst nicht in den Aufstand verwickelt wurde. Im Kampf mit den Griechen unterliegt auch Artaxerxes Longimanus. 449 v.Chr. kommt es zum sog. »Frieden des Kallias«: Die griechischen Städte in Kleinasien bleiben unabhängig vom Perserreich, und die persische Kriegsflotte darf die Ägäis nicht mehr befahren.[37] Über Artaxerxes fällte Ricciotti das Urteil: er »war nicht viel besser als sein Vorgänger. Er war ein leidenschaftlicher Jäger und überließ die Regierungsgeschäfte nicht selten den Höflingen und Lieblingsfrauen seines Harems.«[38]

Xerxes und Artaxerxes I. Longimanus sind also die persischen Großkönige, unter denen Maleachi sehr wahrscheinlich wirkte. Wie sah damals die Situation der Juden aus? Sie konzentrierte sich vor allem auf drei geographische Bereiche: Babylonien, Ägypten und das Israelland. Entgegen einer weitverbreiteten Meinung setzte nach dem Ende der babylonischen Gefangenschaft und nach der Machtübernahme durch die Perser keineswegs eine allgemeine Rückwanderung der Juden aus Babylonien ein. Vielmehr blieben viele Juden in Babylonien und Persien wohnhaft (vgl. Est 2,5ff; 3,8ff; 8-10).[39] In Ägypten kennen wir sogar zwei jüdische Zentren. Das eine ist Unterägypten, wohin die flüchtigen Juden zogen, die Jeremia verschleppten (2Kö 25,26; Jer 41-44).[40] Das andere ist die jüdische Militärkolonie in Elephantine am ersten Nilkatarakt. Diese Kolonie bestand schon vor 525 v.Chr. und hatte einen eigenen jüdischen Jahwetempel. Aramäische Dokumente, die entdeckt wurden, haben sie bekannt gemacht: u.a. Ehekontrakte, Briefe, politische Korrespondenz und Petitionen zugunsten eines Wiederaufbaus des dortigen Jahwetempels.[41] Jüdisches Leben gab es in Elephantine bis 400 v.Chr.[42]

Doch interessieren uns vor allem die Verhältnisse im Israelland. Juda mit Jerusalem gehörte damals zur Satrapie »Abarnahara« (persisch Ebirnari, zu deutsch: »Jenseits des Flusses« = Jenseits des Euphrat). Eine Satrapie stellt eine Großverwaltungseinheit dar, regiert von einem Satrapen, der praktisch die Stellung eines Königs (Unterkönigs!) innehatte und gelegentlich auch auf Dokumenten als »König« bezeichnet wird.[43] Besonders groß war die Satrapie »Abarnahara«. Sie umfaßte Syrien, Phönizien, Palästina und Zypern.[44] Innerhalb der Satrapie gab es wieder verschiedene Provinzen mit ihren Provinzgouverneuren an der Spitze. Nicht ganz klar ist, ob Juda der Provinz Samaria unterstand oder eine eigene Provinz der Satrapie »Abarnahara« bildete.[45] Mal 1,8 spricht aber für das Letztere. Juda konnte sogar jüdische Gouverneure haben. Serubbabel (um 520 v.Chr., vgl. Hag 1,1ff) und Nehemia (ab 445 v.Chr., vgl. Neh 5,14ff) sind dafür die bekann-

37 Bright S. 392; Ricciotti S. 28; Bengtson S. 179
38 S. 29
39 Bright a.a.O.
40 Bright a.a.O.
41 Vgl. Pritchard S. 222f; 491f; 548f
42 Vgl. Albright S. 105; Bright S. 393; Olmstead S. 244f
43 Vgl. Kellermann S. 159; Ricciotti S. 23. Ein solcher König = Unterkönig über die Satrapie »Abarnahara« war sehr wahrscheinlich der Darius aus Dan 6,1ff; 9,1 (vgl. die Wuppertaler Studienbibel zu diesen Danielstellen)
44 Ricciotti S. 23f
45 Vgl. Kellerman S. 160ff; Bright S. 394; Olmstead S. 313f

testen Beispiele. Aber auch andere Provinzgouverneure waren Juden, so z.B. Sanballat von Samaria oder Tobia von Ammon.[46]

Juda wurde »nach dem Exil nur langsam wieder besiedelt«,[47] auch wenn man bis 450 v.Chr. eine Verdoppelung seit der Exilierung annimmt.[48] Zwar hatte Juda keine so schweren Stürme mehr zu überstehen wie unter den Assyrern und Babyloniern. Auch gewährte die persische Reichsverwaltung einen gewissen Rechtsschutz. Dennoch zeichnen die Forscher ein trübes Bild der Lage: ohne festen Mauerring stand Jerusalem für Raub und Plünderung offen; Statthalter suchten Profit zu erlangen und die Juden zu unterdrücken (Neh 5,15); Fehlschläge beim Mauerbau bedrückten die Gemüter; von der Hochstimmung zur Zeit der Tempeleinweihung (515 v.Chr.) war zu Maleachis Zeiten wenig übriggeblieben; wirtschaftlich herrschte Not durch Mißernten (Mal 3,11) und Schwierigkeiten, den früheren Besitz zurückzugewinnen. Hinzu trat die Feindschaft mit den Edomitern, die nach Südjuda einrückten, mit den Arabern, die ebenfalls begehrliche Blicke auf das Israelland warfen, und mit den Samaritanern, die damals noch mächtiger waren als das kleine Juda.[49]

Kurz nach dem Regierungsantritt des Artaxerxes (465 v.Chr.) erlebte Juda eine »kritische Situation«.[50] Die Samaritaner verklagten nämlich die Juden beim persischen Großkönig, sie wollten vom Reich abfallen und würden nur deshalb den Mauerbau in Jerusalem erstreben (Esr 4,7ff). Tatsächlich sprach sich Artaxerxes gegen den Mauerbau aus und die Samaritaner verhinderten ihn mit Gewalt (Esr 4,17ff). Doch später erhielt Nehemia von Artaxerxes die Erlaubnis zum Mauerbau (Neh 2,1ff), erschien im März/April 445 v.Chr. in Jerusalem, vollendete wohl am 2. Oktober 445 den Mauerbau und regierte dann bis 433 als Provinzgouverneur. Esra ist der Mitarbeiter Nehemias und die zweite Säule des damaligen Reformwerkes (seit August 458 v.Chr. in Jerusalem?). Doch herrscht über die Details und die genaue Datierung Streit.[51]

Evtl. hat Maleachi noch die Ereignisse der ersten Regierungsjahre des Artaxerxes I. Longimanus erlebt. Sicher ist das allerdings nicht. Und vermutlich fällt Nehemias Erscheinen in eine spätere Zeit als in die Wirkungszeit Maleachis. Man darf deshalb die zeitgeschichtlichen Ereignisse nur mit großer Vorsicht zur Auslegung des Maleachibuches heranziehen.

Ein besonderes Problem sind die Persönlichkeiten der damals regierenden Hohenpriester. Den Josua, der zur Zeit des Tempelbaus (um 515 v.Chr.) amtierte, wird Maleachi kaum mehr gekannt haben (vgl. Sach 3,1ff; Hag 1,1). Dagegen dessen Sohn und Nach-

[46] Vgl. Albright S. 107; Galling S. 156f; Kellermann S. 194ff; Ricciotti S. 141 sowie Esr 4,8ff; Neh 2,19; 13,4ff

[47] Albright S. 107

[48] So Bright S. 394

[49] Vgl. Bright S. 395f; Botterweck S. 30; Elliger S. 188; Müller S. 535: »tristes circonstances«; Adinolfi S. 248

[50] Olmstead S. 304

[51] Vgl. Albright S. 107; Bright S. 394f; Galling S. 156ff; Kellermann S. 194ff; Olmstead S. 306ff; Renker S. 65; Ricciotti S. 128ff

folger Jojakim (Neh 12,10). Ob er Eljaschib noch kennenlernte, der als Zeitgenosse Nehemias von 453-432 v.Chr. das Hohepriesteramt verwaltete, muß offen bleiben.[52]

IV. Die Eigenart des Buches

Das Maleachibuch stellt eine literarische Einheit dar. Auch ein Vertreter der kritischen Forschung wie O. Kaiser kommt zu dem Ergebnis: »Literarisch bietet das Büchlein kaum Probleme«.[53]

Als Stellen, deren Echtheit angezweifelt wurde, nennt Bulmerincq: 1,7b.9.11b.12b.14; 2,2b.3b.7.9.11.12.15.16b; 3,5b.7.9.12.21.22.23-24.[54] Der Kommentar wird zeigen, daß die Anzweiflung der Echtheit ohne ausreichende Gründe geschieht. Auch der sehr umstrittene Schluß, 3,22-24, stammt aller Wahrscheinlichkeit nach vom Propheten selbst. Man vgl. dazu die Auslegungsgeschichte.

Der Ansicht, das Maleachibuch sei ursprünglich ein »dritter Anhang zum Buche Sacharja« gewesen[55] - wegen der gleichartigen Anfänge in Sach 9,1; 12,1 und Mal 1,1 -, treten Alttestamentler wie Childs oder Smend entgegen. Smend sagt: »das (Maleachi) Buch hat einen anderen Charakter als die hypothet. Bücher Sach 9-11; 12-14.«[56]

Der hebräische Text ist in gutem Zustand.[57] Nur an wenigen Stellen (so in 2,12) ist ernsthaft zu überlegen, ob eine Verschreibung vorliegt. Ferner kann man sagen, daß der hebräische (masoretische) Text besser ist als der in den anderen Sprachen, einschließlich der griechischen (Septuaginta!), überlieferte Text.[58] Eine auffallende Eigenart des Maleachibuches liegt im Fehlen von Aramaismen, d.h. aus dem Aramäischen stammender Sprachmerkmale.[59]

Interessanterweise hat die griechische Bibel eine andere Kapiteleinteilung als die hebräische. Die griechische Bibel weist nämlich 4 Kapitel auf, wobei sie Kap. 3,19-24 des hebräischen Textes als Kap. 4,1-6 zählt.[60] Das muß man bei Zitaten aus alten Schriftstellern immer berücksichtigen.

Sowohl in der hebräischen als auch in der griechischen Bibel nimmt das Maleachibuch den letzten Platz unter den sog. kleinen Propheten ein. Das könnte ein Hinweis auf seine relativ späte Entstehung - eben im 5. Jh. v.Chr. - sein. Über die Zugehörigkeit zum Kanon gab es mindestens seit dem Sirachbuch (175 v.Chr). keine Zweifel.[61]

[52] Vgl. Ricciotti S. 139ff; Procksch S. 357
[53] Kaiser S. 261; vgl. Young S. 284; Junker S. 196; Childs S. 489
[54] Bulmerincq I S. 358ff
[55] So z.B. Budde S. 17f
[56] Smend S. 186; vgl. Childs S. 492
[57] Bulmerincq I S. 444; Harrison S. 961; Rudolph S. 251 (gegen Budde!); Soggin 346
[58] Vgl. Bulmerincq I S. 450; Harrison a.a.O.
[59] Bulmerincq I S. 435; Levy S. 168; Mariani S. 514; Orelli S. 404. Dieses Fehlen ist umso auffallender, als im etwa zeitgleichen Esrabuch lange Partien in Aramäisch geschrieben sind, und sogar das wahrscheinlich ältere Danielbuch rund zur Hälfte in Aramäisch abgefaßt ist (vgl. dazu die Wuppertaler Studienbibel zu Daniel)
[60] Vgl. Eissfeldt S. 596
[61] Vgl. Mariani S. 512; Pautrel Sp. 739

Die Forscher beschäftigt immer wieder die Beziehung Maleachis zu anderen Propheten des Alten Testaments. Allgemein beobachtet man, daß er »an Ernst und Wucht« den vorexilischen Propheten gleichkommt.[62] Man verweist z.B. auf Ähnlichkeiten in der Endzeitlehre mit Am 5,8ff und Zeph 1,7ff.[63] Man stellt Anklänge an Jesaja, Hosea und Jeremia fest.[64] Vor allem aber zieht man die Parallele zu anderen nachexilischen Propheten. Bezüglich des Verhältnisses zu Hesekiel faßt man die Verwandtschaft so eng, daß Bulmerincq Maleachi einen »Schüler und Anhänger des Priesters Ezechiel« nannte.[65] Konkret sieht man diese Verwandtschaft z.B. a) im Wertlegen auf die kultischen Pflichten, b) in der gemeinsamen Ankündigung der Verwüstung Edoms, c) in der gemeinsamen Benutzung der dialogischen Redeform, d) im Aufweis von Israels Ungehorsam, e) in der Ankündigung der künftigen Herrlichkeit Gottes unter den Heiden (vgl. Hes 36,23; 39,21), f) in der Wichtigkeit des levitischen Priestertums (vgl. Hes 44,15-24).[66]

Aber auch die enge Verbindung mit dem Mosegesetz wird erkannt. Allerdings leidet hier die Forschung unter der schwierigen Hypothese der Quellenscheidung nach J, E, D, P usw. Schon ein rascher Blick zeigt, daß Maleachi auf die verschiedensten Bücher des Pentateuch zurückgreift (z.B. in 1,2.6.8.14; 2,2.4ff.7.14ff; 3,5.6ff.8.16.17.22). In 3,22 wird Mose ausdrücklich als Autorität genannt.[67]

Wie kann man sich diese Verwandtschaft mit dem Pentateuch und den Propheten erklären? Vor allem zwei Punkte dürften hier eine Rolle spielen. Einmal die Schriftgelehrsamkeit und das Studium der heiligen Schriften Israels. Wir sahen ja, daß Maleachi wahrscheinlich Schriftgelehrter war. Zum andern das Wirken des Heiligen Geistes, der in den verschiedensten Charakteren und Menschen die Einheit der biblischen Botschaft schuf.

Zu den Eigenarten des Maleachibuches gehört der Frage- und Antwortstil der Botschaft. Man spricht hier von »Disputationen«[68], »Disputationsworten«[69], »Diskussionsrede«[70], »Diskussionsworten«[71], »Streitgesprächen«[72], »Streitreden«[73], »dialogischer Redeform«[74] o.ä. Keine dieser Bezeichnungen befriedigt. Denn es geht zwar um Diskussionen zwischen Gott und Israel, bzw. bestimmten Gruppen in Israel. Aber diese Gespräche verlaufen nicht zwischen gleichberechtigten Partnern, sondern eben zwischen Gott und Mensch. Sie sind außerdem wie die Schulgespräche in den Schulen der Schriftge-

62 So z.B. Junker S. 196; Levy S. 275. Anders Eissfeldt S. 599
63 Harrison S. 961
64 Bulmerincq I S. 347
65 Bulmerincq I S. 43
66 Bulmerincq I S. 341.403f; Botterweck S. 30f; Chary S. 162.173ff; Eissfeldt S. 599; Pautrel Sp. 742; Rendtorff RGG Sp. 629
67 Vgl. Bulmerincq I S. 348.436ff; Chary a.a.O.; Eissfeldt S. 598; Hoonacker S. 701; Horst S. 263; Sellin S. 538; Spoer S. 168ff
68 Sellin S. 536; Childs S. 489
69 Pfeiffer S. 546ff; Rendtorff S. 254
70 Botterweck S. 31; Rendtorff RGG Sp. 628; Sekine Sp. 1131
71 Boecker S. 79; Fohrer S. 96; Kaiser S. 261
72 Boecker S. 79; Bardtke Sp. 1222; Wallis S. 232
73 Wallis S. 236
74 Bulmerincq I S. 395; vgl. Pautrel Sp. 742; Köhler S. 26; Fürst S. 48

lehrten gestaltet, so daß ihr pädagogischer Zweck zutage tritt und Spoer mit Recht von »didactic presentation« reden kann.[75] Es handelt sich gewissermaßen um göttliche Pädagogik. Dabei wissen wir nicht mehr, ob Maleachi diese oder ähnliche Diskussionen tatsächlich in der Öffentlichkeit geführt, oder ob er seine Botschaft von vornherein in der vorliegenden Form an die Hörer gerichtet hat.[76] Jedenfalls ist die Dialogform mit Frage und Antwort nicht neu. Sie taucht schon vor Maleachi auf. Bulmerincq nennt folgende Beispiele: Am 7,1-9; 7,10-17; 8,1ff; Jes 6,8ff; 7,10ff; 28,7ff; 28,14ff; Mi 2,1-11; 6,1-8; Jer 1; 7,1-15; 12,1-6; 13,12ff; 28,1ff; Hes 4,13ff; 12,21-28; 21,11ff; 24,19ff; 33,10-20; 37,3f.11-14; Sach 1,9; 2,2.4; 4,2f.4ff.11ff; 5,2ff; 6,4ff.10f; Hag 2,11ff; Hab 1,2-2,4.[77] Doch bei Maleachi ist sie besonders charakteristisch und relativ häufig.

Nach Budde und Wallis enthält das ganze Maleachibuch nur Gottesrede; der Prophet selber spreche nicht.[78] Im großen und ganzen haben sie recht. Allerdings nehmen wir in unserem Kommentar an, daß in 2,10-15 der Prophet Maleachi selber spricht.

Das Urteil über den Inhalt des Maleachibuches schwankt. Moderne Ausleger beurteilen ihn öfters ungünstig. In diesen Kreisen betrachtet man Maleachi als ein Buch, das vom Höhepunkt der alten Prophetie weg und »auf absteigender Bahn« in die Gesetzlichkeit hinabführe. Sittliche Dimensionen kämen »erst in zweiter Linie«, Maleachi liebe den Kultus, er sei »auf dem Wege ... zu einer legalistischen Religion«, weil ihm »die Gesetzesforderung heilig ist«, er vertrete eine »nomistisch-kultisch bestimmte Ethik«, sei »stark national-partikularistisch bestimmt« und überhaupt mit der »korrekten Beobachtung der Einzelbestimmungen des Gesetzes« beschäftigt.[79] Holtzmann ging soweit, Maleachi zum Begründer des Pharisäerbundes zu machen.[80] Eine solche Einschätzung entspringt letzten Endes der Aufklärung, die zum Gebot, zum Zusammenhang von Lehre und Leben und zum Gottesdienst kein rechtes Verhältnis fand. Interessant ist das Urteil jüdischer Ausleger. Sie meinen: »Maleachi ... hat Israel vor der Aufklärung bewahrt«.[81]

Es fehlt aber auch nicht an positiven Urteilen unter den christlichen Auslegern. So wies Childs mit Nachdruck darauf hin, daß Gesetz und Prophetie zusammengehören.[82] Driver betonte, Maleachi sei »no formalist«, er wolle Israel zum religiösen Ernst zurückrufen.[83] Und Junker meint, in Maleachi habe »die atl. Religion vor ihrer Erstarrung in

75 Spoer S. 168. Vgl. noch Driver S. 358; Holtzmann S. 10; Bulmerincq I S. 405

76 Für nachträgliche Niederschrift öffentlicher Diskussionen z.B. Botterweck S. 31; Bulmerincq I S. 405.423ff; Horst S. 261; Orelli S. 404; Rudolph S. 250 (»kann keinem Zweifel unterliegen«); Smend S. 187; Wallis S. 236 läßt es offen. Fischer S. 316 verneint es (»a literary device«)

77 Bulmerincq I S. 395ff.403f. Vgl. Fischer S. 315, der auf Hab 1,3.13; Hag 1,4.9; 2,3.12.15 verweist

78 Budde S. 1; Wallis S. 232

79 Sellin S. 538; Eissfeldt S. 599; Sekine Sp. 1132; Holtzmann, S. 13; Botterweck S. 30f; Rendtorff RGG Sp. 629; Elliger S. 189; Elliger FS S. 43; Bulmerincq I S. 338ff; Horst S. 262; Neil S. 231; Lindblom S. 421

80 S. 21

81 Levy S. 276; vgl. Spoer S. 167

82 Childs S. 497

83 Driver S. 358.357; vgl. Nötscher S. 334ff

der pharisäischen Gesetzesreligion noch einmal einen Vertreter gefunden, der ihr eine erhabene und sympathische Ausprägung gab«.[84]

Was war nun Maleachi wirklich? Zunächst ein Prophet. Und zwar ein Prophet, der wie andere vor ihm sein Volk, Priester und Nichtpriester, zur Umkehr rief. Er tat dies, indem er zuerst von der Liebe Gottes zu Israel sprach (1,2ff). Das hat nichts mit Partikularismus zu tun, sondern entspricht der Entwicklung der biblischen Heilsgeschichte und dem biblischen Erwählungsgedanken. Geschieht keine Umkehr, dann kommt Israel ins Gericht. Auch diese Linie ist allgemein biblisch. Von da aus wird neben dem Ruf zur Umkehr die Eschatologie, die Prophezeiung des Zukünftigen, zum zweiten Schwerpunkt des Buches.[85] Das Gericht bringt die Scheidung von Guten und Bösen. Es macht deutlich, daß beide hinfort verschiedene Schicksale haben: Heil oder Verdammnis. Doch bevor das Gericht beginnt, bereitet Gott das Volk noch einmal durch einen besonderen Vorläufer vor, den zweiten Elia (3,1.23f).[86] Obwohl das alles zu Israel gesagt ist (1,1), sind diese Aussagen nicht ausschließlich auf Israel begrenzt, sondern offen für alle Menschen (vgl. 1,11.14).[87] Und indem Maleachi diese Botschaft ausrichtet, ist er auch der »gewissenhafte und bemühte Seelsorger«, dessen »pastoral and hortatory tone« (seelsorgerlicher und ermahnender Ton) den Auslegern immer wieder auffiel.[88]

Versucht man innerhalb dieser allgemeinen Linie charakteristische Einzelheiten festzuhalten, dann kann man mehreres erwähnen: die erstmalige Ankündigung des zweiten Elia als des messianischen Vorläufers,[89] die starke Zuwendung zur Priesterschaft, die Betonung des Levibundes,[90] die Prophetie auf die künfige Anbetung Gottes unter den Heiden und das neue Opfer, die indirekte Ankündigung eines neuen Priestertums; und vielleicht als weitere Einzelheit die Bezeichnung des Lebensbuches als »Buch des Gedenkens«.[91] Vor allem aber muß man noch einmal erwähnen, daß Maleachi wie Daniel ein Schriftgelehrter war. Er besitzt die Sprache der Schriftgelehrsamkeit und greift ausdrücklich auf die heiligen Schriften Israels zurück (vgl. Mal 3,22 mit Dan 9,2). Vielleicht ist er sogar einer der Gründer der Schulen der Schriftgelehrsamkeit nach dem Exil, auf die Esra und Nehemia zurückgreifen konnten (vgl. Neh 8,7ff).[92]

Prophet, Seelsorger und Schriftgelehrter - so steht Maleachi vor unseren Augen. Mit Recht bildet er das Ende des evangelischen Bibelkanons im AT. Denn indem er der levitischen Priesterschaft das Gericht und ganz Israel den zweiten Elia ansagte, bereitet er

84 Junker S. 200
85 Vgl. dazu Botterweck S. 30; Bulmerincq I S. 338ff; Harrison S. 961; Rendtorff RGG Sp. 629; Sekine Sp. 1132; Sellin S. 539; Vriezen S. 131; Procksch S. 359
86 Deshalb sollte man entgegen Bulmerincq; Sellin u.a. (a.a.O.) nicht von unmittelbarer Naherwartung sprechen
87 Dies wird leider nicht gesehen bei Bulmerincq I S. 268f.338f und Spoer S. 177
88 Vgl. Ackroyd S. 230; Rudolph S. 248
89 Bulmerincq I S. 351; Harrison S. 961; Rad S. 298
90 Vgl. Bulmerincq a.a.O.; Nötscher S. 334ff; Ackroyd S. 231. Man sollte freilich nicht wie Spoer davon reden, daß die Leviten besser wegkommen als die Priester und deshalb Maleachi als die Schrift einer levitischen Opposition gegen die Esra - Nehemia - Reform bezeichnen (S. 178f)
91 Hierauf legen Bulmerincq I S. 351 und Harrison S. 961 wert
92 Vgl. hier wieder Fürst S. 49; Köhler S. 26

das NT vor. Der zweite Elia, mit dem Maleachi endet, war die erste wichtige Gestalt beim öffentlichen Auftreten Jesu. Und Jesus selbst verkörperte das neue Priestertum, das uns Maleachi ahnen läßt.

V. Zur Geschichte der Auslegung

Pfeiffer bemerkte vor rund 25 Jahren, das Maleachibuch stehe gegenwärtig kaum zur Diskussion.[93] Childs stellte fest, es habe in der Vergangenheit nicht dieselbe Aufmerksamkeit gefunden wie andere »kleinere Propheten«.[94]

Es ist wahr: Maleachi steht im Schatten anderer, »berühmterer« Propheten. Dennoch bietet die Geschichte seiner Auslegung einiges Interessante.

Zunächst stoßen wir auf die Tatsache, daß man Maleachi schon sehr früh erwähnt, nämlich im ca. 175 v.Chr. verfaßten Sirachbuch. Dort wird Mal 3,23f auszugweise zitiert (48,10). Außerdem gilt das Maleachibuch für Ben Sira als kanonisch. Denn ein Kapitel später (49,10) spricht er von den »zwölf Propheten«, womit eben die heute so genannten »Kleinen Propheten« gemeint sind - einschließlich des Maleachi!

In der Folgezeit ist es wiederum die Stelle Mal 3,23f, die die Aufmerksamkeit jüdischer Ausleger auf das Maleachibuch lenkt. Beispielsweise spielt der zweite Elia im 4. Esra (ca. 80-100 n.Chr.) eine Rolle (4Esr 6,26). Auch der Talmud beschäftigt sich mit Mal 3,23f und überliefert die Aussage der »Weisen«, Elia komme, »um Frieden ... zu stiften«.[95]

Ferner erörtert der Talmud die Frage der Verfasserschaft. Er stellt Maleachi in eine Reihe mit Haggai und Sacharja, teilweise auch mit Daniel, und läßt erkennen, daß Maleachi der letzte der biblisch-alttestamentlichen Propheten ist. Nach ihm ist der Heilige Geist aus Israel gewichen.[96] An vielen Stellen werden Verse des Maleachibuches diskutiert, z.B. 1,11; 2,7; 2,9; 3,5; 3,10; 3,21.[97] In unserem Kommentar versuchen wir, diese Diskussion zu verwerten.

Auch in Qumran, einer essenischen klösterlichen Gemeinschaft, die von ca. 150 v.Chr. bis 68 n.Chr. in der Nähe des Toten Meers existierte, beschäftigte man sich mit Maleachi. In den »kleinen Höhlen« fand man drei Fragmente, die Mal 1,13-14 zitieren und erläutern. Carmignac vermutet, daß es dort einen Maleachi-Pescher, d.h. einen Maleachi-Kommentar, gegeben hat.[98] Jedenfalls kennt Qumran ebenso wie Ben Sira das Zwölfprophetenbuch.

Für die Christen spielt Maleachi von Anfang an eine ziemliche Rolle. Was das NT be-

[93] Pfeiffer S. 546,1
[95] Childs S. 489
[95] Edujoth 8,7 bei Goldschmidt VII S. 1147
[96] Vgl. Baba bathra 15a; Megilla 15a (Goldschmidt VI S. 976 bzw. III S. 593) und Fürst S. 47
[97] Vgl. Taanith 9a; 20a; Rosch-ha-Schana 17a. 19b. 26b; Chagiga 5a. 9b. 15b; Moed Quatan 17a; Baba bathra 60b; Menachot 110a; Sota 48b; Nasir 53b; Chullin 137b; Bechorot 58a; Sebachim 62a; Erubim 104b sowie Fürst a.a.O.
[98] Vgl. Carmignac S. 97ff sowie Baillet/Milik/de Vaux S. 180. Vogt S. 423ff ist insofern überholt

trifft, so soll die gegenseitige Beziehung unter VI. dargelegt werden. Aber schon kurz nach dem NT, nämlich in der um 100 n.Chr. abgefaßten »Zwölfapostellehre« (Didache), wird Maleachi erneut zitiert. Dabei handelt es sich um ein Kombinationszitat aus Mal 1,11.14, das die Sündenvergebung und die brüderliche Versöhnung vor der Abendmahlsfeier begründet. Man deutete also das »reine Opfer« auf sittliche Reinheit.[99] Die geistliche Deutung von Mal 1,10-14 setzt sich fort bei Justin (ca. 100 bis 170 n.Chr., Dialog 28,5; 41,2f; 117,1-4) und Irenäus (177 n.Chr. Bischof von Lyon). Er deutet den »Namen« auf Jesus Christus und das Opfer auf die Gebete der Heiligen (Adv. haer. IV, 17,5f; 18,1).[100] Weitere altchristliche Ausleger, die sich mit Maleachi befaßten, waren Tertullian, Euseb, Chrysostomus, Augustin und Hieronymus.[101]

In der Reformationszeit setzt sich die Auslegungsgeschichte des Buches fort. Werbeck nennt Melanchthon, Chyträus (1568), Grynäus (Basel, 1583), Polanus von Polansdorf (Basel, 1597), Ursinus (Frankfurt, 1652), Pococke (Oxford, 1687) und Venema (Löwen, 1759?) als Kommentatoren.[102] Luther schrieb 1532 eine Vorrede auf den Propheten. Die damalige jüdische Meinung, Esra sei der Verfasser des Maleachibuches gewesen, läßt Luther als ungewisse Aussage stehen. Besonderes Gewicht legt Luther - durchaus im Anschluß an die altkirchliche Auslegung - auf Mal 1,10ff, wobei er das »reine Opfer« auf Christus und das Evangelium bezieht, und auf die Weissagung des zweiten Elia = Johannes des Täufers. Weiter betont Luther die Aussage gegen die Priester, »daß sie Gottes Wort fälscheten und untreulich lehreten«, aus »Geiz und Bauchsorge«. Insgesamt ist Maleachi in seinen Augen »ein feiner Prophet, der schöne Sprüche hat«.[103]

Das Konzil von Trient stützte sich andererseits 1562 ausdrücklich auf Mal 1,11, um das Meßopfer zu begründen.[104] Abgesehen von Mal 3,23f ist also Mal 1,10-14 derjenige Abschnitt des Maleachibuches, der auslegungsgeschichtlich am stärksten gewirkt hat.

Die Stellungnahme der modernen Ausleger wird im Kommentar sichtbar werden.

VI. Die Beziehung zum NT

Trotz seines geringen Umfangs hat das Maleachibuch eine große Bedeutung für das NT. Und zwar vor allem deshalb, weil es das Kommen des zweiten Elia ankündigt, der in Johannes dem Täufer erschienen ist. So sagt es Jesus mehrfach (vgl. Mt 11,7ff; Lk 7,24ff; Mt 17,10ff; Mk 9,11).[105] So hat es Markus in seinem Evangeliumsanfang zum Ausdruck gebracht (Mk 1,2). Zugleich erfahren wir aus den Evangelien, daß die damaligen Juden selbst das Kommen des zweiten Elia erwarteten und auch damit rechneten, daß es Jo-

99 Vgl. Knopf S. 36; Pautrel Sp. 744
100 Vgl. Knopf und Pautrel a.a.O.
101 Vgl. wieder Pautrel a.a.O.
102 Werbeck Sp. 629. Köhler datierte Venemas Kommentar auf 1763
103 Bornkamm S. 118f
104 Vgl. Mariani S. 241.267ff; Rehm S. 208
105 Die »Vermutung« von Wallis S. 237, »daß sich Jesus bei der Reinigung des Tempels als der Vorbote des Maleachi-Buches empfunden hat«, stellt eine Verirrung dar

hannes sein könne (vgl. Joh 1,21.25 mit Mt 16,14; Mk 6,15; 8,28; Lk 9,8.19 und Mt 27,47.49; Mk 15,35f). Ja, noch mehr: in der Engelbotschaft wird Zacharias mitgeteilt, der verheißene Sohn werde der zweite Elia sein (Lk 1,16f).

Aber auch andere Stellen des Maleachibuches finden im NT ein Echo. Nestle-Aland zählt in der 26. Auflage von 1979 34 Verse des NT, in denen Maleachi entweder zitiert oder verwendet wird (letzteres sehr viel häufiger, vgl. a.a.O. S. 769). Bei manchen wird man fragen müssen, ob hier tatsächlich Maleachi gemeint ist. Unzweifelhaft ist dies jedoch in Röm 9,13 der Fall, wo Paulus bei der Darstellung des Israelproblems ausdrücklich auf Mal 1,2f zurückgreift. Ernsthaft erwägen kann man ferner, ob Mal 3,2 in Offb 6,17, Mal 3,16 in Offb 3,5 und Mal 3,19 in 1Kor 3,13 aufgenommen ist.

Sicher ist also, daß Jesus, Johannes, Paulus, Matthäus, Markus und Lukas das Maleachibuch studiert haben. Und vor allem die Beziehung, die Jesus zum Propheten Maleachi hatte, macht das Maleachibuch für die Christen aller Zeiten wertvoll.

B. Auslegung

I. DIE ÜBERSCHRIFT, 1,1

1 Botschaft: Das Wort Jahwes an Israel durch Maleachi.

Offensichtlich bildet Mal 1,1 die Überschrift, und zwar für das ganze 1
Buch.

Trotz ihrer Kürze hat sie ihre Probleme. Das erste Wort des hebräischen Textes kann heißen: »Äußerung«, »Botschaft«, »Ausspruch«, »Weisung«. Es findet Anwendung bei den Menschen (z.B. Äußerung der Mutter, Spr 31,1), meist aber bei Gott[a]. Wie die Stellen in 2Kö 9 und Jes zeigen, handelt es sich um eine sehr alte Bezeichnung. Die Lutherbibel übersetzt mit »Last«. Das hat insofern eine Berechtigung, als es meist um Gerichtsweissagungen geht (doch vgl. Sach 12,1). Das Wort kommt jedoch ganz einfach vom »erheben« der Stimme. Deshalb könnte man Mal 1,1 auch so übersetzen: »Jahwe erhob seine Stimme und richtete sein Wort durch Maleachi an Israel«.

[a] 2Kö 9,25; Jes 13,1; 14,28; 15,1; 17,1; 19,1; 21,1.11.13; 22,1; 23,1; 30,6; Nah 1,1; Hab 1,1; Sach 9,1; 12,1

Das Wort Jahwes reißt einen weiten Horizont auf. **Jahwe** ist der am Dornbusch offenbarte Gottesname (2Mo 3,14). Er ist abgeleitet von Gottes Selbstbezeichnung »Ich bin, der ich bin« oder »Ich werde sein, der ich sein werde«. Es bezeichnet also den Gott, »der da ist und der da war und der da kommt« (Offb 1,4); den Gott, der über den Zeiten steht und dem alle Zeiten, Vergangenheit, Gegenwart und Zukunft gehören. Wer aber über der Zeit steht, der steht auch über dem Raum und über der Materie, d.h. über der gesamten Schöpfung. Sein Schöpfungsmittel ist **das Wort.** Mit diesem Wort hat er die Welt gemacht (Hebr 11,3; Ps 33,9; 1Mo 1,3ff). Mit seinem Wort richtet er die Welt (Offb 19,15ff). Durch sein Wort erlöst er die Welt (Lk 4,4; 8,11; 11,28; 2Kor 5,18ff). Dieses Wort ist in Jesus Fleisch geworden (Joh 1,14), ein Geheimnis, das Joh 1,1ff entfaltet. Wir verstehen **das Wort** erst richtig, wenn wir bedenken, daß der hebräische Ausdruck für das »Wort« zugleich die »Sache« und das »Ereignis« bedeutet. Dynamisches, die Geschichte nach vorne bewegendes »Ereignis« - das ist »das Wort Jahwes«.

Hier ergeht das Wort **an Israel.** Das warnt uns davor, diese Botschaft allzu rasch auf unsere eigene Situation im Neuen Bund zu übertragen. Zwar sind wir als Gemeinde Jesu ein »geistliches Israel« (vgl. Röm 4,16; 9,6ff; 11,17ff). Aber in Mal 1,1 ist zunächst das Israel des Alten Bundes gemeint. Zweitens erstaunt uns der Ausdruck »Israel«. Denn das Reich »Israel« im staatsrechtlichen Sinne ist mit der Eroberung Samarias durch die Assyrer im Jahre 721 v.Chr. untergegangen. Wenn Mal 1,1 trotzdem von »Israel« spricht, dann ist deutlich: für Gott besteht Israel noch. Die Tatsache, daß jetzt von den Nordstämmen nur noch Reste existieren und eigentlich nur die Südstämme Juda, Benjamin (und Levi) in nennenswertem Umfang übriggeblieben sind, ändert nichts daran, daß Israel der heilgeschichtliche Name ist, an den sich die Verheißungen Gottes knüpfen. D.h.: schon im AT ist ein »geistliches Israel« angebahnt. Dasselbe ergibt sich aus Sach 12,1.

Schließlich beachten wir den Ausdruck **durch Maleachi.** Man könnte auch übersetzen: »vermittels Maleachi«. Was ergibt sich daraus? Daß Maleachi nur der Vermittler, nur der Bote Gottes ist! D.h., nicht Maleachi spricht in diesem Büchlein, sondern Gott selber. Damit haben wir eine Grundstruktur der Bibel getroffen. Propheten und Apostel sind nicht Schöpfer und Urheber der Botschaft, die sie überbringen, sondern nur Boten Gottes, die das weiterzusagen haben, was er ihnen aufträgt. Deshalb muß gelten: Die Bibel ist Gottes Wort. Wer sie niedriger einstuft, steht im Widerspruch zu ihren Aussagen[b]. Hebr 1,1 hat also recht mit der Feststellung: »Gott hat zu den Vätern *durch* die Propheten geredet«.

[b] 4Mo 15,23; Jos 22,9; 1Kö 12,15; Jes 20,2; Jer 37,2; Hag 1,1.3; 2,1.10; Sach 7,7.12; Mt 1,22

II. GOTTES LIEBE ZU ISRAEL, 1,2-5

Daß Mal 1,2-5 einen geschlossenen Abschnitt bildet, wird von den meisten Auslegern angenommen. Das Thema wird jedoch verschieden formuliert. So läßt z.B. Bulmerincq die beiden Überschriften »Der Ausspruch über Edom« und »Die Liebe Jahwe zur Tempelgemeinde« nebeneinander stehen, während Frey sich für die Überschrift »Gottes Liebe« entscheidet.[106] Welche Überschrift am besten paßt, werden wir sehen, wenn wir den Abschnitt genauer betrachtet haben.[107]

2 Ich habe euch lieb, spricht Jahwe. Ihr aber sagt: Worin zeigt sich deine Liebe zu uns? Ist nicht Esau ein Bruder Jakobs? lautet Jahwes Aussage. Aber Jakob habe ich lieb,
3 und Esau hasse ich. Und seine Berge mache ich zur Einöde, und seinen Besitz gebe ich den Schakalen der Wüste.
4 Wenn Edom sagt: Wir sind zerstört, aber wir wollen die Trümmerhaufen wieder aufbauen, so spricht Jahwe Zebaoth: Sie mögen aufbauen, aber ich reiße es ein. Und man wird sie nennen: »Land des Frevels«, und »das Volk, dem Jahwe ewig zürnt«.

[106] Bulmerincq II S. 1; Frey S. 140
[107] Rendtorff S. 254 wählte eine ähnliche Überschrift wie wir: »Jahwes Liebe zu Israel«

5 Und eure Augen werden es sehen, und ihr werdet sagen: Groß ist Jahwe über dem Land Israels.

Gottes Liebe - das ist das erste Thema des Maleachibuches. **Ich habe** 2
euch lieb: Könnte man sich eine bessere Einleitung einer biblischen Botschaft denken? Gottes Liebe ist der Grund dafür, daß Jesus in die Welt kam und am Kreuz für uns starb (Joh 3,16). Liebe will sein Geist in uns bewirken (Röm 5,5). Gottes Liebe ist es, die uns erzieht und leitet (Spr 3,12). Liebe ist Gottes Wesen (1Jo 4,8.16).

Ich habe euch lieb: Das bezieht sich allerdings auf das angesprochene »Israel«. Damit setzt Maleachi die Linie des Mosegesetzes (5Mo 7,8; 23,6) und der älteren Propheten fort (Jes 43,4; Jer 31,3; Hos 11,1). Wir erkennen jetzt, daß auch Israels Erwählung durch die Liebe Gottes - und nicht menschliche Verdienste - bewirkt wurde. Gottes Liebe gilt übrigens auch heute noch Israel (vgl. Röm 9-11). Deshalb achten wir als Christen das Volk Israel.

Statt **ich habe euch lieb**, könnte man das Hebräische auch übersetzen: »Ich habe euch geliebt« (so z.B. die griechische Bibel aus dem 3.Jh. v.Chr.). Jedoch wäre dann der Sinn ähnlich wie in Jer 31,3; »Ich habe dich je und je geliebt«. Die Parallele am Ende von V. 2 führt dazu, daß wir zusammen mit der Einheitsübersetzung die Gegenwartsform bevorzugen.[108]

Die Fortsetzung in V. 2 ist außerordentlich überraschend. Sie lautet: **Ihr aber sagt: Worin zeigt sich deine Liebe zu uns? Ihr:** das ist das Israel der Tage Maleachis. Es stellt also die Gegenfrage: **Worin zeigt sich deine Liebe zu uns?** Will man nicht annehmen, daß der Prophet hier formale Kunststücke vorführt, dann muß die Realität damals wirklich so gewesen sein, daß man Gottes Liebe ausdrücklich in Zweifel zog.

Zum ersten Mal treffen wir hier auf eine typische Eigenart des Maleachibuches, nämlich die Verwendung des Diskussionsstiles. Die Ausleger sprechen meistens von einer »Diskussionsrede«. Unwillkürlich werden wir an die Diskussionen mit Jesus im Johannesevangelium oder an den Diskussionsstii bei Paulus in Röm 9 erinnert. Wahrscheinlich stammt dieser Diskussionsstil aus den Lehrgesprächen der Synagoge, deren Anfang gerade in der Zeit Maleachis und Esras liegt. Man darf aber nicht vergessen, daß hier nicht um des Diskutierens willen diskutiert wird, sondern existentielle Gotteszweifel ausgesprochen werden. Deshalb sollte man den Ausdruck »Diskussionsrede« wieder fallenlassen und besser von lehrhaften Streitgesprächen sprechen.

Die Gegenfrage: **Worin zeigt sich deine Liebe zu uns?** ist in doppelter

[108] Ebenso Bulmerincq II S. 1f und Frey S. 140. Calvin, Keil u.a. wählten aber die Vergangenheitsform

Hinsicht interessant. Sie deckt uns erstens auf, wie stark der Jude zur Realität erzogen war. Ein Gedankenspiel, eine Art theologische abstrakte Spekulation über »Gottes Liebe« sagte ihm gar nichts. Er fragte ganz praktisch und schlicht: **Worin zeigt sich** diese **Liebe?** Dem Juden geht es um die geschichtliche Wahrheit und Wirklichkeit. Deshalb fragt er nach den Zeichen (vgl. 1Kor 1,22). Deshalb finden wir auch keine »Histörchen« und Legenden in der Bibel.

Zweitens wird jetzt sichtbar, welch tiefer Gotteszweifel mindestens in Teilen der Judenschaft des 5. Jh. v.Chr. steckte. Gotteszweifel sind nicht nur modern. Sie beginnen mit 1. Mose und führen schon früh zum Atheismus, wie er in Psalm 14,1 erwähnt wird: »Die Toren sprechen in ihrem Herzen: Es ist kein Gott.« Die Armseligkeit der Provinz Juda, die schlimmen Verhältnisse in sittlicher Hinsicht, die Mängel des Tempeldienstes, das »Unglück« und die »Schmach« all dieser Zustände (vgl. Neh 1,3) - sie können sehr gut die Auslöser der Gegenfrage gewesen sein. Andrerseits ist Mal 1,2 nur ein Glied in der Kette vieler Glaubenserschütterungen und Zweifelskämpfe, die Israel seit der Patriarchenzeit durchgemacht hat[a].

[a] 1Mo 15,2.8; 2Mo 16,3; 17,3; Jes 49,14

Auf die Gegenfrage überbringt Maleachi Gottes Antwort: **Ist nicht Esau ein Bruder Jakobs? lautet Jahwes Aussage. Aber Jakob habe ich lieb, und Esau hasse ich.**

Gehen wir zunächst auf die Übersetzung ein. **Es lautet Jahwes Aussage** wird sonst mit »Spruch Jahwes«[109] oder »Spruch des Herrn«[110] o.ä. wiedergegeben. Die entsprechende hebräische Wendung geht auf ein Wort zurück, das vermutlich »leise reden«, »flüsternd mitteilen« bedeutet. Der ausgezeichnete Hebraist Franz Delitzsch faßte es so auf: »das bedeutsam heimlich, feierlich leise Gesprochene«.[111] Dazu will aber das grobschlächtige deutsche »Spruch« schlecht passen. Deshalb übersetzten wir: »(es) lautet Jahwes Aussage«. Offen bleibt die Frage, ob das »feierlich leise Gesprochene« die Art andeutet, in der der Prophet Jahwes Willen erfuhr, also eine leise göttliche Stimme (vgl. 1Kö 19,12f; Jes 42,2).

Ein weiteres Übersetzungsproblem liegt dort, wo wir übersetzten: **Jakob habe ich lieb, und Esau hasse ich.** Man könnte nämlich ebensogut übersetzen: »Jakob habe ich geliebt, und Esau habe ich gehaßt«. So verfährt die griechische Bibel des 3. Jh. v.Chr., die Paulus in Röm 9,13 zitiert. Der Sinn wäre jedoch kein wesentlich anderer. Denn er würde auch dann lauten: »Jakob habe ich stets geliebt (nicht nur einmal in der Vergangenheit!) und Esau habe ich stets gehaßt«. So ist offensichtlich auch Röm 9,13 zu verstehen. Weil die Fortsetzung in V. 3ff die Gegen-

[109] Frey S. 141; Bulmerincq II S. 1
[110] Einheitsübersetzung
[111] Vgl. Bulmerincq II S. 10. Bulmerincq selbst hält diese Worte für sekundär (II S. 18)

wartsform benutzt, sind wir auch hier bei der Gegenwartsform geblieben.

Halten wir noch fest, daß Gottes Antwort ebenfalls mit einer Frage beginnt: **Ist nicht Esau ein Bruder Jakobs?** Wo Gott dem Menschen Fragen stellt, will er eine Selbstbesinnung einleiten.[b] Das trifft auch auf Mal 1,2 zu. Um nun den Inhalt von V. 2f zu verstehen, müssen wir zunächst einmal **Esau** und **Jakob** betrachten.

[b] 1Mo 3,9; 4,6f; 16,8; 1Kö 19,13; Jon 4,4ff; Apg 9,4

Exkurs I: Esau und Jakob

Esau heißt eigentlich der »Behaarte« oder »Struppige« (1Mo 25,25). Er ist Jakobs Zwillingsbruder. Da er als erster aus dem Mutterleib herauskam, war er nach der üblichen Rechtsauffassung der Erstgeborene und damit der erste Nachfolger seines Vaters Isaak. Gott aber hatte es anders bestimmt. Noch vor der Geburt hatte der Herr ihrer Mutter Rebekka vorausgesagt: »der Ältere (Esau) wird dem Jüngeren (Jakob) dienen« (1Mo 25,23). Hier muß man jedoch genau zuhören. Gott hatte damit den Esau nicht zur ewigen Verdammnis bestimmt (was u.a. Calvin vertrat). Es war nur eine heilsgeschichtliche Ordnung festgesetzt. So war es auch Esaus freier Wille, daß er durch seine Heirat mit kanaanäischen Frauen seine Eltern betrübte (1Mo 26,34f). Ebenfalls war es seine freie Entscheidung, daß er um materieller und momentaner Vorteile willen sein Erstgeburtsrecht an Jakob verkaufte (1Mo 25,29ff). Allerdings lud Jakob Schuld auf sich, als er sich den Erstgeburtssegen bei seinem altersblinden Vater Isaak erschlich (1Mo 27,1ff). Für Esau blieb nur ein geringer Segen: »Siehe, du wirst wohnen ohne Fettigkeit der Erde und ohne Tau des Himmels von oben her. Von deinem Schwerte wirst du dich nähren, und deinem Bruder.sollst du dienen. Aber es wird geschehen, daß du einmal sein Joch von deinem Halse reißen wirst« (1Mo 27,39f). Man darf aber die guten Seiten an Esau nicht übersehen. Nachdem Jakob vor ihm fliehen mußte (1Mo 27,41ff), ließ er sich doch wieder mit ihm versöhnen (1Mo 33,1ff). Ja, Esau räumte seinem Bruder Kanaan als Weideland ein und zog selbst in das südlicher gelegene, wüstenhafte Gebirgsland Seir (1Mo 33,16). Auch beim Begräbnis des Vaters Isaak wirkten die beiden Zwillingsbrüder zusammen (1Mo 35,29). Später wurde Esau der Stammvater des kühnen und wilden Kriegervolkes der Edomiter, das aus Esaus Verbindung mit Kanaanäerinnen hervorging, also ein Mischvolk darstellte (1Mo 36,1ff). »Edom« heißt »rot«. Der Name ist offensichtlich davon abgeleitet, daß Esau rötlich war (1Mo 25,25; vgl. Jer 49,8ff). Im NT wird Esau zu einem Typus der Gottlosigkeit und Verwerfung (Hebr 12,16f; Röm 9,12f).

Jakob heißt auf deutsch der »Fersenhalter«, was zugleich seine List ausdrückt (1Mo 27,36). Als zweiter der Zwillinge geboren, kauft er Esau das Erstgeburtsrecht ab, gewinnt mit böser List den Erstgeburtssegen, muß nach Haran im Zweistromland fliehen und reift dort unter schweren Erfahrungen heran (1Mo 25,26ff; 27,1ff; 27,41ff; 29,20ff). Das Entscheidende bei ihm ist nicht der Mensch, dessen dunkle Seiten die Bibel keineswegs verschweigt (vgl. Hos 12,4), sondern die Verheißung Gottes und sein Ringen um Gottes Gnade (1Mo 25,23; 28,1ff; 32,23ff). Dieses Ringen beantwortet Gott damit, daß er Jakob in »Israel« = »Gotteskämpfer« umbenennt (1Mo 32,29; 35,10; Hos 12,5ff). »Israel« wird dann der gebräuchlichste Name für das von ihm abstammende Volk. Aber auch »Haus Jakob« (Ob 18) hält sich als dessen Bezeichnung durch. Nach mehrjährigem Aufenthalt im Lande Kanaan, wo er sich mit Esau aussöhnte (1Mo 33,1ff), folgt Jakob dem Rufe seines Sohnes Joseph nach Ägypten (1Mo 46,1ff), lebt dort noch 17 Jahre und stirbt schließlich im Alter von 147 Jahren (1Mo 47,27ff; 49,29ff). Joseph erfüllt den Willen des Vaters und begräbt ihn in der Höhle von Machpela in Hebron, wo seine Grabstätte heute noch zu sehen ist (1Mo 50,4ff). Zuvor aber hat er durch den Jakobssegen in 1Mo 49 die Verheißung an die Kommenden weitergereicht und in 1Mo 49,10ff eine der eindrücklichsten messianischen Weissagungen ausgesprochen. Die Rabbinen verehrten Jakob tief. Aber auch die Samaritaner reklamierten ihn für sich (Joh 4,12). Für Jesus war er neben Abraham und Isaak eine der wichtigsten Vätergestalten (Mt 8,11; Lk 13,28). Paulus und der Hebräerbrief sehen in ihm ein Beispiel der Erwählung (Röm 9,12f) und des Glaubens (Hebr 11,21).

Kehren wir zurück zu Mal 1,2f. Gott nennt den zweifelnden Israeliten eine handfeste, in der Geschichte erfahrene Tatsache, die überhaupt erst ihr Volksein ermöglicht hat: seine Liebe zu Jakob! **Jakob habe ich lieb, und Esau hasse ich.** Dabei sind sie Brüder **(Ist nicht Esau ein Bruder Jakobs)!** Das heißt: Gottes in der Geschichte erfahrbare und Geschichte machende Liebe zu Jakob ist ohne menschliches Verdienst zustandegekommen - ein Umstand, auf den sowohl Mose (5Mo 7,7f) als auch Paulus (Röm 9,10ff) hinweisen, ein Umstand zugleich, der die Zweifler zur Dankbarkeit führen soll. Gottes **Liebe zeigt sich** also real in der Geschichte!

3 Aber nicht nur in der Vergangenheit. Sie soll sich auch in der Zukunft zeigen. Deshalb überbringt Maleachi folgende Prophetie: **Und seine Berge mache ich zur Einöde, und seinen Besitz gebe ich den Schakalen der Wüste** (V. 3). Was dabei gemeint ist, wird erst in V. 4 genügend deutlich. Hier halten wir nun fest, daß **seine Berge** und **sein Besitz**[112] nicht

112 Andere Übersetzung: »Erbland« (so Bulmerincq, Frey und die Einheitsübersetzung)

Esaus persönlichen Besitz bezeichnen, sondern das Eigentum Edoms (vgl. V. 4). Dagegen muß hier ein anderes Problem geklärt werden. Das Hebräische läßt nämlich auch an dieser Stelle eine doppelte Übersetzung zu: entweder in der Zukunftsform[113] oder in der Vergangenheitsform.[114] Weil aber die Fortsetzung offensichtlich auf die Zukunft schaut, haben wir uns auch hier für die Zukunftsform - »mache ich/gebe ich« - entschieden. **Einöde** ist wie in Jos 8,28 und Jer 6,8 die durch ein Gerichtshandeln hergestellte Verwüstung bzw. Wüste, und drückt zugleich das Entsetzen aus. Die **Schakale der Wüste**[115] werden in der Bibel öfters erwähnt. Sie sind ein Bild der Klage (Mi 1,8), der Verlassenheit (Hi 30,29), der Zerstörung (Jes 13,22; 34,13; 35,7) und der Kulturlosigkeit (Jes 43,20; Jer 51,37). Genau wie Mal 1,3 prophezeit auch Jes 34,13, daß das Land Esaus = Edom eine Wohnung der Schakale werden soll.

Wann das alles eingetroffen ist, wollen wir am Ende von V. 5 überlegen.

Bevor wir die Verse 4 und 5 näher betrachten, muß klargestellt werden: Auch diese Verse sollen zeigen, daß Gott Israel lieb hat (V. 2!) Sein Handeln an Edom ist ein Beweis für diese Liebe.

Exkurs II: Edom

Edom - was ist das? Es bedeutet »rot« und geht auf Esau, den »rötlichen« (1Mo 25,25) zurück. Edom bezeichnet ein Volk südlich des Toten Meeres, das nach 1Mo 36 aus der Mischehe Esaus mit Kanaanäerinnen stammt. Nach 4Mo 20,14ff verweigerten die Edomiter den Israeliten (vgl. Ri 11,17) den Durchzug. Damals sollte Israel das Brudervolk nicht bekriegen (5Mo 2,4ff). Weil es sich um ein Brudervolk handelte, konnten Abkömmlinge der Edomiter im dritten Glied in die Gemeinde Israel aufgenommen werden (5Mo 23,8f). Später aber wird Edom unter Gottes Fluch gestellt, weil es sich an Israel versündigte (4Mo 24,18; Am 1,11f; Ob 10). Schon Saul lag mit ihnen im Krieg (1Sam 14,47). Der Edomiter Doeg befand sich jedoch in Sauls Diensten und verriet David und die Priester von Nob (1Sam 21,8; 22,9ff). David besiegte die Edomiter im Salztal, unterwarf sie und gewann auf diese Weise die Hafenstädte Eilat und Ezjon-Geber (2Sam 8,12ff; 1Chr 18,12f). Von diesen Hafenstädten aus unternahmen Salomo und Josaphat ihre Fahrten ins sagenhafte Goldland Ophir (wahrscheinlich Ostafrika), vgl. 1Kö 9,26ff; 22,48ff. Unter Salomo versuchten sich die Edomiter zu befreien (1Kö 11,14ff). Aber

113 So auch Bulmerincq II S. 16; Frey S. 141; Einheitsübersetzung
114 So die Lutherbibel
115 Zur Übersetzung vgl. Orelli S. 405

erst zur Zeit Jorams (ca. 850 v. Chr.) erkämpften sie ihre Unabhängigkeit (2Kö 8,20). Amazja und Usia unterwarfen sie ca. 790-740 v.Chr. erneut (2Kö 14,7.22). Als Nebukadnezar Jerusalem zerstörte, freuten sich die Edomiter darüber. Evtl. wirkten sie sogar bei der Zerstörung mit (vgl. Ps 137,7; Jes 34,1ff; Jer 49,7ff; Kla 4,21f; Hes 25,12ff; 35,1ff; Joe 4,19; Am 1,11f; Ob 10ff). Nach dem Untergang Jerusalems und des Südreiches (587 v.Chr.) wanderten die Edomiter in das entvölkerte Südjudäa ein und besetzten damit den Südteil des alten Israellandes. Um 500 v.Chr. befinden sich Hebron, Adoraim und Marisa in edomitischer Hand, im 5. Jh. verläuft die Grenze zwischen Juden und Edomitern bei Beth-Zur nördlich von Hebron. Doch seit Beginn der Perserherrschaft (539 v.Chr.) kann man beoabachten, daß Edom schwächer wird. Araber strömen in das alte Siedlungsgebiet der Edomiter ein und drängen die Edomiter nordwärts ab. Berühmt wurde der Araberfürst Geschem, der Gegner Nehemias (vgl. Neh 2,19; 4,1; 6,1ff). Diesen Arabern folgten die Nabatäer, ein neuer arabischer Stamm, von dem wir erstmals 312 v.Chr. erfahren. Während die Edomiter auf Idumäa (= Edomiterland), das frühere Südjudäa, beschränkt wurden, bauten die Nabatäer ein wirtschaftlich und kulturell glanzvolles Reich um ihre Hauptstadt Petra auf. In der Makkabäerzeit kommt endgültig Edoms Ende. Der Makkabäerkönig Johannes I. Hyrkanos (135-104 v.Chr.) unterwirft Idumäa und führt an den Idumäern = Edomitern die Zwangsbeschneidung durch. Von diesen zwangsbeschnittenen Edomitern stammen Herodes d.Gr. und seine Familie ab - eine Tatsache, die die Abneigung der frommen Juden gegen die Herodianer erklärlich macht.[116]

Wie sind nun die V. 4 und 5 zu verstehen? Daß es sich um eine Zukunftsweissagung handelt, bestätigt auch die griechische Bibelübersetzung des 3 Jh. v.Chr. Dann aber weissagt Maleachi, was im 5. und 2. Jh. v.Chr. als Gericht über Edom hereingebrochen ist: die Verdrängung
4 durch die Araber und Nabatäer (im 5. Jh. v.Chr.)[117] und die Unterwerfung durch die Juden (im 2. Jh. v.Chr.). Alle Willenskraft, mit der **Edom sagt: wir wollen die Trümmerhaufen wieder aufbauen,** nützt ihm nichts. Es scheitert am Willen Gottes, der **spricht: ich reiße es ein.** Ein tragisches Beispiel für die Vergeblichkeit menschlichen Tuns, wenn Gott nicht den Segen gibt! Ein **Volk, dem Jahwe ewig zürnt** ist dem Untergang geweiht. Ein Land, das Gott nicht fürchtet, ein Land, das man als **Land des Frevels** bezeichnen muß, hat keine Zukunft. Von da aus er-

[116] Vgl. hierzu Albright BASOR S. 14: Cross S. 46f; Glueck S. 139: Starcky S. 84ff. Abweichend Grimme S. 453ff: die Nabatäer seien keine Araber, sondern »Aramäer«. Und nicht die Nabatäer, sondern die Lihjan hätten Edom ein Ende bereitet
[117] Vgl. hierzu Hoonacker S. 699; Elliger S. 188; Nowack S. 407

geben sich bedrückende Parallelen zum Leben unseres eigenen Volkes. Weder unsere Willenskraft, noch menschlicher Mut, weder Friedensbewegung noch Diplomatie sichern das Weiterleben und Überleben. Nur die Umkehr zu Gott ermöglichen beides.

Es sind noch zwei Punkte, die wir hier festhalten sollten. Zum einen macht Mal 1,4 deutlich, daß Gottes ewiger Zorn **(ewig zürnt - ich reiße ein)** eine Realität ist.[118] Wer glaubt, Gott könne nur zeitweilig zürnen und müsse alles in Gnade auslaufen lassen, der täusche sich nicht! Zum andern begegnet uns hier zum ersten Mal der Gottesname **Jahwe Zebaoth** (Lutherbibel: »HERR Zebaoth«, Einheitsübersetzung: »Herr der Heere«). Zu »Jahwe« vgl. die Erklärung oben bei V. 1. **Zebaoth,** deutsch: »Heerscharen«, kommt von »Krieg führen« und dem Hauptwort »Zaba'« = Heer. Öfters ist im AT vom »Heer des Himmels« die Rede, womit die Gestirne[a] oder Engel[b] gemeint sind. Deshalb heißt »Herr der Heerscharen« wahrscheinlich »Herr der himmlischen Heere«, nämlich Herr über Engel und Gestirne. Damit wird Gott als der über allen Mächten Stehende gekennzeichnet. Nimmt man entsprechend Jes 24,21 und Dan 10,13.20f an, daß jedes Volk von einem Engelfürsten vertreten wird, dann kann die Erwähnung des »Herrn der Herrscharen« in Mal 1,4 ganz konkret bedeuten, daß Gott dem Engelfürsten der Edomiter nicht zuläßt, daß Edom wieder aufgebaut wird.

[a] Jes 34,4; 40,26; Jer 33,22; Neh 9,6; 5Mo 4,19; 17,3; Zeph 1,5
[b] Ps 103,21; 148,2; 1Kö 22,19; Dan 8,11; Lk 2,13

V. 5 steht in einer engen Beziehung zu V. 2. Dort wurden Zweifel an 5
Gottes Liebe laut. Jetzt macht Gott noch einmal klar, daß sich am - selbstverschuldeten **(Land des Frevels)**[119] - Untergang Edoms ganz praktisch seine Liebe zu Israel zeigt. Ja: **eure Augen werden es sehen.** D.h. Israel wird das alles in der realen Erfahrung der Völkergeschichte feststellen. **Eure Augen** muß dabei nicht die z.Zt. Maleachis lebende Generation bezeichnen.[120] »Eure Augen« sind einfach Israels Augen, gleichgültig in welcher Zeit dieses Israel lebt. Wir beachten jedoch, wie wichtig das mit eigenen »Augen sehen« in der Verkündigung Jesu und seiner Apostel ist[c] - wiederum ein Beweis dafür, daß die Juden zur Realität erzogen wurden und Gott in unserer Raum-Zeit-Welt wirklich erfahrbar ist.

[c] Mt 11,4f; 13,16f; 16,28; 2Petr 1,16; 1Jo 1,1ff

Aus dieser Gotteserfahrung heraus wächst das Gotteslob: **ihr werdet sagen: Groß ist Jahwe über dem Land Israels.** Die biblische Abfolge ist also diese: Hören der Botschaft - glauben - erfahren - Gott loben. Vgl. Röm 10,14ff. Man darf diese Kette nicht umdrehen. Insbesondere ist es die Erfüllung der Gottesverheißungen, die zum Loben antreibt (vgl.

[118] Ganz falsch also Wincklers Auslegung, Mal 1,2-5 sei vom »jüdischen hasse« diktiert (ähnlich Nowack, S. 408)
[119] Ebenso Orelli S. 405
[120] Anders Bulmerincq II S. 40

[d] 5Mo 7,21; 10,17
[e] Ps 48,2; 86,5; 95,3; 96,4; 103,8
[f] Jes 40,26; Jer 10,6; 32,18; Hes 36,23; Dan 2,20; 3,29.32f; 4,31ff; 6,27f

2Kor 1,20). **Groß ist Jahwe:** ein ähnlicher Lobpreis findet sich im Mosetestament[d], in den Psalmen[e] und bei den Propheten[f].

Allerdings steckt in V. 5 ein Übersetzungsproblem. Die Lutherbibel hat: »(Der Herr ist herrlich) über die Grenzen Israels hinaus «, ähnlich die Einheitsübersetzung[121]. Zusammen mit der griechischen Bibel des 3. Jh. v.Chr. und fast allen alten Übersetzungen haben wir jedoch übersetzt: **über dem Land** (oder: den Grenzen) **Israels.** Für die von uns gewählte Übersetzung sprechen vor allem drei Gründe: a) das entsprechende hebräische Wort heißt meistens »oberhalb«, »über« und nicht »über hinaus«; b) Israel soll ja gerade erkennen, daß Jahwe **über** Israel seine Gnade und Kraft erweist, und eben nicht an Edom; c) die alten Bibelübersetzungen, z.B. die griechische, lateinische, syrische, arabische und äthiopische, teilen unsere Auffassung.[122]

Jetzt können wir Mal 1,2-5 zusammenfassen. Es geht um Gottes besonderes Verhältnis zu Israel. Ihm gilt seine Liebe. Wie er Jakob geliebt und erwählt hat, so auch das ganze Volk, das aus Jakob hervorgegangen ist. Das wird gewissermaßen am Schatten dieser Liebe erkannt: an der Verwerfung Esaus und Edoms in der Heilsgeschichte (was noch nicht die ewige Verdammnis bedeutet!) und am künftigen Untergang Edoms, das sich an Israel verschuldet hat. Dem Zweifel an seiner Liebe begegnet also Gott in der prophetischen Botschaft durch einen doppelten, realistischen Hinweis: a) auf die Vätergeschichte und b) auf die zukünftige Geschichtserfahrung (Edoms Untergang). Es bleibt also dabei: Der biblische Gott ist Israels Gott![123]

Auch das NT bezeugt diese Liebe und dieses besondere Gottesverhältnis zu Israel. Es gehört keineswegs nur der Vergangenheit an und wird sich auch in Zukunft bestätigen (vgl. Mt 23,39; Lk 19,9; Röm 9-11; Offb 20,9).

121 Ebenso Orelli S. 405
122 Vgl. vor allem Bulmerincq II S. 40ff. Wie wir übersetzen neben Frey S. 141 und Bulmerincq a.a.O. auch Calvin, Keil und Procksch; Elliger S. 190f
123 Damit ist die Deutung von Bulmerincq II S. 43ff u.a. abgelehnt, wonach V. 5 den »Anbruch der messianischen Endzeit« aussage. Von der messianischen Endzeit ist erst später die Rede

III. GOTTES GERICHT ÜBER ISRAELS PRIESTERSCHAFT, 1,6-2,9

Die Verse Mal 1,6-2,9 haben ein großes Thema: Das Versagen der Priesterschaft.[124] Deshalb müssen wir zunächst über die Priesterschaft informiert sein.

Exkurs III: Die Priesterschaft Israels

Der Ursprung der Priesterschaft Israels liegt in der Berufung Aarons und seiner vier Söhne Nadab, Abihu, Eleasar und Ithamar zu Priestern (2Mo 28; 3Mo 8). Nach dem Frevel Nadabs und Abihus blieben allein Eleasar und Ithamar und deren Nachkommen für die Priesterschaft übrig (3Mo 10). Schon zur Mosezeit erfolgte eine Dreiergliederung: a) Aaron als das Haupt der Priesterschaft (2Mo 32; 3Mo 16) wird zum Modell der späteren Hohenpriester; b) der gesamte Stamm Levi wird zum priesterlichen Dienst ausgesondert und erhält deshalb kein eigenes Stammesgebiet in Kanaan[a], c) vom gesamten Stamm Levi zu unterscheiden sind die eigentlichen Priesterfamilien, die von Eleasar und Ithamar abstammen.

[a] 4Mo 1,49ff; 18,20ff 35,1ff; 5Mo 10,9; 12,12; 18,1ff; Jos 13,14.33

In der Richterzeit zogen Unsitten und Verwahrlosung in das Priestertum ein (vgl. Ri 17 und 18; 1Sam 2,12ff).

In der Königszeit wird das Priestertum wieder geordnet und gestärkt. Unter Salomo erfüllte sich die Geschichtsprophetie gegen Eli (1Sam 2,31f), als Salomo den Eli-Nachfahren Abjathar, der mit David eng verbunden war (1Sam 22,23; 30,7; 2Sam 15,24ff) wegen seiner Schuld verstieß (1Kö 1,7ff; 2,22.26ff) und statt dessen Zadok zum obersten Priester einsetzte (2Kö 2,35; 4,4). Zadok (= »der Gerechte«) ist ein Nachkomme Eleasars, so daß Salomo mit seiner Einsetzung ins Hohepriesteramt nicht gegen das Gesetz verstieß. Zu Zadok vgl. noch 2Sam 8,17; 1Kö 1,8; 1Chr 5,34. Von da an amtierten Zadokiden jahrhundertelang am Jerusalemer Tempel.

David hat die Priester in 24 Dienstgruppen eingeteilt (1Chr 24,1ff). Ebenfalls seit David waren die Leviten - d.h. der Stamm Levi abgesehen von den Priestern - in ihre Ämter als Tempelbedienstete, Richter, Amtleute, Sänger, Torhüter und Schatzmeister eingeteilt (1Chr 23-26).

Nach der Zerstörung des ersten Tempels zur Zeit Nebukadnezars (587 v.Chr.) und nach dem Ende der babylonischen Gefangenschaft (538 v.Chr., Edikt des Perserkönigs Kyrus) kehrten viele Priester und Leviten wieder aus Babylonien zurück (Esr 2,36ff; Neh 7,39ff). Der erste uns aus dieser Zeit bekannte Hohepriester ist Josua, der Sohn Jozadaks,

[124] Ganz anders Levy S. 274: die Anrede »Priester« sei nur ironisch; in Wirklichkeit wende sich Maleachi »gegen das ganze Volk«

[b] 1Chr 5,41; Esr 5,2; Hag 1,1; 2,2; Sach 3,1ff

wiederum ein Zadokide und Eleasarnachkomme[b]. Nach dem Verschwinden des jüdischen Statthalters Serubbabel übernahmen die Hohenpriester mehr und mehr auch die politische Führung der Juden. Entsprechend der Weissagung Hesekiels in 40,46; 43,19; 44,15; 48,11 blieben die Zadokiden die führende Priesterschicht und die Inhaber des Hohenpriesteramtes. Die Nachkommen Ithamars wurden also zurückgedrängt.

Die Zeit der Kämpfe zwischen Syrern und Ägyptern, die um den Besitz Palästinas stritten, und die anschließende Zeit des makkabäischen Freiheitskampfes gegen die griechisch-syrischen Könige erschütterte die Priesterschaft aufs tiefste (ca. 200-140 v.Chr.). Als politische Führer wurden sie in Kämpfe und Intrigen hineingezogen, aber auch großenteils ans Griechentum assimiliert. Halten wir fest: 198 v.Chr. wurde Palästina endgültig syrisch. Um 170 v.Chr. endete das zadokidische Hohepriestertum, als Menelaus - der noch nicht einmal Levit war! - von dem berühmt-berüchtigten König Antiochus IV. Epiphanes das Hohenpriesteramt kaufte (1Makk 4,23ff). Als die Makkabäer die Freiheit erkämpft hatten, übernahmen sie seit 143 v.Chr. auch das Hohepriesteramt. Zwar waren die Makkabäer keine Zadokiden, und wurden deshalb von vielen Juden als Hohepriester abgelehnt. Jedoch stammten sie aus der ersten Priesterabteilung, Jojarib, und damit wenigstens aus dem Stamm Levi (1Chr 9,10; 24,7; 1Makk 2,1; 14,29). Dieses makkabäische Hohepriestertum endete im Jahre 40 v.Chr. Danach wurde es von Herodes dem Gr. und den Römern meist an diejenigen Angehörigen der Jerusalemer Priesterfamilien vergeben, die die höchsten Summen boten und politisch willfährig waren. Mit der von Jesus geweissagten Zerstörung Jerusalems und seines Tempels im Jahre 70 n.Chr. ist auch die Priesterschaft Israels zugrundegegangen.

Vielleicht sollten wir noch beachten, daß Israels Priesterschaft zwischen dem Exil und dem Untergang Jerusalems im Jahre 70 n.Chr. mehrere Spannungen und Spaltungen erlebte. Dazu gehört die Spannung zwischen den zadokidischen Priestern[125] und den »Leviten«, d.h. den übrigen Angehörigen des Stammes Levi. Dazu gehört vermutlich die Abspaltung der Priester, die gegen Esra und Nehemia arbeiteten und dann nach Samarien auswanderten, um später den samaritanischen Tempel auf dem Garizim (vgl. Joh 4,20) zu errichten.[126] Dazu gehören ferner die Abspaltung der dem Griechentum erlegenen Priester um 170 n.Chr., die Auswanderung gesetzestreuer Zadokiden zur selben Zeit nach Qumran am Toten Meer, und die Auswanderung einer weiteren Priestergruppe nach Ägypten, die dort den Tempel in Leontopolis

[125] Vgl. Meyer S. 246f
[126] So die Vermutung von A. Schlatter im CBL, 4. Aufl., Stuttgart, 1924, S. 589

errichtete - ebenfalls in dieser Zeit. Aus den in Jerusalem verbliebenen Priestern zadokidischer Herkunft bildete sich um 150 v.Chr. die Partei der »Sadduzäer« = Zadokiden heraus, die bis 76 v.Chr. die mächtigste Partei im Makkabäerstaat bildete. Seit der Regierung der Königin Alexandra (76-67 v.Chr.) übernahmen jedoch die Pharisäer (mehrheitlich Nichtpriester) die Position der einflußreichsten Partei.

In welchem Zustand befand sich nun Israels Priesterschaft zur Zeit Maleachis? Seit 515 v.Chr. stand der zweite Tempel. Zadokidische Familien herrschten in Judäa, bildeten die Priesterschaft und stellten den Hohenpriester. Trotz gelegentlicher Unruhen in Ägypten, das Persiens Herrschaft abzuschütteln suchte, und der damit verbundenen Truppenbewegungen auch im Israelland war es eine Zeit äußerer Stabilität. Die Priester hatten die Aufgabe des Gottesdienstes, aber auch der Schriftauslegung, d.h. des Studiums, des theologischen Unterrichts und der Lehrentscheidung (vgl. Esr 7,6.10.11.25f; 10,5ff; Neh 8,1ff). Damals also begann die Schriftgelehrsamkeit, die sich später vor allem in der Synagoge sammeln sollte. Was die Priester damals taten, wurde - mit Ausnahme des Tempelgottesdienstes - von den späteren Rabbinen festgesetzt. Den Priestern standen die Leviten als eine zweite untergeordnete »Kaste« zur Seite[c].

[c] Esr 7,7; 8,15ff; 9,1; 10,5ff.23ff; Neh 8,7ff; 10,1ff; 11,3ff; 12,1ff.44ff; 13,22

Doch wie es innerlich in dieser Priesterschaft des 5. Jh. v.Chr. aussah, das wird jetzt in Mal 1,6ff deutlicher werden.

1. Die Verachtung Gottes im Tempelgottesdienst, 1,6-14

Obwohl man den Abschnitt V. 6-14 in weitere, kleinere Einheiten zerlegen kann,[127] kreisen alle diese Verse um den Tempelgottesdienst und werden deshalb in diesem Kommentar als geschlossene Einheit behandelt.[128]

Zunächst die Verse 6 und 7:

6a Ein Sohn ehrt den Vater, und ein Knecht seinen Herrn. Wenn ich nun Vater bin - wo ist meine Ehre? Und wenn ich Herr bin - wo ist die Furcht vor mir? spricht Jahwe Zebaoth zu euch, den Priestern, die meinen Namen verachten.
6b Ihr aber sagt: Wodurch verachten wir deinen Namen?
7a Indem ihr auf meinem Altar unreine Speise darbringt.
7b Ihr aber sagt: Womit verunreinigen wir dich?
7c Indem ihr sagt: Der Tisch Jahwes - den kann man verachten.

[127] Vgl. insbesondere Bulmerincq II S. 46ff
[128] Ebenso bei Junker S. 196; Frey S. 144f

Wie V. 2ff beginnt auch dieser Abschnitt mit einer Gottesrede. Während jedoch in V. 2ff Israel Vorwürfe an Gott richtete, erhebt nun Gott einen Vorwurf, und zwar adressiert an Israels Priesterschaft.[129]

Dabei benutzt Gott ein einfaches, einleuchtendes Bildwort: **Ein Sohn ehrt den Vater, und ein Knecht seinen Herrn. Ein Sohn ehrt den Vater:** Das ist nicht nur der Tatbestand in einer gesunden Familie. Das ist auch ein offensichtlicher Bezug auf das vierte Gebot in 2Mo 20,12 und 5Mo 5,16, wo dieselben hebräischen Worte gebraucht werden. **Ein Sohn** Gottes wird Israel z.B. in 2Mo 4,22; 5Mo 32,6; Ps 80,16; Jes 63,16; Hos 11,1 genannt. Ebenso entspricht es der Rechtsordnung, daß **ein Knecht seinen Herrn ehrt**[a]. Und wiederum bemerken wir, daß Israel mehrfach **ein Knecht** Gottes genannt wird[b].

[a] 1Sam 3,9; Ps 123,2; Spr 19,10; Mt 10,24; Lk 12,47; Eph 6,5
[b] Jes 41,8; 44,1f; 49,3; 63,17; 65,9.13; Jer 30,10; 46,27f

So ist es eigentlich ganz selbstverständlich, daß das Bildwort auf Israels Priesterschaft bezogen wird: **Wenn ich nun Vater bin - wo ist meine Ehre? Und wenn ich Herr bin - wo ist die Furcht vor mir? spricht Jahwe Zebaoth zu euch, den Priestern, die meinen Namen verachten.** Diese Frage erhält ihre Schärfe durch ein Dreifaches: a) Durch den Bezug auf die Anklage, die schon Mose und die alten Propheten gegen Israel in ähnlicher Weise erhoben haben (5Mo 32,5f; Jes 1,2ff). Maleachi setzt also diese prophetische Gerichtspredigt fort. b) Durch den Sprachgebrauch, wobei sich Gott hier »Adonim« nennt, ganz wörtlich: »Herren« (in der Mehrzahl), d.h. allmächtiger Herr, der Anspruch auf die höchste Ehre hat. c) Durch die Ungeheuerlichkeit, daß gerade die **Priester,** die Gottes Namen ehren sollten, seinen **Namen verachten.** Wenn ganz Israel ein »Sohn« und »Knecht« Gottes ist, dann gilt dies ja von den Priestern als den religiösen Führern in ganz besonderem Maße.

Zur **Furcht** Gottes gibt es übrigens in den Weisheitsbüchern erstaunlich viele Parallelen[c].

[c] Spr 1,7; 9,10; 14,27; 15,33; 19,23; Hi 28,28

Besonders eng ist aber die Parallele zu 1Sam 2,27ff, wo die Ankündigung des Gerichtes über das Haus Elis mit der Verachtung Gottes begründet wird.[130]

Die Gegenfrage mußte geradezu kommen:

6b Ihr aber sagt: Wodurch verachten wir deinen Namen?

Rede und Gegenrede lassen noch etwas von der Leidenschaft jener Diskussion spüren. Vielleicht ist es in den Tagen Maleachis ähnlich zugegangen wie in den Tagen der Auseinandersetzung zwischen Amos und Amazja (Am 7,10ff).

[129] Anders z.B. Orelli S. 405: der Vorwurf richte sich an das ganze Volk; ähnlich Levy S. 273ff

[130] Vgl. hier Tsevat S. 203ff sowie Bulmerincq II S. 53. Cameron S. 12 meint, eine Parallele in 2Sam 7,14 zu entdecken

Ihr aber sagt: Demnach wehren sich die Priester gegen den Vorwurf, den **Namen** Gottes zu **verachten.** Das ist verständlich. Sie wollen ja nicht der Strafe Elis verfallen, dem Gott sagen mußte: »Wer mich ehrt, den will ich auch ehren, wer aber mich verachtet, der soll wieder verachtet werden« (1Sam 2,30). Ob die Priester dabei ein gutes Gewissen hatten, ist allerdings eine andere Frage.

7a Indem ihr auf meinem Altar unreine Speise darbringt.[131]

Kurz und klar kommt Gottes Antwort. Natürlich handelt es sich um den **Altar** des zweiten, 515 v.Chr., eingeweihten Tempels. Für **Speise** steht ein Wort, das auch **Brot** bezeichnet. Deshalb übersetzen die griechische Bibel des 3. Jh. v.Chr. und mehrere Ausleger mit »Brot«.[132] Dann wären »Mehl« = Körnergries und Brotkuchen gemeint, die man nach 3Mo 2; 6,7ff; 7,9; 8,26 opferte. Manche denken auch an die Schaubrote (z.B. Hieronymus und Procksch). Man braucht das Wort aber nicht so speziell zu fassen. Es könnten auch alle unblutigen Opfer oder sogar sämtliche Opfer gemeint sein. Weil der Zusammenhang nachher von Tieren spricht, ist die beste Erklärung die, daß »Speise« in Mal 1,7a sämtliche Opfergaben bezeichnet.[133] Dafür kann man sich auf 3Mo 3,11.16; 21,6.8.17.21f; 22,25; 4Mo 28,2.24; Hes 44,7 berufen. **Unrein** ist das, was kultisch nicht zugelassen ist. Das hebräische Wort bedeutet auch »untauglich«, »befleckt«, und findet sich vor allem bei Esra, Nehemia, Daniel und Maleachi, also vor allem in nachexilischer Zeit (vorexilische Stellen sind Jes 59,3; 63,3; Zeph 3,1).[134] **Darbringen** ist jedoch vorwiegend ein vorexilisches Wort.[135]

In Gottes Antwort liegt aber auch eine Überraschung. Die Anklage: »Ihr verachtet meinen Namen«, wog ja schwer. Nun erklärt der Herr, eine so schwere Sünde geschehe dadurch, daß man im Gottesdienst Unreines darbringt. So wichtig also ist für Gott ein unbefleckter Gottesdienst! Wir werden an Jesu Tempelreinigung erinnert, die ebenfalls die Heiligkeit und die Bedeutung des Tempels unterstrich (Mt 21,12ff; Joh 2,14ff). Wenn die liberale Auslegung früher betont hat, die Propheten stünden dem Opferkult gleichgültig gegenüber, so werden wir hier eines Besseren belehrt. Aber nicht nur an Jesus, sondern auch an die Anklage gegen die Familie Elis werden wir erinnert: »Warum tretet ihr denn mit Füßen meine Speisopfer?« (1Sam 2,29), sowie an Am 5,25.[136]

131 Zur Übersetzung vgl. Orelli S. 405
132 Z.B. Frey S. 144; Bulmerincq II S. 56
133 So Bulmerincq II S. 58f mit Calvin, Coccejus, Hoonacker, Marti, Nowack u.a.
134 Vgl. Marti S. 462f; Orelli a.a.O.
135 Bulmerincq II S. 57
136 Vgl. Tsevat S. 205

Die Begegnung mit Gott im Gottesdienst ist weder eine lässige Party noch ein steifes Ritual.

7b Ihr aber sagt: Womit verunreinigen wir dich?[137]

Der Widerspruch der Priester ist hartnäckig. Nach V. 6 erfolgt er jetzt schon zum zweiten Mal. Man weiß nicht, was erstaunlicher ist: Die Geduld Gottes, mit der er Einwand um Einwand offen aussprechen läßt, oder die Hartnäckigkeit der Menschen, die sich gegen Gottes Wort abschirmen, besonders da, wo es um die Aufdeckung von Sünde geht.

Immerhin zeigt diese Gegenfrage, daß die Priester wenigstens in der Öffentlichkeit als Leute erscheinen wollen, die Gott und den Gottesdienst ernst nehmen. Das ist besser als die Frechheit, mit der man heute über Gott und das Heilige spricht.

Drittens ist zu bemerken, daß der, der Gottes Gebot auch im Gottesdienst übertritt, Gott selbst **verunreinigt** bzw. befleckt. Gottes Person und Wille sind nicht voneinander zu trennen.

7c Indem ihr sagt: Der Tisch Jahwes - den kann man verachten.

Wo wird das ge-**sagt?** In der Öffentlichkeit bestimmt nicht (vgl. V. 7b). Auch als Geflüster oder Gerede innerhalb der Priesterschaft kann man sich so etwas kaum vorstellen. Deshalb ist diejenige Auslegung die beste, die entsprechend einer häufigen hebräischen Ausdrucksweise »sagen« mit einem »zu sich selbst sagen« = denken gleichsetzt[138] (vgl. Mt 9,3f).

Der Tisch Jahwes ist wie häufig in der Bibel der Altar (vgl. Hes 41,22; 44,16). **Den kann man verachten:** wörtlich: »ist verachtet«, andere Übersetzungsmöglichkeit: »ist verächtlich« (Frey, Orelli u.a.).

Wie konnte es zu einer solchen Verachtung des Altars kommen? Im Grunde war damit der ganze Tempelgottesdienst verachtet, wie schon Calvin bemerkt.[139]

Viele Erklärungen werden angeboten. Manche glauben, die Priester hätten den Zeremoniendienst nicht mehr so wichtig genommen und schon die Herzensreligion höher geschätzt. Dann aber hätte sie Gott kaum als Verächter seines Namens, als mangelhafte Beter und als Betrüger (V. 6.9.14) angeklagt. Andere glauben, der zweite Tempel sei ihnen im Vergleich zum salomonischen Tempel zu armselig gewesen.

137 Die LXX übersetzt: »verunreinigen wir es« (= das Brot); ebenso Marti S. 463; Bulmerincq II S. 62f hat: »haben wir ihn befleckt« (= den Altar). Wie wir übersetzten Frey S. 144; Orelli S. 405 und die Einheitsübersetzung. Es gibt keinen Grund, von MT abzuweichen

138 Vgl. Frey S. 146; Gesenius S. 50f

139 Bulmerincq II S. 65

Dann wäre ihr Verhalten ein Ausdruck der Verzweiflung. Eine dritte Erklärung geht davon aus, daß die Priester mehr an ihrem eigenen Einkommen interessiert waren. Sie hätten die Gebote aus Egoismus verachtet. Eine vierte Erklärung nennt die Enttäuschung über das Ausbleiben des Messias als Ursache. Aber die Verse 6-14 lassen nichts von einer messianischen Erwartung oder einer Enttäuschung darüber erkennen.[140] Überblickt man den größeren Zusammenhang, dann befinden wir uns in einer Zeit allgemeiner Verachtung der göttlichen Gebote[d]. Diese Verachtung kann sehr wohl in Hoffnungslosigkeit und Resignation ihren Grund haben. Beobachten wir doch oft, daß die Ethik in der Eschatologie wurzelt. Es braucht dann nur noch ein relativer äußerer Friede hinzuzukommen, der die Gleichgültigkeit fördert und die Interessen aufs Materielle richtet. All das war damals vorhanden: ein langer äußerer Friede nach den Stürmen des 6. Jh., ein Ermatten der davidisch-messianischen Hoffnung nach dem Tode Serubbabels (vgl. Hag 2,21ff), ein Egoismus, der über Leichen schritt (2,13ff) und eine tiefe geistliche Resignation, die an der Liebe Gottes und am Sinn der Gebote zweifelte (1,2; 3,14f). Die genannten Verhältnisse haben offensichtlich dazu geführt, daß auch die Priester von Gott weniger erwarteten, in ihrer Gebotstreue lässig wurden und sogar falsche Lehre verbreiteten (vgl. 2,8f).

[d] Mal 1,14; 2,8f.11.16.17; 3,5.14f

Außerordentlich wichtig ist hier der Grundgedanke: Wer Gottes Wort und Gebot verläßt, der verachtet Gottes Tempel, der verachtet am Ende Gott selbst. An den praktischen Dingen des Alltags kommt es heraus, ob ich Gott wirklich die Ehre gebe. Die einzelnen Verfehlungen beim Tempelgottesdienst sind deshalb so schlimm, weil sie Ausfluß einer Grundgesinnung sind.

Nun aber stehen wir vor einer ausführlichen Gottesrede, die V.8-14 umfaßt:

8 Und wenn ihr Blindes zum Opfer darbringt - da ist nichts Böses dabei?! Und wenn ihr Lahmes und Krankes darbringt - da ist nichts Böses dabei?!
Bring es doch deinem Statthalter, ob er etwa Wohlgefallen an dir hat, oder ob er dich gnädig behandelt, spricht Jahwe Zebaoth.
9 Und nun fleht doch das Angesicht Gottes an, damit er uns gnädig sei! Von eurer Hand ist das geschehen. Wird er euch wohl gnädig sein? spricht Jahwe Zebaoth.
10 O, daß doch einer unter euch die beiden Türflügel schlösse, damit ihr meinen Altar nicht umsonst anzündet! Keinen Gefallen habe

[140] Vgl. Bulmerincq II S. 65ff

ich an euch, spricht Jahwe Zebaoth, und eine Opfergabe aus eurer Hand gefällt mir nicht.[141]
11 **Denn vom Aufgang der Sonne bis zu ihrem Niedergang ist mein Name groß unter den Völkern, und an jedem Ort wird meinem Namen geopfert, und zwar reine Opfergabe. Denn mein Name ist groß unter den Völkern, spricht Jahwe Zebaoth.**[142]
12 **Aber ihr entweiht ihn, indem ihr sagt: Der Tisch des Herrn - unrein ist er, und sein Ertrag - verachten kann man seine Speise!**
13 **Und ihr sagt: Siehe, was für eine Mühsal! Und ihr pfeift auf ihn, spricht Jahwe Zebaoth. Und ihr bringt herbei Geraubtes und das, was lahm ist, und das, was krank ist, und ihr bringt es als Opfergabe! Sollte sie mir aus eurer Hand gefallen? spricht Jahwe.**
14 **Aber verflucht sei der Betrüger, der in seiner Herde ein männliches Tier hat, und er gelobt es, und opfert dann dem Herrn ein beschädigtes. Denn ein großer König bin ich, spricht Jahwe Zebaoth, und mein Name wird unter den Völkern gefürchtet.**

Bisher ging es um die Grundgesinnung der Priesterschaft. Jetzt wird ihre Verfehlung konkret an den Einzelheiten aufgedeckt.

8 Der erste Punkt ist die Opferung von **Blindem**, d.h. blinder Opfertiere. Dies ist nach 3Mo 22,22; 5Mo 15,21 ausdrücklich verboten. Dennoch akzeptieren es die Priester, wobei die Schuld der übrigen Israeliten vorläufig außer Betracht bleibt. Ja, die Priester sagen sogar - zu den opfernden Israeliten oder untereinander -: **da ist nichts Böses dabei.**[143] Evtl. handelt es sich um die wörtliche Antwort der Priester, wenn sie von Israeliten über die Zulässigkeit befragt wurden.[144]

Die Opferung von **Lahmem** und **Krankem**, d.h. von lahmen und kranken Tieren, ist der zweite und dritte Punkt. Wiederum verstoßen die Priester gegen das Mosegesetz (3Mo 22,20ff; 5Mo 15,21; 17,1).

Gott läßt sie die Probe machen: **Bring**[145] **es doch deinem Statthalter, ob er etwa Wohlgefallen an dir hat, oder ob er dich gnädig behandelt, spricht Jahwe Zebaoth.** Für **gnädig behandeln** steht im Hebräischen ein Ausdruck, der eigentlich bedeutet: »das Gesicht eines sich Beugenden huldvoll emporheben«, so daß er zuversichtlich zum Höherstehenden aufblicken kann. Aber wer ist der **Statthalter?** Das Wort ist alt und bezeichnet schon Statthalter zur Zeit Salomos und Ahabs (1Kö 10,15;

141 Zur Übersetzung vgl. Keil S. 689; Nowack S. 413; Hoonacker S. 710
142 Zur Übersetzung vgl. Swetnam S. 200
143 Wie wir übersetzen z.B. Keil S. 688; Orelli S. 406; ähnlich auch Bulmerincq II S. 69ff. Als Frage: »ist das nicht schlecht?« fassen es die Einheitsübersetzung sowie Frey S. 144
144 Bulmerincq II S. 72
145 Bulmerincq II S. 75 macht darauf aufmerksam, daß »bringen« mit Bezug auf profane Vorgänge für die ältere Sprache typisch ist

20,24; 2Chr 9,14). Vor allem aber bezeichnet es die Provinzgouverneure bei den Assyrern (2Kö 18,24; Jes 36,9), den Neubabyloniern (Jer 51,23.28.57; Hes 23,6.23; Dan 6,8) und den Persern (Esr 8,36; Neh 2,7.9; 3,7; Est 3,12; 8,9; 9,3). Speziell heißt so der Provinzgouverneur für Judäa in persischer Zeit (Neh 5,14f.18; 12,26; Hag 1,2.14; 2,2.21). Aller Wahrscheinlichkeit nach ist deshalb auch hier der persische Gouverneur Judäas gemeint.[146] Dabei dürfte es sich kaum um Nehemia handeln, denn so distanziert - **dein Statthalter** - hätte man von ihm wohl nicht gesprochen.[147] Mal 1,8 gehört also in die Zeit vor oder nach Nehemia. Wenn schon ein kleiner persischer Provinzgouverneur mit einer solchen Gabe unzufrieden ist - wie sollte es nicht tausendmal mehr der allmächtige **Jahwe Zebaoth** sein? Übrigens deutet Mal 1,8 nicht unbedingt auf Korruption. Es könnte sich auch um rechtmäßige Naturalabgaben handeln.

Nicht leicht zu verstehen ist V. 9. Die Einheitsübersetzung formuliert 9
z.B.: »Und nun versucht, Gott damit zu besänftigen und gnädig zu stimmen! Wenn eure Hände ihm solche Dinge anbieten, wie kann er euch dann freundlich ansehen?« Keil übersetzt den Schluß des Verses: »wird er euretwegen eine Person ansehen?« (S. 687). Auf den ersten Blick scheint es sich um einen Bußruf zu handeln, für den wir ja in Dan 9 und Neh 9 Beispiele haben: **Und nun fleht doch das Angesicht Gottes an, damit er uns gnädig sei!** (Vgl. Sach 7,2). Für **Gott** steht hier »El«, vermutlich um den großen Gott dem menschlichen »Statthalter« gegenüberzustellen. Das **Angesicht Gottes** ist Gottes Gegenwart oder Gottes Freundlichkeit. **Uns** meint Israel: der Prophet gehört mit seinem Volk zusammen.[148] Auf den zweiten Blick jedoch zeigt es sich, daß die Aufforderung in V. 9 ein Gerichtswort ist, das der Prophet im Namen Gottes den Priestern entgegenschleudert. Der Sinn ist: »Probiert es doch, Gott anzuflehen - es wird umsonst sein.«[149] Warum umsonst? **Von eurer Hand ist das geschehen,** gibt Gott selbst zur Antwort. D.h.: Dieselben Hände, die sich jetzt zum Gebet erheben, haben zuvor das Gebot verachtet. Wer gegen Gottes Willen handelt, kann ihn nicht gleichzeitig um Gnade **anflehen.** Blitzartig wird hier deutlich, was Jesus für uns im Neuen Bund getan hat: Durch seinen Sühnetod hat er uns Herz und Hände gereinigt, so daß wir jetzt »durch das Blut Jesu die Freiheit haben zum Eingang in das Heilige« (Hebr 10,19ff). **Wird er euch wohl gnädig sein?**

[146] So Harrison S. 960 sowie Bulmerincq II S. 78ff; Frey S. 147; Orelli S. 406. Anders Spoer S. 184: »Statthalter« meine den Makkabäer Jonathan um 150 v.Chr.
[147] Ähnlich Orelli a.a.O. unter Berufung auf Neh 5,14f; Hoonacker S. 698; Mariani S. 512; Young S. 284; anders Bright S. 394
[148] Bulmerincq II S. 88f
[149] Ebenso deuten Bulmerincq II S. 87; Frey S. 147; Keil S. 689; Marti S. 463; Nowack S. 412; Orelli S. 406

spricht[150] Gott in der 3. Person von sich selbst, und deutet damit schon an, daß die gegenwärtigen Verhältnisse seine Gnade ausschließen. Aber was ist ein Priester noch wert, dessen Gebet verworfen und dessen Opfer zur Sünde wird? Am Zusammenhang von V. 9 läßt sich beobachten, daß auch damals Gebet und Opfer wesentliche Elemente des priesterlichen Dienstes waren.

10 V. 10 ist noch radikaler. Der gesamte Tempelgottesdienst, nicht nur einzelne Elemente wie Gebet oder Opfer, ist momentan sinnlos. Man könnte ebensogut **die beiden Türflügel** schließen, **damit** man Gottes **Altar nicht umsonst anzündet.** Wenn die Priester vor Gott schuldig sind, taugt der ganze Gottesdienst nichts mehr. Wir erfahren hier, daß auch der zweite Tempel ebenso wie der salomonische eine Doppeltüre hatte (vgl. 1Kö 7,50; 2Chr 4,22). Man denkt hier an die »Tür(en) des ... inneren Vorhofes«.[151] Wenn diese Annahme stimmt, hat also der Tempel Serubbabels mindestens zwei Vorhöfe, einen äußeren und einen inneren, besessen (vgl. 1Makk 4,38.48). Hat man sich damals nach Hesekiel gerichtet, dann müssen außerdem die Tempelhalle und das Allerheiligste jeweils zwei Türen gehabt haben, die ihrerseits wieder aus je zwei Türflügeln bestanden (Hes 41,23f). Aber Sicheres wissen wir darüber nicht.[152] Den **Altar anzünden** heißt natürlich, das Opferfeuer auf dem Brandopferaltar anzünden. Demnach befand sich der Brandopferaltar im inneren Vorhof des Tempels[153] - ähnlich wie in herodianischer Zeit. Obwohl das hebräische Wort für die **Opfergabe** (»Minchah«) oft das spezielle Speisopfer bezeichnet[e], so ist hier doch jedes Opfer gemeint.[154][f]**Keinen Gefallen habe ich an euch:** Wenn dieses Urteil Gottes ergeht, dann ist tatsächlich alles, was die Betreffenden tun, **umsonst.** Es ist entscheidend wichtig, daß wir auf das Wohlgefallen Gottes achten und nicht vom Wohlgefallen der Menschen abhängig werden (vgl. 2Kor 5,9; Gal 1,10).

Mal 1,10 steht in einer Linie mit den anderen atl. Propheten Amos, Hosea, Jesaja, Micha und Jeremia, die alle den Gottesdienst für wertlos erklären, wenn Glaube und Gehorsam fehlen[g]. Die Psalmen stehen in derselben Linie (vgl. Ps 40,7; 50,8ff). Jesus nimmt sie auf, wie auch schon Samuel sie vertrat (vgl. Mt 9,13 und 12,7 sowie 1Sam 15,22). Es ist völlig falsch, das so zu erklären, als seien die Propheten »von der Wertlosigkeit des Kultes« überzeugt, als wollten sie sagen: »Jahwe mag den Kultus nicht«.[155] Warum hätte Gott sonst Gottesdienst und Kultus befohlen

[e] 3Mo 2; 6,7ff; 7,9f; 10,12; 1Sam 2,29; 3,14; Jes 19,21; Jer 14,12; 41,5; Hes 42,13; 46,5.11
[f] 1Mo 4,3; 1Sam 2,17; 2Chr 32,23; Jes 66,20; Zeph 3,10
[g] Am 5,21ff; Hos 6,6; 8,11ff; Jes 1,11ff; Mi 6,6ff; Jer 7,21ff

150 Zur Übersetzung vgl. Marti S. 463; Bulmerincq II S. 84.92f; Nowack S. 413
151 Nowack S. 413; ebenso Keil S. 690; Bulmerincq II S. 96f
152 Vgl. Bulmerincq II S. 97f
153 Vgl. Bulmerincq II S. 99f; Nowack S. 413; Keil S. 690
154 Ebenso Bulmerincq II S. 103; Keil S. 690; Marti S. 464; Nowack S. 413
155 So freilich Bulmerincq II a.a.O.

(2Mo 25ff)? Im Gegenteil: weil der Tempel nach seinem Namen genannt ist und ein Bethaus sein soll, darf daraus kein Ort der Gesetzlosigkeit und keine Räuberhöhle werden[h]. Die Befleckung des Tempels geschieht durch den mangelnden Glauben und den mangelnden Gehorsam der Priester.

Damit stellt uns Mal 1,10 vor eine ernste Frage: Wie sieht das heute aus mit unserem Gottesdienst? Zwar hat die Kirche in Übereinstimmung mit dem NT[i] und in der Auseinandersetzung mit den Donatisten (Irrlehre im 4 Jh. n.Chr.) entschieden, daß die Amtshandlungen ungläubiger Priester gültig bleiben. Das ist auch notwendig, da ja niemand den Glauben des Pfarrers, Priesters usw. mit genügender Sicherheit beurteilen kann. Damit ist aber die andere Frage noch längst nicht beantwortet, wie es um den Segen Gottes steht, wenn Amtsträger der Gemeinde bzw. der Kirche in offenbarer Sünde leben oder gar vom Glauben abfallen. Von Mal 1,10 her wird man antworten müssen: a) Der Betreffende macht sich auf jeden Fall persönlich schuldig, b) wenn die Gemeinde oder Kirche nicht gegen erkannte Mißstände einschreitet, beraubt sie sich ebenfalls des Segens. Andrerseits dürfen wir nie vergessen, daß es auch im Neuen Bund weder eine perfekte Gemeinschaft bzw. Kirche noch einen sündlosen Diener Gottes gibt.

[h] Jes 56,7; Jer 7,11; Mt 21,13; Joh 2,14ff

[i] Mt 8,4; Joh 11,51; Apg 23,5

Dagegen zielt die Frage, ob das Anzünden des Brandopferaltars und das Öffnen der Tempeltüren nicht eine Aufgabe der Leviten war, an Mal 1,10 vorbei. Selbstverstänldich waren es die Leviten, die praktisch den Türhüterdienst und das Anzünden des Feuers besorgten (vgl. 1Chr 23,30ff; Hes 44,10ff). Dennoch hatten die Priester die Leitung und die Aufsicht über alles, was am Tempel passierte (vgl. Hes 44,15ff). Darum trugen sie die Verantwortung auch für das Öffnen der Türen und das Brandopfer auf dem Altar.

Mal 1,11 ist der am häufigsten besprochene Vers des ganzen Malea- 11
chibuches: **Denn vom Anfang der Sonne bis zu ihrem Niedergang ist mein Name groß unter den Völkern, und an jedem Ort wird meinem Namen geopfert, und zwar reine Opfergabe. Denn mein Name ist groß unter den Völkern, spricht Jahwe Zebaoth.**

Manche Ausleger erklären den Vers als nachträglichen Einschub.[156] Als Grund dafür wird angegeben, »daß der universale Monotheismus von 1,11 sich schlecht mit der partikularistischen Bestimmtheit von Maleachis Denken zusammenbringen läßt«.[157] Statt also das eigene Vorurteil von einem »partikularistischen« Maleachi zu korrigieren, wirft man lieber Verse hinaus, die sich mit diesem Vorurteil nicht vertragen! Die alten Handschriften und Übersetzungen geben uns keiner-

[156] So z.B. Elliger S. 189; Horst S. 261; Pfeiffer S. 554; Renker S. 83ff; Rendtorff RGG Sp. 628
[157] Horst a.a.O.; ähnlich Elliger a.a.O.

[j] Mt 8,11; 24,27; Ps 50,1; 113,3; Jes 45,6 Sach 8,7

lei Veranlassung, V. 11 als sekundär bzw. unecht anzusehen. Deshalb gehen wir von der Ursprünglichkeit aus.[158]

Aber wie sollen wir den Inhalt verstehen? Der **Aufgang der Sonne** ist der Osten, **ihr Niedergang** der Westen. »Vom Osten bis zum Westen« umschreibt noch zur Zeit Jesu die ganze Erde[j]. **Die Völker,** hebräisch »die Gojim«, sind alle Völker der Erde. Die **Opfergabe,** »Minchah«, ist auch hier wie in V. 10 nicht nur das Speisopfer, sondern das Opfer allgemein.[159] Schwierig ist der hebräische Text dort, wo wir übersetzten: **wird meinem Namen geopfert, und zwar reine Opfergabe.**[160] Für »geopfert« stehen zwei Partizipien, die wörtlich bedeuten: »ein geopfert Werdendes«, »ein Dargebrachtes«. Das erste dieser beiden hebräischen Worte wird auffallend oft von heidnischen oder unerlaubten Opfern gebraucht, das zweite ist ein sehr allgemeines Wort für »hinzutreten«, »nahen«.

Damit haben wir erst das Philologische (Sprachliche) besprochen. Doch was ist der Sinn dieses Verses? Ist es nicht erstaunlich, daß ein israelitischer Prophet des 5. Jh. v.Chr. eine solche Aussage über die Gottesverehrung in allen Völkern macht? Von den vielen Auslegungen, die hierzu angeboten werden, nennen wir einige:

1) Mal 1,11 sage, daß im Grunde alle Völker, wenn auch unbewußt, den einen Gott verehren. Zum Teil verweist man auf Apg 17,23ff, wo Paulus von dem einen, aber »unbekannten Gott« spreche. Dann gilt der Schluß: »also anerkennt der Verf. (= Maleachi) den Monotheismus (= Eingottglauben) in den heidnischen Religionen«.[161] In diese Richtung gehen z.B. Frey, Fürst, Hitzig, Lindblom, Marti, Neil, Nowack, Procksch, Sellin, G.A. Smith und Wellhausen. Hitzig formulierte: » . . . bekennt Maleachi, . . . daß Jahwe, Ormuzd (= persischer Gott), Zeus und vielleicht noch andere, nur verschiedene Namen des Einen, höchsten Gottes seien«.[162] Eine moderne Form dieser Auslegung wäre, daß Christen und Muslime »denselben Gott haben«.

2) Die Völker hätten Gottes Wunder und Zeichen in Ägypten erlebt und ehrten deshalb den Namen Jahwes (so z.B. Ephraem der Syrer; etwas abgewandelt Vriezen).

3) Mal 1,11 beziehe sich auf die Anbetung Jahwes durch die Proselyten, die vom Heiden- zum Judentum übergetreten sind (so z.B. Ewald, Köhler).

4) Mal 1,11 beziehe sich auf die Juden in der Diaspora (so z.B. der Talmud in b Menachot 110a; später Bulmerincq, Pressel, Swetnam).

[158] Ebenso z.B. Verhoef S. 129
[159] Vgl. Rehm S. 195; Mariani S. 468; Bulmerincq II S. 120
[160] Übersetzung wie bei Keil S. 689; Marti S. 464; ähnlich Rehm S. 193. Vgl. Verhoef S. 129
[161] Marti S. 464
[162] Nach Bulmerincq II S. 106f; vgl. Cameron S. 12; Rehm S. 199f

5) Mal 1,11 stelle eine Weissagung dar, und zwar auf den Gottesdienst der Gemeinde des Neuen Bundes bzw. die Gemeinde in der messianischen Zeit. In diese Richtung gingen z.B. Justin, Irenäus, Tertullian, Hieronymus, Luther, Calvin, Coccejus, Keil. Luther schrieb 1532 in seiner Vorrede zu Maleachi: »(Er) ist ein feiner Prophet, der schöne Sprüche hat von Christo und dem Evangelio, welches er nennt ein rein Opfer in aller Welt«.[163] Luther deutete also das »reine Opfer« auf das Evangelium.

6) Katholische Ausleger sehen in Mal 1,11 eine Weissagung auf das Meßopfer. Das Konzil von Trient bezog sich 1562 ausdrücklich auf Mal 1,11, um das Meßopfer biblisch zu begründen. Und auch das Vaticanum II zitiert Mal 1,11 als Beleg für die Messe.[164/165]

Welche Auslegung ist nun im Recht? Gegen 1) spricht, daß der Götzendienst der Völker überall im AT streng verurteilt wird.[166][k] Noch das NT kann sich wahre Gottesverehrung nur so vorstellen, daß man vom heidnischen Kult endgültig Abschied nimmt (1Thes 1,9f; vgl. Joh 4,21ff). Gegen 2) sprechen dieselben Gründe. Denn es gibt ja bei den Völkern zur Zeit Maleachis keine »reine« Gottesverehrung. 3) und 4) bleiben möglich. Es fragt sich nur, ob so kleine Gruppen wie die Proselyten oder die damaligen Diasporajuden gemeint sein können (vgl. die Ausdrücke **vom Aufgang der Sonne bis zu ihrem Niedergang** und **an jedem Ort**.[167] Gegen 6) spricht, daß das Meßopfer nirgends biblisch angeordnet und als Wiederholung des Christusopfers sogar unbiblisch ist.[168] Demnach stellt 5) die beste Auslegung dar. Die beiden Partizipien sind zeitlos und erlauben eine Deutung auf die Zukunft.[169] Wir gehen also davon aus, daß Mal 1,11 die endzeitliche Bekehrung der Völker und ihre Erlösung unter dem Neuen Bund weissagt. Damit steht Maleachi in einer Linie mit vielen anderen Propheten des AT, die eben dies voraussagten.[170][l] Das wird auch bestätigt durch das NT[m]. Vielleicht hat sich Jesus in Mt 8,11 sogar an Mal 1,11 angelehnt, wenn er sagt: »Viele werden kommen vom Osten und vom Westen und mit Abraham und Isaak und Jakob im Himmelreich sitzen.« Hier, im Neuen Bund, kann man wirk-

[k] 2Mo 20,4f; Jes 40,18ff; 41,7; 44,12ff; 45,16; Jer 10,14f; Ps 115,4ff

[l] Jes 2,2f; 11,10; 19,19ff; 42,1ff; 45,14.22f; 49,6; 51,4f; 60,1ff; 66,18ff; Jer 3,17; Joe 3,1ff; Mi 4,1f; Zeph 2,11; Sach 8,20ff; 14,16ff

[m] Mt 18,20; 28,19f; Joh 4,21ff; Apg 4,12; 10,34ff; Röm 1,16; Eph 2,11ff

163 Nach Bornkamm S. 118

164 Vgl. Bulmerincq II S. 105; Chary S. 178; Isopescul S. 54f; Mariani S. 241.467ff; Rehm S. 208 und Adinolfi S. 247; Gelin S. 67

165 Weitere Erklärungen: Mal 1,11f richte sich gegen die Vorstellung, daß Opfer ein verdienstliches Werk darstellten (Soggin S. 345); Gott spreche nur von der Möglichkeit, sein Heiligtum auch außerhalb Israels aufzurichten (Caquot S. 192)

166 So auch Keil S. 690ff; Rehm S. 200f; Swetnam S. 204; anders Holtzmann S. 11

167 Vgl. Hoonacker S. 712

168 Das kommt sogar bei Mariani zum Ausdruck, wenn er sagt, daß Mal 1,11 die einzige atliche Weissagung auf die Messe sei (S. 474)

169 Keil S. 690; Orelli S. 406; Hoonacker S. 713f; Rehm S. 202

170 Vgl. Rehm S. 205

lich davon sprechen, daß Gottes Name **vom Aufgang der Sonne bis zu ihrem Niedergang groß ist unter den Völkern.** Hier kann man davon sprechen, daß Gott durch Jesus Christus **an jedem Ort** verehrt wird (vgl. 1Kor 1,2: »die den Namen unseres Herrn Jesus Christus anrufen **an jedem Ort**«). Hier kann man auch von **reiner Opfergabe** sprechen, wenn man daran denkt, daß unsere Gebete, Lieder und Gottesdienste durch Jesus Christus geheiligt sind, der selbst wiederum ein »Opfer ohne Fehl« (Hebr 9,14), ein »unbeflecktes Lamm« (1Petr 1,19; vgl. 1Kor 5,7) darstellt. Man kann also nur staunen, welche Erfüllung Mal 1,11 in der Heilsgeschichte gefunden hat.

Der Herrlichkeit, die Gottes Name bei den Völkern gewinnen soll, wird jetzt in V. 12 und 13 die Verachtung des Gottesnamens in Israel gegenübergestellt: **Aber ihr entweiht ihn.** Es ist, als ob der letzte Prophet des AT den endgültigen Niedergang der Priesterschaft Israels ahnen ließe. Man spürt förmlich das Kommen eines neuen, gottgemäßen Priestertums, wie es in Jesus Ereignis geworden ist (vgl. 1Jo 2,1; Hebr 2-10).

12 Drei Aussagen sind es zunächst, die Gottes Namen und damit Gott selbst **entweihen** (= nicht mehr als heilig achten): 1. **indem ihr sagt: Der Tisch des Herrn - unrein ist er. Der Tisch des Herrn** bedeutet wie in V. 7 den Altar. Allerdings heißt er jetzt nicht mehr »Tisch Jahwes«, sondern »Tisch des Herrn«. Für **Herr** steht im Hebräischen »Adonai«. Hat man damals schon den »Jahwe«-Namen vermieden, und lieber von »Adonai« gesprochen? Äußere Rücksichtnahme und innere Verachtung vertragen sich ja gut. Wie in V. 7 ist das **sagen** vermutlich keine öffentliche Rede, sondern ein Bei-sich-selber-sagen = denken. Daß die Priester aber den Altar für **unrein** halten, merkt man daran, daß sie auf ihm - entgegen dem Gesetz! - »unreine Speise« (V. 7) opfern, nämlich schadhafte Tiere (V. 13). Es erstaunt im Buche Maleachi immer wieder, wie tief gerade die berufenen Diener Gottes fallen können. So kann auch aus unserer routinierten pfarramtlichen oder Prediger-Praxis leicht ein Abfall von Gott werden. 2. **indem ihr sagt: und sein Ertrag - verachten kann man seine Speise.** Das Hebräische ist an dieser Stelle so schwierig, daß viele Ausleger Textveränderungen vornehmen wollen.[171] Mit Keil und Orelli bleiben wir aber beim überlieferten hebräischen Text. Mit Sicherheit kann man sagen, daß der Gedanke der Priester vom Altar weiterwandert zu dem, was auf dem Altar liegt. Einen ähnlichen Gedankengang vollzogen die Rabbinen nach Mt 23,18ff. Nur wissen wir nicht mehr sicher, ob die Priester den **Ertrag** und die **Speise** für Gott meinten, d.h. die auf dem Altar für Gott vollzogene Abgabe, oder den **Ertrag** und die **Speise**, die sie von dem Geopferten für sich selbst abzweigen durften (vgl. z.B. 3Mo 2,3; 5,13; 6,22; 7,6.9f.14ff.31ff).

[171] Z.B. Bulmerincq II S. 135ff; Hoonacker S. 714f; Frey S. 145; Marti S. 464f; Nowack S. 414

Natürlich bedeutet der Gedanke: **verachten kann man seine Speise**
nicht, daß die Priester nichts davon essen wollten.[172] Im Gegenteil! Sehr
wahrscheinlich suchten sie ihr Einkommen dadurch zu mehren, daß sie
auch minderwertige Tiere annahmen, von denen sie Teile erhielten. 3. 13
Und ihr sagt: Siehe, was für eine Mühsal! Mühsal kommt von einem
hebräischen Wort, das »ermüden«, »den Mut verlieren«, »verstimmt
werden«, »sich vergeblich abmühen« heißt. Es kann in dem Ausdruck:
was für eine Mühsal! also beides liegen: Resignation und äußere Aktivität. Ob die damaligen Priester beides umtrieb? Sahen sie weder einen letzten Sinn in ihrem Tun, noch die tiefe Freude im Dienst? Jedenfalls ist eines sicher: Ihr Dienst war ihnen zur Last geworden, die Freude im Murren erstickt. Ein Dienst mit Murren aber ist wie Gift. Sind wir besser? Statt für den Herrn offensiv und missionarisch zu wirken, erklären wir Pfarramt, Pastorat, Diakonie und Missionsstation zur schweren Bürde. Nehemia, der Zeitgenosse Maleachis, wußte wohl, warum er den Israeliten zurief: » Die Freude am Herrn ist eure Stärke« (Neh 8,10).

Das Resultat lautet dann: **Und ihr pfeift auf ihn, spricht Jahwe Zebaoth. Ihn:** das ist der Name Gottes, das ist letztendlich Gott selbst.[173] **Ihr pfeift auf ihn:** das ist wie im Deutschen »auf etwas pfeifen«, d.h. verachten. Zwischen Gott und seinen Priestern ist, das zeigt Mal 1,6ff ganz deutlich, ein tiefer Riß entstanden.

Noch einmal wird die Verachtung Gottes am praktischen Verhalten konkretisiert: **ihr bringt herbei Geraubtes und das, was lahm ist, und das, was krank ist, und bringt es als Opfergabe. Was lahm ist und was krank ist** begegnete uns schon in V. 8 (s. die Erklärung dort). Neu ist das **Geraubte.** »Geraubt« ist dasjenige, was dem Nächsten durch Gewalt oder Unrecht weggenommen wurde (3Mo 19,13; vgl. 3Mo 5,20ff). Dazu gehört z.B. das, was man durch falsche Rechtsprechung oder Bedrükkung der Fremdlinge, Waisen und Witwen an sich gebracht hat (vgl. Jer 21,12; 22,3; Mt 23,14). Während das **Lahme** und **Kranke** im Mosegesetz (3Mo 22,17ff; 5Mo 15,21; 17,1) als Opfer ausdrücklich verboten war, ist dort über das **Geraubte** direkt nichts zu finden.[174]

Man mußte also durch Auslegung der Begriffe »Fehler« und »Schlimmes« erst klarstellen, daß auch »Geraubtes« verboten war. Weil Maleachi ganz selbstverständlich davon spricht, dürfen wir annehmen, daß damals schon die Schriftgelehrten unter »Schlimmes« oder »Fehler« auch das »Geraubte« verstanden - ein interessanter Einblick in Israels

[172] Gegen Orelli S. 407

[173] Orelli bezieht »ihn« auf »Speise«, »Ertrag« (S. 407); ähnlich Hoonacker S. 715; Keil auf den Altar (S. 693), ähnlich Frey S. 148; wie wir bezieht Venema das »ihn« auf den Namen Gottes (Bulmerincq II S. 145)

[174] Vgl. Keil S. 693; Bulmerincq II S. 152f

Schriftgelehrsamkeit und Auslegungsgeschichte (vgl. später Sir 31,21ff).

Opfergabe, hebräisch »Minchah«, meint hier wieder jedes Opfer. **Sollte sie mir aus eurer Hand gefallen?** macht noch einmal die Kluft zwischen Gott und dem Priestertum deutlich. Unsere Hände mögen noch so viel opfern - solange unser Herz nicht ihn sucht, bleiben wir von Gott geschieden.

14 V. 14 gehört zwar immer noch zur Rede an die Priester.[175] Dennoch spricht er aus, daß Gottes Gericht nicht nur die Priester, sondern auch die betrügerischen Laien trifft, die Gott verachten: **Aber verflucht sei der Betrüger, der in seiner Herde ein männliches Tier hat, und er gelobt es, und opfert dann dem Herrn ein beschädigtes.**

Er gelobt es: Das AT enthält auch Gesetze über Gelübde (3Mo 27; 4Mo 6; 4Mo 30; 5Mo 23). Unter anderem konnte man ein Opfer geloben (5Mo 12,11.17). Zwar gab es keinerlei Zwang zu einem Gelübde (5Mo 23,23). Was aber gelobt war, mußte nach mehrfacher Vorschrift auch erfüllt werden[n]. So war derjenige, **der ein männliches Tier** hatte und es gelobte, **dann** aber ein anderes opferte, eindeutig ein **Betrüger,** ein arglistig Handelnder.

[n] 4Mo 30,3; 5Mo 23,22; Ri 11,35; Pred 5,3ff

Ein beschädigtes: Das kann ein fehlerhaftes, aber auch ein kastriertes Tier sein, das nach 3Mo 22,24f verboten war. Da **beschädigt** hier im Gegensatz zu **männlich** steht, ist sehr wahrscheinlich ein kastriertes Tier gemeint.[176] Diese waren minderwertig, da man sie bewußt aus der Zucht ausgeschaltet hatte.

Das Urteil gegen den Betrüger ist hart: **Verflucht sei er! Verflucht** ist er wie Kain, Kanaan und die Feinde Jakobs (1Mo 4,11; 9,25; 27,29). **Verfluchen** ist das Gegenteil des Segnens (1Mo 12,3; Mal 2,2). Ob es sich schon um eine ewige Verfluchung handelt, muß aber offen bleiben. Auf jeden Fall lernen wir aus Mal 1,14, daß schon ein kleiner Ungehorsam böse Folgen haben kann.

Die zweite Hälfte des Verses gibt die Begründung: **Denn ein großer König bin ich, spricht Jahwe Zebaoth, und mein Name wird unter den Völkern gefürchtet. König** ist Gott nach vielen Aussagen der Bibel[o]. Die Formulierung **großer König** ist offenbar bewußt im Gegensatz zu den assyrischen, babylonischen und persischen Königen gewählt, die sich selbst als »große Könige« bezeichneten.[177] Wenn man diese Großkönige schon nicht hinters Licht führen durfte - wieviel weniger den lebendigen Gott! Ananias und Saphira sind ein ntl. Beispiel dafür (Apg

[o] 5Mo 33,5; Ps 5,3; 44,5; 48,3; 68,25; 74,12; 84,4; 93,1; 95,3; 97,1; 99,1; Jes 6,5; 33,22; 43,15; Jer 48,15

[175] Unverständlicherweise erklären mehrere Forscher den Vers 14 für unecht (so Elliger S. 189; Horst S. 261; Nowack a.a.O.)

[176] Weibliche Tiere waren ja nicht vom Gelübdeopfer ausgeschlossen, vgl. 3Mo 3,1.6 und Orelli S. 407. Vgl. ferner Nowack S. 415

[177] Vgl. 2Kö 18,19; Jes 36,4

5,1ff). **Mein Name wird unter den Völkern gefürchtet** ist etwas anderes als »mein Name ist groß unter den Völkern«. **Gefürchtet** wurde Gottes **Name** auch bei den Ägyptern (vgl. 2Mo 6ff), bei den Babyloniern (vgl. Dan 2,46f; 3,28ff; 4,31ff) und Persern (2Chr 36,23; Esr 1,1ff; Dan 6,27f). Das gilt also bereits für die Zeit Maleachis. Allerdings **wird** der Name Gottes im Vollsinne erst dann unter allen **Völkern gefürchtet** sein, wenn sich die Bekehrten aus allen Völkern der Gemeinde Jesu anschließen und zu Anhängern des Gottesreiches werden. Hier also schließt sich der Ring zu Mal 1,11.

Halten wir fest: Mal 1,8-14 bildet eine schwerwiegende Anklage Gottes gegen die Priesterschaft in der Zeit des Maleachi. Und doch enthält auch diese Anklagerede herrliche Weissagungen auf die Zukunft im Neuen Bund (V. 11 und 14).

2. Gerichtsankündigung gegen die Priester, 2,1-9

Diese Verse ziehen die Bilanz aus der Anklage von V. 6-14. Gott läßt die Priester nicht einfach laufen. Sondern er kündigt sein Gericht an und will sie damit zur Umkehr bringen, bevor es zu spät ist.

1 **Und nun: An euch ergeht diese Anordnung, ihr Priester:**
2 **Wenn ihr nicht hört und wenn ihrs nicht zu Herzen nehmen wollt, meinen Namen zu ehren, spricht Jahwe Zebaoth, dann schicke ich den Fluch unter euch, und verfluche die Segnungen, die auf euch ruhen. Ja, ich verfluche sie, weil ihr es nicht zu Herzen nehmt.**
3 **Siehe, ich schelte eure Nachkommenschaft, und streue euch Unrat ins Gesicht, den Unrat eurer Feste, und man wird euch zu ihm hinausschaffen.**
4 **Dann werdet ihr erkennen, daß ich diese Anordnung zu euch gesandt habe, damit mein Bund mit Levi in Kraft bleibe, spricht Jahwe Zebaoth.**

Und nun: Das zeigt die Bilanz an. Gottes Zuwarten hat ein Ende. Das 1
Wort Gottes wendet schon die Lage.

An euch, ihr Priester: Nicht an Israel im allgemeinen! Nicht an die Laien! Das Gericht beginnt am Hause Gottes und an Gottes Heiligtum (Jer 25,29; Hes 9,6; 1Petr 4,17). Man bekommt fast den Eindruck, daß die Priester damals überrascht waren, daß man auch sie anklagte. **Ihr Priester:** Das macht auch ihre Verantwortung sichtbar. »Wem viel gegeben ist, bei dem wird man viel suchen« (Lk 12,48).

Statt **Anordnung** übersetzen andere »Urteil«[178] oder »Beschluß«[179].

[178] Elliger S. 194; Frey S. 149; Bulmerincq II S. 169: »Urteilsspruch«
[179] Einheitsübersetzung; Marti S. 466; Nowack S. 415

Das Wort heißt aber »Gebot« (so Keil) oder »Dekret« (so Hoonacker) oder »Verordnung« (so Orelli), oder eben »Anordnung«. In diesem Wort steckt beides drin: die Anweisung, wieder auf den rechten Weg zurückzukehren, und die unumstößliche Entschlossenheit Gottes, das angekündigte Gericht durchzuführen, wenn die Umkehr nicht erfolgt.

Vers 1 bildete die Überschrift. Nun folgt der Inhalt der Gerichtsankündigung (V. 2-4).

2 Der **Fluch**, von dem hier die Rede ist, soll nur unter zwei Bedingungen kommen: **Wenn ihr nicht hört und wenn ihrs nicht zu Herzen nehmen wollt, meinen Namen zu ehren.** Jede Umkehr bzw. Bekehrung im Sinne der Bibel fängt mit dem **hören** an (vgl. Mt 13,9.16; Apg 2,37; Röm 10,14ff). **Hören** bedeutet in diesem Zusammenhang mehr als ein äußerliches Zuhören. Es meint das Hören mit offenem Herzen. Sich etwas **zu Herzen nehmen** bedeutet ähnlich wie im Deutschen: »innerlich davon bewegt sein« und »etwas zu seinem inneren Anliegen machen«[a]. Hier ist ganz klar, worum es geht: Die Priester sollen es zu ihrem inneren Anliegen machen, Gottes **Namen zu ehren,** d.h., alle von Gott angesprochenen Mißstände zu beheben versuchen. Man beachte Gottes Barmherzigkeit: Er will nicht die Perfektion, sondern nur, daß sie es sich ehrlich »zu Herzen nehmen«. Allerdings reicht das Hören nicht. Aus dem Hören muß das Gehorchen entspringen.

[a] 1Sam 21,13; Jes 47,7; 57,1.11; Jer 12,11

Geschieht das alles **nicht, dann schicke ich den Fluch unter euch, und verfluche die Segnungen, die auf euch ruhen. Ja, ich verfluche sie, weil ihr es nicht zu Herzen nehmt.** Gottes **Fluch** erscheint hier wie ein Bote, der **geschickt** wird. In ähnlicher Weise ist in Jes 55,11 vom Wort Gottes die Rede. Das hebräische Wort für **Fluch** ist hier dasselbe wie in 5Mo 28,20. D.h. die Priester trifft eine ähnliche Verfluchung, wie sie auf dem Ebal gesprochen wurde (5Mo 27,13). Ungeheuer, wenn man bedenkt, daß die Priester dazu berufen waren, den Segen auf das Volk zu legen (4Mo 6,22ff)! Sogar **die Segnungen, die auf euch ruhen,** will Gott **verfluchen.** Was sind das für **Segnungen**? Aus dem Zusammenhang ergibt sich, daß der **Bund mit Levi** gemeint ist und alle Segnungen, die zu diesem Bund gehören; d.h., das Vorrecht, Priester zu sein, vom Altar des Herrn zu leben, zu beten, Weisung aus dem Wort zu geben, zu segnen und Gott im Gottesdienst zu dienen. Praktisch bedeutet dies die Aufhebung der Prophetie Hesekiels bezüglich der zadokidischen Priester (Hes 44,15ff) und in letzter Konsequenz die Aufhebung des vom Stamme Levi getragenen Gottesdienstes. In der Tat hat Jesus aus dem Stamm Juda in der Zeit des neuen Bundes den levitischen Tempelgottesdienst und das levitische Priestertum abgelöst (Joh 4,21; Hebr 7). Maleachi begegnet uns also auch in 2,2ff als der Prophet des neuen Gottesdienstes und des neuen Bundes. So haben ihn ja die alten Kirchenlehrer (die Zwölfapostellehre, Origenes u.a.) aufgefaßt.[180]

Der Schluß von V. 2: **Ja, ich verfluche sie,**[181] **weil ihr es nicht zu Herzen nehmt** besagt ein Zweifaches. Erstens unterstreicht Gott die unerhörte Aussage, daß er sogar die Priester **verfluchen** will. Zweitens deuten die Worte **weil ihr es nicht zu Herzen nehmt** schon an, daß die Priesterschaft im Endeffekt doch nicht umkehrt und deshalb verworfen werden muß. Mit Recht bemerkt H. Frey: »Keine Ehrfurchtslosigkeit und Taubheit (ist) so schwer wie die Taubheit derer, die das Wort reden, und die Ehrfurchtslosigkeit derer, die Verehrung zum Beruf haben«.[182]

Bevor wir V. 3 näher erklären, müssen wir uns den Übersetzungspro- **3**
blemen zuwenden, die hier besonders groß sind. Die Einheitsübersetzung hat: »Seht, ich schlage euch den Arm ab«. Der Luthertext lautet ähnlich. In dieselbe Richtung gehen die meisten modernen Ausleger.[183] Sie ändern einen Buchstaben und stellen zwei Buchstaben des hebräischen Textes um - ein fast gleiches Schriftbild! -, weil sie mit dem Sinn des unveränderten hebräischen Textes wenig anfangen können. Die griechische Bibel des 3. Jh. v.Chr. (Septuaginta) stimmt ihnen zu. Einen Mittelweg schlagen Forscher wie Frey oder Keil ein, die übersetzen: »Siehe, ich schelte euch den Arm«.[184] Dabei bleiben die Buchstaben des hebräischen Textes bestehen, nur die Punktierung (Vokale) ändert sich. Gegen die Lesart der griechischen Bibel bzw. der Mehrheit der modernen Ausleger spricht: a) Targum und Peschitta, also jüdische Überlieferungen, unterstützen den masoretischen (= überlieferten hebräischen) Text, b) dieser überlieferte Text gibt einen guten Sinn. So bleiben wir mit dem israelischen Gelehrten Matitiahu Tsevat sowie Orelli, Luther, Coccejus und Venema beim masoretischen Text.[185] Am Ende von V. 3 taucht noch einmal ein Übersetzungsproblem auf, das wir aber etwas später besprechen wollen.

Siehe, ich schelte eure Nachkommenschaft ist die unmittelbare Fortsetzung von V. 2 und konkretisiert den »Fluch«. In Sach 3,2 taucht das Wort in einem ähnlichen Zusammenhang auf, wo Gottes Engel zu Satan sagt: »Der Herr schelte dich!« In Nah 1,4 schilt Gott das Meer, worauf es vertrocknet (vgl. Ps 106,9). In Ps 9,6 schilt Gott die gottlosen Völker, worauf die Gottlosen umkommen (vgl. Ps 119,21). In Mal 3,11 macht Gottes »schelten« den Heuschrecken ein Ende. Das »schelten«

180 Texte III S. 201; IV. S. 275. Daß Elliger S. 189; Rendtorff RGG Sp. 628 Vers 2 als sekundär streichen wollen, geschieht ohne jeden Grund

181 Zum Übersetzungsproblem an dieser Stelle vgl. Bulmerincq II S. 181f; Orelli S. 408; Keil S. 694f

182 Frey S. 151; Orelli S. 408. Als nachträgliche Glosse betrachtet Nowack S. 416 diesen Schlußsatz; ebenso Marti S. 466

183 Z.B. Bulmerincq II S. 184; Elliger S. 194; Hoonacker S. 717; Marti S. 466; Nowack S. 416 nach einem Vorschlag Wellhausens

184 Frey S. 150; Keil S. 694

185 Vgl. Bulmerincq II S. 184; Orelli S. 408; Tsevat S. 214ff

hat an diesen Stellen fast den Sinn von »ausschalten«. Deshalb ist der Sinn von V. 3a: Gott will die **Nachkommenschaft** der Priester, d.h. den ganzen Stamm Levi, »ausschalten«, wenn die Priester nicht Buße tun.[186] Und genau das ist ja in den Tagen Jesu und seiner Apostel geschehen. Das Jahr 70 n.Chr. markiert das Ende von Tempel und Priesterschaft, nachdem Jesus schon durch Golgatha dem levitischen Priestertum seine Aufgabe entzogen hatte. Die zweite Konkretisierung des Fluches in V. 3 lautet: **Und ich streue euch Unrat ins Gesicht, den Unrat eurer Feste.**[187] Um das Gesagte richtig zu verstehen, muß man wissen, daß **Unrat** den Inhalt der Gedärme bezeichnet, der aus dem Heiligtum hinausgeschafft und »draußen vor dem Lager« verbrannt werden mußte[b]. Wenn Gott diesen Unrat den Priestern **ins Gesicht streut** (streuen und »Nachkommenschaft« klingen im Hebräischen ganz ähnlich), dann werden sie selbst unrein, ja, man muß sie aus dem Heiligtum hinausschaffen! Genau dies ist die dritte Konkretisierung des Fluches: **Und man wird euch zu ihm hinausschaffen,** nämlich **zu dem Unrat.**

[b] 2Mo 29,14; 3Mo 4,11ff; 8,17; 16,27; 4Mo 19,5

Hier ist nun der andere der zuvor angesprochenen Punkte, bei dem sich Übersetzungsprobleme ergeben. Elliger z.B. hat: »ich nehme euch fort vom Dienst vor mir«, und erklärt diesen ganzen Schluß als Glosse.[188] Nowack übersetzt ähnlich: » ich will euch forttun von mir«[189], und die Lutherbibel: »er soll an euch kleben bleiben«. Am besten läßt man auch hier den überlieferten hebräischen Text stehen und übersetzt mit Keil, Frey, Orelli und der Einheitsübersetzung: **und man wird euch zu ihm hinausschaffen.**

Vielleicht hat Maleachi direkt an 3Mo 4,12 angeknüpft, wo es heißt: »das soll er hinausschaffen«.[191] Halten wir fest: Die Priester wandern als von Gott selbst unrein gemachte Gottesdiener mit dem Unrat den Weg hinaus aus dem Heiligtum, wenn sie nicht Buße tun. Was auserwählt und edel war in Israel, wird selbst zum Unrat.

Man hat schon überlegt, ob die Aussage **Unrat eurer Feste** darauf hindeutet,[192] daß diese Gerichtsrede an einem Festtag vorgetragen wurde. Doch bleibt dies nur eine Vermutung. Es könnte ja auch sein, daß der Glanz der **Feste** nur als Kontrast zum **Unrat** dienen sollte.

Wie also nach 1Sam 2,31ff die Macht der Eli-Söhne endet, so endet nach Mal 2,3 die der Zadokiden und die der Levi-Söhne überhaupt.

186 Jer 33,18.22 wird also insofern aufgehoben!
187 Der »Unrat eurer Feste« wird meist als nachträgliche Glosse ausgeschieden, vgl. Elliger S. 194; Marti S. 466; Nowack S. 416 nach Wellhausen. Aber die alten Handschriften geben uns kein Recht dazu
188 A.a.O.; ähnlich Marti S. 466f. Vgl. dagegen Nestle S. 155
189 A.a.O.
191 Der Verweis auf Jer 16,4; 22,19 und Am 4,2, der in der Literatur gegeben wird (z.B. Nowack S. 416), ist nicht so naheliegend
192 So Bulmerincq II S. 191

An der Erfüllung der Prophetie wird die Priesterschaft **erkennen, daß ich diese Anordnung zu euch gesandt habe.** Gott verweist also auf den Maßstab von 5Mo 18,20ff, wonach der wahre Prophet daran erkannt wird, daß seine Voraussage eintrifft. Aber ist das nicht zu spät? Antwort: Im Glauben könnte Israels Priesterschaft heute schon erkennen, daß Gott **diese Anordnung** (vgl. V. 1) **zu euch gesandt** hat. Wer aber nicht glaubt, wird es später durch Schauen erkennen - dann allerdings ist es für Glauben und Umkehr zu spät. 4

Ein gewisses Rätsel bilden in V. 4 die Worte: **damit mein Bund mit Levi in Kraft bleibe.** Was der **Bund mit Levi** ist, sagen uns allerdings mehrere Stellen im AT. Er wurde nach 4Mo 25,12f mit Pinchas, dem Enkel Aarons aus dem Stamme Levi geschlossen, nachdem Pinchas Israel vom Götzendienst gereinigt hatte (vgl. 5Mo 18,1ff). Damals versprach Gott sogar dem Pinchas und seinen Nachkommen »das ewige Priestertum«. Der Mosesegen nimmt darauf Bezug, wenn Mose den Leviten bestätigt: »Die hüten dein Wort und bewahren deinen Bund; sie lehren Jakob deine Rechte und Israel dein Gesetz; sie bringen Räucherwerk vor dein Angesicht und Ganzopfer auf deinen Altar« (5Mo 33,9f.) Noch im Jeremiabuch hält Gott am »Bund ... mit den Leviten, den Priestern«, fest und verspricht, er wolle die Leviten mehren »wie den Sand am Meer« (Jer 33,21f). Dann aber erfolgt über lange Jahrzehnte hinweg der Abfall der Priesterschaft. Deshalb werden in der Prophetie Hesekiels alle Leviten außer den Zadokiden vom Priestertum ausgeschlossen (Hes 44,10ff). Deshalb klagt Nehemia über Angehörige des Levistammes: »Gedenke ihrer, mein Gott, daß sie das Priestertum befleckt und den Bund des Priestertums und der Leviten gebrochen haben« (Neh 13,29). Nun aber sagt Maleachi, daß Gott die abtrünnigen Priester gerade um seines Bundes willen bestrafen muß. Der Sinn von Mal 2,4b ist also der: Würde Gott alles nur laufen lassen, dann würde er selbst seinen **Bund mit Levi** aufheben. Aber weil er diesen Bund ernst nimmt, bestraft er den Bruch des Bundes durch die Priester und sorgt gerade so dafür, daß er seinerseits (»mein Bund«) **in Kraft bleibt.** Scheiden dann die Priester durch ihre Sünde aus diesem Bund aus, kann Gott einen neuen Hohenpriester und ein neues Priestervolk berufen. Das hat er Jahrhunderte später auch getan: nämlich in der Gestalt Jesu und des königlichen Priestertums der Gemeinde des Neuen Bundes (vgl. Hebr 7-9 und 1Petr 2,5.9)[193]

5 Mein Bund mit ihm war das Leben und der Friede, und ich gab sie

193 Anders deutet Keil S. 695: »damit diese Anordnung mein Bund mit Levi sei«, d.h. daß die Anordnung von Mal 2,1 den bisherigen Bund mit Levi ersetzen solle. Ähnlich Orelli S. 408 und Hoonacker S. 718f

ihm zur Furcht. Und er fürchtete mich, und vor meinem Namen hat er sich gebeugt.

6 **Wahrhaftige Weisung war in seinem Munde, und nichts Verkehrtes fand sich auf seinen Lippen. In Frieden und in Rechtschaffenheit wandelte er mit mir, und viele brachte er zur Abkehr von Sünde.**

7 **Denn des Priesters Lippen sollen Erkenntnis bewahren, und Weisung sucht man aus seinem Munde. Denn ein Bote des Herrn Zebaoth ist er.**

Diese Verse zeigen, was einmal gewesen ist. Wie ein wunderbares Bild steigt die Vergangenheit auf. Was hat Gott den Priestern doch alles gegeben! Und wie treu ist ihr Dienst einmal gewesen!

5 Auf das Stichwort **Bund mit Levi** in V. 4 folgen jetzt diese Verse, um den Priestern zu zeigen, wie tief sie gefallen sind.

Mein Bund mit ihm: Wir erinnern uns an 4Mo 25,12f; 5Mo 33,9ff; Jer 33,21f. Ja, Gott wiederholt durch die Botschaft Maleachis ganz bestimmte Aussagen aus früheren atl. Stellen - vielleicht doch ein Beweis dafür, daß das Mosegesetz und die früheren Propheten zur Zeit Maleachis unzweideutig bekannt waren. **Mein Bund mit ihm war der Friede** spiegelt z.B. 4Mo 25,12 wieder. Der Sinn dieser Aussage ist: Durch seinen **Bund** gab ihm Gott **Frieden.** »Frieden«, hebräisch Schalom, umschließt »Heil«, »Wohlbefinden«, »Geborgenheit« und »Gemeinschaft mit Gott«. Ebenso floß aus diesem Bund für ihn **das Leben.** D.h. ihr Existenzrecht war eine Folge ihres Dienstes für Gott. Man kann hier eine Andeutung der Wahrheit sehen, daß derjenige, der nicht mehr für Gott leben will, sein Lebensrecht verspielt hat. Daß der Levibund ihnen Leben gab, läßt sich ganz konkret an der Verheißung der Nachkommenschaft (4Mo 25,13; Jer 33,22) und an der Drohung gegen ihre Feinde (5Mo 33,11) ablesen.

Aber nun wird auch der Zweck dieses Gottesbundes klar genannt: **ich gab sie ihm zur Furcht,** d.h. zum Zwecke des Dienstes und der Ehrfurcht. Allerdings ist das Hebräische wieder schwer zu übersetzen. Die Einheitsübersetzung bietet: »beides gab ich ihm, dazu die Furcht«. Sie hält demnach die **Furcht** für die dritte Gabe neben »Leben« und »Frieden«. Andere Ausleger sehen in »Leben« und »Frieden« das, was Gott in den Bund einbrachte, in der »Furcht« dagegen das, was der Mensch einbringen sollte.[194] Die Wortstellung im Hebräischen spricht aber eher für unsere obige Übersetzung.[195] Gott wollte also mit dem Levibund etwas erreichen. Was ist daraus geworden?

[194] So Bulmerincq II S. 200ff; Elliger S. 197; Frey S. 150.152; Hoonacker S. 719; Marti S. 467; Nowack S. 416

[195] Wie wir auch Keil S. 696; Orelli S. 408; Raschi, Köhler, Coccejus, vgl. Bulmerincq II S. 205f

Zuerst hat der Stamm Levi seinen Auftrag erfüllt: **er fürchtete mich, und vor meinem Namen hat er sich gebeugt. Er fürchtete mich:** d.h., er hat Gott Ehrfurcht erwiesen. An der Tat des Pinchas in 4Mo 25, ja schon am Kampf mit Mose zusammen gegen die Anhänger des Goldenen Kalbes (2Mo 32,25ff) kann man dies erkennen. Mose bestätigte dem Stamm Levi ausdrücklich, daß er Gott höher stellte als Vater, Mutter, Bruder oder Sohn (5Mo 33,9) - ein Wort, an das dann Jesus in Mt 10,37 anknüpfte. **Vor meinem Namen hat er sich gebeugt:** das hebräische Wort für **gebeugt** kommt entweder von »hinabsteigen« (dies ist die Annahme, der unser Kommentar zuneigt)[196] oder von »verwirrt, erschrocken, mutlos sein«.[197] Jedenfalls war Levi einstens ganz auf die Autorität Gottes hin orientiert. Evtl. meint das **sich beugen vor meinem Namen** sogar ganz speziell die Verehrung im Gottesdienst.[198]

Schöner als in V. 6 und 7 kann man auch heute einen Pfarrdienst 6
nicht beschreiben: **Wahrhaftige Weisung war in seinem Munde, und nichts Verkehrtes fand sich auf seinen Lippen. In Frieden und in Rechtschaffenheit wandelte er mit mir, und viele brachte er zur Abkehr von Sünde.**

Man hat schon die Frage gestellt, ob hier alle Klagen der früheren Propheten über die Priester vergessen seien.[199][c] Diese sind selbstverständlich nicht vergessen. Aber Gott sieht hier auf den Anfang zurück und auf diejenigen Zeiten, in deren der Stamm Levi seinem Auftrag gehorsam sein wollte.

Statt **wahrhaftige Weisung** könnte man auch übersetzen: »Weisung der Wahrheit«. »Wahrheit« ist hier wie meist in der Bibel das, was Gottes Willen entspricht und zugleich das, worauf man sich verlassen kann. Für **Weisung** steht das berühmte Wort »Thora«. Was ist »Thora«? Dieser Begriff kommt im Hebräischen mit großer Wahrscheinlichkeit von einem Wort, das ursprünglich soviel bedeutet wie: »die Hand ausstrekken, um den Weg zu zeigen«. An vielen Stellen wird »Thora« zur Bezeichnung des Mosegesetzes verwendet[d]. An anderen Stellen ist »Thora« die »Belehrung« über Gottes Willen. Wenn die Propheten eine solche Belehrung erteilen, tun sie es in der Inspiration durch den Heiligen Geist oder aufgrund der geistgeleiteten Auslegung der Mosethora[e]. Drittens heißt »Thora« die Belehrung, die die Priester aufgrund des geschriebenen Mosegesetzes geben[f]. Eine solche priesterliche Belehrung konnte einen Einzelfall betreffen, z.B. die Frage der Reinheit (Hes 22,26; Hag 2,11f), des Aussatzes (Mt 8,4; 3Mo 14,2ff), einen Schadensfall oder

c Hos 5,1; Jes 28,7; Jer 2,8; Zeph 3,4

d 5Mo 1,5; 4,8; 17,18; 33,4; Jos 1,7; 2Kö 17,13; 21,8; Neh 8,14

e Jes 1,10; 5,24; 8,16.20; 30,9f; Jer 9,12; Hos 8,12; Am 2,4; Hab 1,4; Sach 7,12

f 5Mo 33,10; Jer 2,8; 18,8; Hes 7,26; 22,26; Hos 4,6; Zeph 3,4; Hag 2,11

196 So z.B. Ibn Ezra, Reinke, Fürst, Ehrlich, Ewald, vgl. Bulmerincq II S. 209

197 So weitaus die meisten Ausleger

198 So z.B. Frey S. 152; Bulmerincq II S. 210

199 Elliger S. 197

Rechtsstreit (5Mo 21,5), oder sogar eine politische Maßnahme (Jer 18,18). Sie konnte aber auch den Inhalt eines längeren Gesetzesabschnittes zum Gegenstand haben (z.B. 5Mo 33,10). Wie man sieht, gibt unser Ausdruck »Gesetz« nur mangelhaft wieder, was das hebräische Wort »Thora« eigentlich meint. »Thora« ist Gottes Wegweisung und deren Auslegung, so könnte man zusammenfassend sagen. Weil der Begriff diese Weite hatte, kann »Gesetz« im NT gelegentlich das ganze AT bezeichnen (z.B. Phil 3,5 und Mt 5,18). Deshalb kann man auch die Mosebücher und die Propheten, ja sogar die Weisheitsbücher unter diesem Begriff zusammenfassen.

Was ist nun in Mal 2,6 mit **Weisung** (= Thora) gemeint? Auf jeden Fall die priesterliche Belehrung aufgrund des Mosegesetzes. Aber sehr wahrscheinlich muß man auch da den Begriff weiter fassen. Maleachi scheint sich an 5Mo 33,9f anzulehnen und deshalb verstehen wir unter »Weisung« in Mal 2,6 das Mosegesetz, sowie die bis dahin vorhandenen Propheten und die Auslegung dieser heiligen Schriften. **Verläßliche Weisung war in seinem Munde** heißt dann: die Priester hatten das Wort Gottes treu bewahrt und richtig ausgelegt. Und eben weil sie es richtig auslegten, **fand sich nichts Verkehrtes auf seinen Lippen.** Könnte man heute einem Verkündiger oder Seelsorger ein größeres Lob spenden?

Wie man sieht, liegen die Wurzeln des Standes der Schriftgelehrten im Priestertum.

Bisher ging es um die Lehre. Jetzt ist es das Leben, das Gott beurteilt: **In Frieden und in Rechtschaffenheit wandelte er mit mir.** Der **Friede** ist hier der Gottesfriede. Die Gemeinschaft **mit** Gott war unversehrt, ähnlich wie es Röm 5,1 für den Neuen Bund zum Ausdruck bringt. Das Wort für **Rechtschaffenheit** kommt von »gerade sein«. Man könnte in etwas saloppem Deutsch sagen: »Er machte keine krummen Sachen«. Recht und Gerechtigkeit bestimmten das Leben des Levistammes, wie es in ganz umfassender Weise Jes 11,4 vom Messias aussagt. **Er wandelte mit mir:** Biblisch geht es nicht nur um die Gesinnung, sondern auch um den Weg, den ein Mensch ganz praktisch einschlägt. Also nicht nur die Theorie - auch die Praxis war damals in Ordnung! Lehre und Leben stimmten überein. Wiederum fragt man: Könnte es heute ein größeres Lob geben?

Damals war der Priesterstamm Levi auch gesegnet: **viele brachte er zur Abkehr von Sünde.** Ganz wörtlich heißt es: ». . . ließ er zurückkehren von Sünde«. Wahrscheinlich ist beides gemeint: das Abhalten von der Sünde, und das Inordnungbringen nach begangener Sünde. Levi brachte also Frucht. Seine Lehre und seine Seelsorge waren nicht umsonst. Im Blick auf die **vielen** kann man wieder eine Parallele ziehen zum Messias, der nach Jes 53,11 »den Vielen Gerechtigkeit« schafft. Levi war also tatsächlich so etwas wie ein Vorläufer des Messias! Aber auch zu den Schriftgelehrten von Dan 11,33 besteht eine Verbindung, von denen gesagt wird: »die Verständigen im Volk werden vielen zur Einsicht verhelfen« (vgl. auch Dan 12,3). Wie wir inzwischen wissen, haben die Schriftgelehrten das Werk der Priester in vielfacher Weise fortgesetzt. Und noch einmal wird die Frage gestellt: Könnte man heute einem Verkündiger oder Missionar ein schöneres Zeugnis ausstellen?

V. 7[200] unterstreicht noch einmal, daß Gott gerade das an seinen Prie- 7
stern sucht, was V. 6 geschildert hatte: **Denn des Priesters Lippen sollen Erkenntnis bewahren, und Weisung sucht man aus seinem Munde.** Zu dem Begriff der **Weisung** (= Thora) vgl. die Erklärung bei V. 6. Es ist allerdings hochinteressant, daß hier **Weisung** und **Erkenntnis** parallel gesetzt werden. Im Grunde ist dies dieselbe Gleichsetzung von Thora und Weisheit, die uns in der Weisheitsliteratur begegnet (vgl. Spr 1,7; 9,10). Vielleicht ist sogar ganz speziell die Erkenntnis Gottes und seines Willens gemeint.[201] Dann befindet sich Mal 2,7 in einer Linie mit Hos 4,1ff; 6,6; Jes 11,2; Jer 22,16. Ein weiteres Mal fällt auf, daß der frühere Stamm Levi so geschildert wird, wie der Messias in Jes 11. Von da aus eröffnet sich uns ein Zugang zu der Tatsache, daß Jesus nicht nur König und Prophet, sondern auch Priester ist.

An einem Punkt geht nun freilich Mal 2,7 begrifflich - nicht in der Sache! - über 2,6 hinaus. Nämlich dort, wo es heißt: **ein Bote des Herrn Zebaoth ist er.**[202] Für **Bote** steht mal'ak, was einen normalen menschlichen Boten (z.B. 1Mo 32,4), aber auch einen Engel (z.B. 2Mo 14,19), einen Propheten (z.B. Hag 1,13), einen Priester (Pred 5,5) oder vielleicht sogar ganz Israel (Jes 42,19) bezeichnen kann. Abgesehen von Pred 5,5 bildet die nächste Parallele Hag 1,13: »Da sprach Haggai, der Bote Jahwes, der beauftragt war mit der Botschaft Jahwes . . .« Der »Bote« ist also ein Diener des Sendenden, der ihn mit einem bestimmten Auftrag schickt. Im Boten kommt der Sendende - hier Gott - selbst zum Adressaten. Genau das hat Jesus in Lk 10,16 so ausgedrückt: »Wer euch hört, der hört mich«. Mit der Annahme oder Ablehnung der Botschaft entscheidet sich das Verhältnis zum Sendenden (vgl. wieder Mt 22,1ff). Nicht der Bote ist das Wichtigste. Der Bote hat auch nicht die Vollmacht, die Botschaft eigenwillig zu verändern. Er muß nur treu sein, wie Paulus in 1Kor 4,1f schreibt: weitergeben, was ihm anvertraut wurde (vgl. Gal 2,7). »Bote« heißt griechisch apostolos. D.h. im Begriff des »Apostels«

200 Zu Unrecht erklären diesen Vers als nachträglichen Einschub Elliger S. 189; Marti S. 467f; Böhme S. 214; Nowack S. 416f

201 Vgl. hierzu Keil S. 697; Marti S. 468

202 Ausnahmsweise übersetzen wir hier nicht »Jahwe Zebaoth«, sondern »Herr Zebaoth«, weil es sich um eine sehr bekannte Bibelstelle handelt, deren Wortlaut sich nach dem Luthertext eingeprägt hat.

kommen biblisch Priester, Propheten und die Jünger des Neuen Bundes zusammen. Eine großartige Sache, »ein Bote des Herrn« zu sein! Und eine unerhörte Vertrauensstellung!

V. 8 zeigt, was die Priester daraus gemacht haben.

8 Aber ihr seid von dem Weg abgewichen. Ihr habt viele zu Fall gebracht an der Weisung. Ihr habt den Bund mit Levi zugrundegerichtet, spricht Jahwe Zebaoth.

8 Dreifach wird hier Anklage gegen die Priester erhoben. Es ist ein schmerzliches **Aber,** das den gegenwärtigen Zustand der früheren Treue gegenüberstellt.

Ihr seid von dem Wege abgewichen: Der Weg ist eine umfassende Bezeichnung für den gesamten Auftrag Gottes, den sie durchführen sollten. Er schließt Lehre und Leben ein. Später wird **Weg** Bezeichnung für das Christsein als Jesusnachfolge (Apg 22,4). Dieser Begriff des »Weges« erinnert uns daran, daß unser Glaube im Tun besteht und nicht in einer geheimen Gesinnung des Herzenskämmerleins. **Abgewichen:** das ist Schuld. Es gibt in der ganzen Bibel keinen Fall, wo Menschen durch Gottes Vorherbestimmung zur Sünde gezwungen worden wären.

Ihr habt viele zu Fall gebracht: Das steht im krassestem Gegensatz zum früheren Priestertum, das nach V. 6 »viele zur Abkehr von Sünde brachte«. Damit ist der Auftrag des Priestertums in den Tagen Maleachis auf den Kopf gestellt. Statt vor der Sünde zu warnen und ihr zu wehren, statt in Sünde Gefallene zu versöhnen, wird das Priestertum jener Tage zum Fallstrick und zur Ursache für Sünde! Aus der Arznei ist Gift geworden. Das **zu Fall bringen** (griechisch skandalizein) wird später von Jesus aufs schärfste verurteilt (z.B. Mt 18,6ff). **Viele:** was für eine Verantwortung! Vgl. Dan 11,34; Joh 6,60ff). Unsicher ist die Übersetzung der letzten Worte: **an der Weisung.** Manche übersetzen: »durch eure Weisung« bzw. »durch falsche Weisung«,[203] wobei aber weder »euer« noch »falsch« im Urtext zu finden ist. Überhaupt deutet die hebräische Satzkonstruktion eher auf ein »zu Fall bringen an«. Wir bleiben deshalb bei der Übersetzung »an der Weisung«[204] und fassen den Sinn der Aussage so: Weil ihr weder richtig gelehrt noch richtig gelebt habt, habt ihr viele **am** Gesetz = **an** der Weisung schuldig werden lassen.

Ihr habt den Bund mit Levi zugrundegerichtet: Das ist eine Art Schlußbilanz. Der **Bund mit Levi** wurde bei V. 4 erklärt. Es handelt sich um den **Bund,** den Gott nach 4Mo 25,12f; 5Mo 33,9ff **mit** dem Stamm

203 Vgl. Einheitsübersetzung und Lutherbibel; Nowack S. 417
204 Mit Keil S. 697, der auf Hitzig verweist; Hoonacker S. 720; Luther und Coccejus, vgl. Bulmerincq II S. 230f

Levi geschlossen hat, einen Bund, der Pinchas »und seinen Nachkommen das ewige Priestertum zuteilen« sollte. Dieser Bund ist durch die Sünden der Priester nach Mal 1,6-13 und 2,8 **zugrundegerichtet** worden. Damit ist der Weg frei für ein neues Priestertum, das allerdings kein levitisches mehr sein wird, sondern das des Hohenpriesters Jesus und seiner Gemeinde (1Petr 2,9; Hebr 7-9).[205]

Als Glieder der heutigen Kirchen können wir diese Verse nur mit Zittern lesen. Sind wir nicht auch - sogar oft - »von dem Wege Gottes abgewichen«? Wer gibt heute noch biblische Weisung, auch wenn sie »unmodern« ist? Wie viele werden heute durch die Repräsentanten des Christentums zu Fall gebracht?

Das Gericht kündigt Maleachi noch einmal (vgl. V. 2-4!) mit den folgenden Worten an:

9 Und so habe[206] auch ich euch der Verachtung und der Geringschätzung preisgegeben vor dem ganzen Volk[207], weil ihr meine Wege nicht bewahrt und die Person anseht, wenn ihr Weisung gebt.

Die Formulierung **ich habe euch preisgegeben** ist ein prophetisches Perfekt. D.h. Gott sieht schon als erfüllt an, was hier für die Zukunft prophezeit wird - so untrüglich ist sein Wort. 9

In Vers 8 hieß es: »Ihr habt den Bund mit Levi zugrunde gerichtet«. Jetzt lautet Gottes Antwort: **Und so habe auch ich euch preisgegeben.** Das kann man schwerlich anders deuten, als daß **auch** Gott seinerseits dem Priestertums Levis **(euch)** ein Ende setzt.[208] Gerade mit dieser schweren Strafe nimmt er seinerseits den Bund ernst (vgl. V. 4). Immer wieder stoßen wir darauf, daß Maleachi der Künder eines neuen Priestertums ist.

Verachtung und Geringschätzung sind das Gegenteil des Mosesegens über Levi in 5Mo 33,11: »Herr, segne seine Macht . . . Zerschlage den Rücken derer, die sich wider ihn auflehnen, und derer, die ihn hassen!« Wir lernen aus diesem Vorgang, daß Menschen sich nicht mehr auf eine vergangene Bundschließung berufen dürfen, wenn sie selber über lange Zeit und mutwillig den Bund mißbraucht und mit Füßen getreten haben (vgl. Hebr 6,4ff; 10,26ff). Auch Erwählung kann durch hartnäckige Sünde zerstört werden[g].

[g] 3Mo 10,1ff; 1Sam 15,22ff; Jer 7,4ff

Vor dem ganzen Volk wird das Gericht offenkundig werden. Es han-

[205] Anders Elliger S. 198: nur die gegenwärtige Priestergeneration trifft Strafe, der Levibund soll bestehen bleiben

[206] Zur Übersetzung vgl. Nowack S. 417. Auch Hoonacker S. 720 übersetzt mit dem Perfekt, ebenso wie die griechische und lateinische Bibel, Luther, Venema. Vgl. Bulmerincq II S. 234

[207] Der Singular ist gegen Bulmerincq II S. 234ff in Ordnung

[208] So auch Bulmerincq II S. 236. Anders Elliger S. 198

delt sich um dasselbe Volk, in dem die zadokidische Priesterschaft bis zur Zeit Maleachis und noch lange danach eine führende Rolle eingenommen, ja, die politische, religiöse und juristische Gewalt in ihren Händen vereinigt hatte (vgl. Hes 40,46; 44,15ff; Sach 3,1ff). Die Erfüllung dieser Weissagung geschah in den Tagen der Makkabäer, als die Zadokiden durch offensichtliche Gesetzesverstöße und Korruption das Hohepriestertum verloren; in den Tagen Jesu, als levitische Hohepriester am Kreuzestode Jesu mitschuldig wurden; und schließlich in den Augusttagen des Jahres 70 n.Chr., als der Tempel zerstört wurde und das levitische Priestertum verschwand.

Weil ihr meine Wege nicht bewahrt und die Person anseht, wenn ihr Weisung gebt: Der Schlußsatz der Gerichtsankündigung gegen die Priester (2,1-9) macht noch einmal klar, daß ihr Untergang durch eigene Schuld erfolgt. **Meine Wege nicht bewahrt:** das sind die Weisungen Gottes im Mosegesetz und in den Propheten, die sich sowohl auf die Lehre als auch auf das Leben der Priester beziehen. Das Wort für **bewahren** heißt auch: »behüten«, »beachten«, »beobachten« und »halten«. »Meine Wege bewahren«: das eben sollten sie nach 5Mo 33,9 tun. Wir sehen daran, daß man auf Gottes Wege achtgeben muß - auch im Neuen Bund (vgl. Mt 28,20: »halten«). Das **ansehen der Person** als Parteilichkeit und Bestechlichkeit ist im AT streng untersagt (vgl. 3Mo 19,15; 5Mo 10,17; Ps 82,2). **Wenn ihr Weisung gebt:** damit ist hier sicherlich die priesterliche Belehrung im Einzelfall gemeint (vgl. die Erklärung bei V. 6). Nicht objektive Belehrung über Gottes Willen, sondern subjektive Anpassung an die Menschen vollzog sich. Vermutlich haben die Priester dabei ihre eigenen Vorteile verfolgt. Was für ein Elend, wenn Kirche und Geistlichkeit sich von Menschenrücksicht und Menschenurteil, von Anpassung und Modernität und äußeren Vorteilen bestimmen lassen! Gott leidet, wenn sie seine **Wege nicht bewahren,** und die Menschen leiden, weil sie **die Person ansehen.** Mit der Gottesliebe verschwindet auch die Nächstenliebe (vgl. Mi 3,11).

Wir stehen am Ende des großen Abschnittes Mal 1,6-2,9. Es ging um das Versagen der Priesterschaft. Das Ende des Bundes Gottes mit dem Priesterstamm Levi ist in Sicht. Mehr und mehr hat sich aber neben dem Versagen der Priesterschaft ein anderes Thema herausgeschält: das Kommen eines neuen Priestertums. Allerdings kann dieses neue Priestertum nur indirekt aus der Botschaft des Maleachi erschlossen werden. Wie ein fernes Wetterleuchten in unbestimmbarer Entfernung leuchtete es auf. Dennoch hat sich gezeigt: Der schriftgelehrte Prophet Maleachi wird zum Künder eines neuen Priestertums.

IV. ANKLAGE GEGEN DIE ISRAELITEN WEGEN MISCHEHE UND EHESCHEIDUNG, 2,10-16

Der Abschnitt Mal 2,10-16 wird von fast allen Auslegern als eine selbständige, geschlossene Einheit betrachtet.[209] Dieser Beurteilung schließt sich auch unser Kommentar an.

Die Besonderheit dieses Abschnittes liegt darin, daß hier nicht mehr die Priester, sondern die Israeliten allgemein angesprochen werden. Junker formuliert deshalb die Überschrift: »Die Sünden des Volkes«.[210] Es handelt sich dabei um die Sünden der Mischehe mit heidnischen Frauen und der Scheidung.

Wir müssen damit rechnen, daß Maleachi diese Botschaft in einer anderen Zeit ausgerichtet hat, als es die Zeit war, in der z.B. 1,2-5 oder 1,6-2,9 gesprochen wurden.[211] Trotz aller Versuche, diese Zeit zu rekonstruieren,[212] müssen wir vorläufig die Frage nach dem genauen Datum offenlassen.

Der Text macht den Auslegern schwer zu schaffen. Beispielsweise sagt Marti: »Der Abschnitt ist der schwierigste des ganzen Buches ... Der Text liegt in solcher Verwirrung und solch verdorbenem Zustande vor, daß man an seiner Heilung verzweifelt« (S. 468).

Noch einmal die Frage: Wer spricht hier eigentlich? In 1,6-2,9 war es Gott selbst, der seine Botschaft durch Maleachi übermitteln ließ. Vergleiche die häufige Bemerkung: »spricht Jahwe Zebaoth« (1,6.8.9.10.11.13.14; 2,2.4.8). Hier aber, in 2,10-16, spricht in V. 10-15 der Prophet, und erst in V. 16 wieder Gott selbst. Allerdings steht der Prophet auch in V. 10-15 unter der Leitung des Heiligen Geistes (2Tim 3,16), so daß wir seine Aussagen als inspiriertes Wort betrachten dürfen, ähnlich wie Paulus in 1Kor 7 im Heiligen Geist sprach (1Kor 7,40).

1. Anklage wegen Mischehe, 2,10-12

Wir wenden uns der Auslegung zu:

10 Haben wir nicht alle einen Vater? Hat uns nicht ein Gott geschaffen? Warum verlassen wir treulos einer den andern, um den Bund unserer Väter zu entweihen?

[209] Z.B. Bulmerincq II S. 241; Eissfeldt S. 596f; Elliger S. 200; Frey S. 154ff; Harrison S. 958f; Junker S. 196; Keil S. 598; Marti S. 468; Nowack S. 417; Pfeiffer S. 554. Anders z.B. Orelli S. 408ff

[210] Junker a.a.O. Vgl. Bulmerincq II S. 241

[211] So z.B. Bulmerincq I S. 121ff. 200ff; Frey S. 155

[212] Vgl. Bulmerincq a.a.O.

11 Juda ist treulos geworden, und Greuel wurden verübt in Israel und Jerusalem. Denn Juda hat das Heiligtum Jahwes, das er liebt, entweiht, und hat die Tochter eines fremden Gottes geheiratet.
12 Ausrotten wird Jahwe dem Mann, der das tut, jeden Wachenden und Antwortenden aus den Zelten Jakobs, und jeden, der Jahwe Zebaoth Opfer bringt.

Hier geht es um die Mischehen mit heidnischen Frauen.

10 Zunächst stellt der Prophet drei Fragen: **Haben wir nicht alle einen Vater?** Das **einen** ist Zahlwort und betont. Die Formulierung klingt also an 5Mo 6,4 (»unser Gott ist einer«) an. Deshalb meinen viele Ausleger, **Vater** beziehe sich auf Gott.[213] Mal 1,6 spricht für eine solche Deutung. Jedenfalls bleibt diese Deutung eine gute Möglichkeit. Es kann aber auch sein, daß mit dem **Vater** Abraham oder (besser noch) Jakob gemeint ist. Dafür spricht die Erinnerung an Jakob in 1,2-5 und die Erwähnung der »Zelte Jakobs« in 2,12. Dafür sprechen auch ntl. Stellen wie Mt 3,9; Joh 4,12; 8,33ff; Röm 9,5 und atl. Stellen wie Jos 24,3; Jes 51,2; Mal 3,6. Ebenso wie Cyrill, Hieronymus, Calvin, Coccejus und Venema ziehen wir in diesem Kommentar die Deutung auf einen menschlichen Stamm - »Vater« vor.[214] Wir hätten dann in Mal 2,10 den schönen Gedanken, daß Israel sowohl vom menschlichen Stamm-»Vater« her als auch vom Schöpfer-Gott her zusammengehört.

Hat uns nicht ein Gott geschaffen? Hier steht es außer Frage, daß es um **Gott** geht. Wieder erscheint das betonte Zahlwort **ein** wie in 5Mo 6,4. Für **schaffen** wird dasselbe Wort wie im Schöpfungsbericht gebraucht. Israel ist also Gottes »Schöpfung« und außerdem verdankt jeder einzelne Israelit sein Leben ein und demselben Schöpfer (vgl. Hi 31,15; Spr 14,31). Beide Gedanken liegen hier ineinander.[215] In der ganzen Bibel gibt es nirgends einen Schatten von Zweifel, daß der lebendige Gott der Schöpfer aller Wesen und aller Dinge ist (vgl. 1Mo 1-2; Ps 146,6). Eine Kleinigkeit fällt jedoch auf. Für **Gott** wird hier die Bezeichnung »El« gebraucht. Abgesehen von 1,9 erscheint »El« nur an dieser Stelle im Maleachibuch. »El« erinnert an das »Elohim« des Schöpfungsberichtes (1Mo 1). Es scheint also, daß man dort, wo von der Schöpfung die Rede ist, die Namen Elohim und El bevorzugte. Das paßt auch gut zu der Grundbedeutung für »El«, die den »Starken«, »Gewaltigen« bezeichnet.

Warum verlassen wir treulos einer den andern, um den Bund unse-

[213] Z.B. Frey S. 155; Keil S. 698; Marti S. 469; Nowack S. 417; Orelli S. 409; Elliger S. 202; Hoonacker S. 722; Procksch S. 358
[214] Ebenso auch Bulmerincq II S. 244; Studies S. 31
[215] Vgl. dazu Bulmerincq II S. 245f

rer Väter zu entweihen? lautet die dritte Frage. Das hebräische Wort, das hier zentrale Bedeutung hat, meint das treulose, hinterlistige, egoistische Verlassen einer Gemeinschaft.[216] Darum benutzen manche Ausleger den Begriff »Treubruch«. Das ist also ganz klar im Maleachibuch: Wer sündigt, verläßt die Gemeinschaft des Gottesvolkes. Der **Bund unserer Väter** umschließt alle Bundesschlüsse, die Israel zum Volk gemacht haben: den Bund mit den Erzvätern (1Mo 15; 17; 28,12ff; 32,23ff) und den Bund am Sinai (2Mo 24). Wie man sieht, geht das Maleachibuch ganz stark von den Bundschließungen Gottes mit Jakob 1,2ff, mit Levi 2,4ff, mit den Vätern 2,10ff aus. Aber auch der »Bund« der Familie spielt eine Rolle (2,13ff).

Entweihen bedeutet eigentlich »lösen«, »lockermachen«, und meint den Vorgang, durch den das Heilige preisgegeben und als unheilig behandelt wird. Der Sinn der dritten Frage ist also der: Wer in Israel sündigt, begeht nicht nur eine persönliche Sünde, sondern belastet zugleich die Gemeinschaft des ganzen Volkes mit Gott. Sünde ist, das lernen wir hier, niemals nur ein einsames Geschehen zwischen Gott und dem betreffenden Menschen. Sie hat vielmehr böse Auswirkungen auf alle Gemeinschaftsverhältnisse, in denen ein Mensch lebt. So groß also ist die Verantwortung des Sünders! Ja, wer Sünde tut, verläßt damit **treulos den andern,** mit dem er bisher in der gleichen Gemeinde bzw. im gleichen Gottesvolk zusammengelebt hat. Als weitere Konsequenz ergibt sich daraus **(»um-zu«)** die Entweihung des Bundes der Väter Israels.

Beachten wir noch, daß der Prophet sich selbst bewußt in die Gemeinschaft Israels hineinstellt **(wir, uns).**

V. 11 nennt jetzt den Grund der Anklage. Die Treulosigkeit besteht **11**
darin, daß Mischehen mit heidnischen Frauen eingegangen wurden.

Obwohl es möglich ist, in V. 11 mit dem Präsens (Gegenwartsform: »handelt treulos« - »wird verübt«) zu übersetzen,[217] empfiehlt sich die Übersetzung mit der Vergangenheitsform. Denn Maleachi stellt einen vollendeten Tatbestand fest.

Viele moderne Ausleger erklären V. 11 und V. 12 ganz oder teilweise für unecht, d.h. als nachträgliche Einschübe.[218] Dazu besteht aber kein Anlaß. Es hat unseres Wissens niemals ein Maleachibuch gegeben, in dem diese Verse gefehlt hätten.[219] Deshalb gehen wir von der Echtheit dieser Verse aus.

Juda ist treulos geworden: Für **treulos geworden** findet sich im He-

[216] Z.B. Frey S. 154; Bulmerincq II S. 241
[217] So z.B. Elliger S. 200; ähnlich Keil S. 698; Hoonacker S. 723
[218] Z.B. Elliger S. 189.200; Eissfeldt S. 597; Horst S. 261; Marti S. 469f; Nowack S. 404; Pfeiffer S. 554; Sellin S. 536; Renker S. 83ff; Rendtorff RGG Sp. 629; Sekine Sp. 1131
[219] So auch Budde S. 23; Junker S. 196; Baldwin S. 215; Bulmerincq II S. 272; Rudolph S. 250; Wallis S. 233

bräischen dasselbe Wort, das wir in V. 10 mit »treulos verlassen« wiedergegeben haben. **Und Greuel wurden verübt in Israel und Jerusalem:** Für **Greuel** steht im Hebräischen ein Begriff, der das kultisch oder sittlich Verabscheuenswürdige kennzeichnet, z.B. Götzen (5Mo 7,26; 32,16), schändliche Sitten (3Mo 18,30), homosexuelle Handlungen (3Mo 18,22; 20,13), unreine Speisen (5Mo 14,3). Man kann sich die Spannung unter den Hörern vorstellen, wenn Maleachi jetzt von **Greueln** spricht und damit an die unselige Zeit vor der Zerstörung Jerusalems erinnert, wo solche Greuel die Schuld des Volks anwachsen ließen, bis das Strafgericht mit dem Untergang des Staates hereinbrach.[220][a] Und ein Zweites erinnert an diese unselige Zeit: nämlich die Zusammenstellung der Namen **Juda, Israel** und **Jerusalem.** Damit wird ja die ganze vorexilische Geschichte - weitgehend eine Geschichte des Abfalls von Gott! - wieder wachgerufen! Die Frage entsteht: Wie kann Maleachi jetzt noch, im 5. Jh. v.Chr., von **Juda** und **Israel** sprechen? Die Staaten Juda und Israel sind ja längst (721 und 587 v.Chr.) untergegangen. Allerdings existiert **Juda** noch als persische Provinz, und **Jerusalem** ist ebenfalls noch vorhanden als Hauptstadt dieser persischen Provinz. Aber was ist mit **Israel**? Hier müssen wir uns an Mal 1,1 und 1,5 erinnern. Auch dort wurde »Israel« als Name für die gegenwärtige Judenschaft in Palästina benutzt. Es wird also noch einmal deutlich, daß **Israel** als geistlicher Name für das Gottesvolk des Alten Bundes erhalten bleibt - gleichgültig, ob es ein Israel im staatsrechtlichen Sinne noch (oder wieder!) gibt. Deshalb redete auch Jesus seine Zeitgenossen als »Israeliten« an (Joh 1,47), ebenso Paulus (Röm 9,4).

[a] 1Kö 14,24; 2Kö 16,3; 21,2; 23,13;

Nun folgt die konkrete Anklage: **Denn Juda hat das Heiligtum Jahwes, das er liebt, entweiht, und hat die Tochter eines fremden Gottes geheiratet.** Es empfiehlt sich, bei der zweiten Hälfte dieses Satzes zu beginnen. Sofort stehen wir vor einem Problem: Sind die Worte **hat die Tochter eines fremden Gottes geheiratet** geistlich oder äußerlich-realistisch zu deuten? An sich sind beide Deutungen möglich. Aber die Tatsache, daß später von der Ehescheidung die Rede ist (V. 13ff), spricht dafür, daß keine Mischreligion, sondern die Mischehe mit Nichtjüdinnen gemeint ist. Und in der Tat erfahren wir aus Esr 9 und Neh 13 (also zeitgleich mit Maleachi) von der Not dieser Mischehen. Frauen aus Asdod, Ammon und Moab werden genannt (Neh 13,23; Esr 9,2), dazu Frauen von den Kanaanitern, Hethitern, Perisitern, Jebusitern, Ägyptern und Amoritern (Esr 9,1). Die damalige Bevölkerungsmischung erleichterte solche Verhältnisse.

Nun ist aber ganz entscheidend, daß die Bibel die Ehe nicht als bloße Partnerschaft, sondern als umfassende Lebensverbindung betrachtet.

[220] Ackroyd denkt an »idolatrous practices after the exile« (S. 205, 116)

Die religiöse Auffassung des einen beeinflußt auch die Religion des anderen Ehegatten. Wenn die Ehefrau eines Israeliten **die Tochter eines fremden Gottes,** d.h. Heidin geblieben ist, wird der israelitische Mann in seinem Glauben angefochten und vielleicht sogar zur Nachlässigkeit und zum Abfall gebracht. Ganz Israel hatte das Beispiel Salomos vor Augen, bei dem es am Ende seines Lebens hieß: »seine (= ausländischen Frauen, ägyptische, moabitische, ammonitische, edomitische, sidonische, hethitische) Frauen neigten sein Herz fremden Göttern zu« (1Kö 11,4). Gerade wegen dieser Gefahr des Abfalls von Gott verbot das Mosegesetz die Heirat mit solchen Heidinnen, (2Mo 34,16; 5Mo 7,3). Wohlgemerkt: nur mit solchen, die Heidinnen **blieben!** Ruth fällt also nicht darunter (Rt 1,16f). Und nur um solche Mischehen geht es auch im Maleachibuch. Von einer zum jüdischen Glauben übergetretenen Frau könnte man nicht sagen: **eines fremden Gottes Tochter** (Gott hier = »El«). Rassische Gründe spielten also keine Rolle.[221]

Wieso wird durch die Eheschließung mit einer Heidin **das Heiligtum Jahwes entweiht?** Weil das AT - wie die ganze Bibel! - einen unauflöslichen Zusammenhang bildet. Wer ein Gebot verletzt, der bricht das ganze Gesetz, wie noch Jakobus sagt (Jak 2,10f). Wer also entgegen dem Mosegesetz eine heidnische Frau heiratet, kann auch kein gottgefälliges Opfer mehr darbringen. Der **entweiht** also den Tempel[222], **das Heiligtum Jahwes.** Daß es hier nicht um eine zeremonielle Gesetzesreligion geht, machen zwei hebräische Worte deutlich: **das er liebt.** Gott hängt an seinem Volk, er hängt an seinem Heiligtum. Deshalb will er dort reine Anbeter haben[b]. Gottes Liebe wird beleidigt und verwundet, wenn Menschen zum Tempel kommen, die seine Gebote gar nicht erfüllen wollen.

[b] Jes 1,11ff; Mal 1,6ff; Mt 21,12ff; Joh 4,24

Was hat uns Mal 2,11 heute zu sagen?

1. Die Ehe lebt wesentlich von einer religiösen Dimension. Wenn Ehegatten im Glauben nicht übereinstimmen, hat die Ehe einen ernsthaften Mangel. Wie oberflächlich ist das Abendland gegenüber Mal 2,11!

2. Vor der Eheschließung sollten wir ernsthaft prüfen, ob der andere mit uns im Glauben übereinstimmt. Wenn nicht, sollte man in der Regel eine solche Ehe unterlassen.

3. Unser Verhältnis zu Gott ist immer ein ganzheitliches. Wir können Gott nicht wirklich dienen, wenn wir ihm in Teilbereichen (z.B. Ehe oder Beruf, Wirtschaftsleben, Familie) ungehorsam bleiben.

4. Mal 2,11 stellt uns ernsthaft vor die Frage: Was ist uns das Wich-

[221] Vgl. Baldwin S. 238

[222] Das »Heiligtum« deutet Keil S. 699 auf das Volk Israel, nicht auf den Tempel, ebenso Baldwin S. 238f; Frey S. 156; Orelli S. 409; Hoonacker S. 723. Elliger S. 204 schwankt, ob der Tempel oder die Gemeinde gemeint ist. Eine Begründung der Deutung auf den Tempel bei Bulmerincq II S. 254 (unter Verweis auf Ps 20,3; 150,1; Hes 41,21; 42,14; 44,19.27; Dan 8,13); Studies S. 33

tigste im Leben? Ist uns ein Mensch, Mann oder Frau, wichtiger als Gott? Von da aus lohnt es sich, auf die Worte Jesu in Mt 10,34-39 zu hören.

12 V. 12 beinhaltet die Ansage des Gerichts: **Ausrotten wird Jahwe dem Mann, der das tut, jeden Wachenden und Antwortenden aus den Zelten Jakobs, und jeden, der Jahwe Zebaoth Opfer bringt.**

Ausrotten heißt eigentlich »abschneiden«, »den Lebensfaden durchschneiden«, und ist ein häufiger Begriff für die dem Gericht verfallenen Völker oder Sünder (z.B. 3Mo 17,10; 5Mo 12,29; 19,1). Nun trifft das Gericht den Schuldigen gerade an dem Punkt, den er mit seiner Sünde sichern wollte, nämlich in seiner Nachkommenschaft. Jedem **Mann,** der mit einer Heidin in Ehe lebt, **wird Jahwe jeden Wachenden und Antwortenden ausrotten.** Statt **wird ausrotten** übersetzen viele - was grammatisch möglich ist -: »soll ausrotten«.[223] Aber der Prophet äußert hier sehr wahrscheinlich keinen Wunsch, sondern sagt wie in 1,14 und 2,2ff das Gericht an. Ein Problem sind die Worte **jeden Wachenden und Antwortenden.** Die Übersetzungen schwanken, obwohl der überlieferte hebräische Text relativ stabil ist. Der jüdische Targum hat beispielsweise: »Sohn und Enkel«. Andere alte Übersetzer haben: »Lehrer und Schüler«.[224] Joyce Baldwin verweist auf nomadische Gebräuche bei der Bewachung der Zelte, wobei evtl. der Wache Haltende von Zeit zu Zeit rief und drinnen in den Zelten Antwort bekam.[225] Eins ist jedenfalls sicher: daß das Gericht im Verlust der Nachkommenschaft besteht.[226]

Man kann allerdings nicht ganz ausschließen, daß das erste der betreffenden hebräischen Worte durch Veränderung eines Buchstabens verschrieben wurde und dann zu übersetzen wäre: »jeden, der Zeuge ist und Zeugnis ablegt«.[227] In diesem Falle wäre ein Nachkomme gemeint, der den Vater innerhalb der israelitischen Rechtsordnung schützt. Der Sinn würde sich nur wenig ändern.

Die **Zelte Jakobs** sind ein bildhafter Ausdruck für die Wohnstätten Israels bzw. für die Volksgemeinschaft (vgl. 4Mo 24,5; Jer 30,18; Sach 12,7). Der Ausdruck entstammt der früheren Nomadenzeit[c]. Ein drittes Mal - nach der »Tochter eines fremden Gottes« und nach dem »Wachenden und Antwortenden« - begegnen wir der bildhaften Sprache Maleachis. Und wiederum erstaunt uns die Bedeutung, die **Jakob** hier hat (vgl. 1,2; 2,10; 3,6). Da damals auch die Samaritaner sich auf die Ja-

[c] 1Mo 13,5; 18,1; 25,27; Jes 38,12; Jer 35,7; Hos 12,10

[223] So z.B. Keil S. 699; Nowack S. 419; Hoonacker S. 724; Marti S. 470; Baldwin S. 239; Frey S. 155; Elliger S. 206; Orelli S. 409; Bulmerincq II S. 260

[224] So Hieronymus nach einigen jüdischen Rabbinen und Luther

[225] Baldwin S. 239; vgl. Kruse-Blinkenberg S. 100f

[226] Keil S. 699. Vgl. noch Bulmerincq II S. 261; Studies S. 34; Frey S. 156; Orelli S. 409f

[227] Nowack S. 419: »Bürgen und Verteidiger«; ähnlich Hoonacker S. 724, sowie Einheitsübersetzung: »einen, der für ihn zeugt und für ihn spricht«

kobstradition zu berufen begannen (vgl. Joh 4,12), kann es sein, daß Maleachi unterstreichen will, daß eben Juda und nicht Samaria in der Segenslinie Jakobs steht. Jedenfalls heißt **aus den Zelten Jakobs ausrotten** soviel wie »aus der Volksgemeinschaft Israels ausrotten«.

Und jeden, der Jahwe Zebaoth Opfer bringt: Der schuldige Jude wird nicht nur in der Volksgemeinschaft ohne Nachkommen bleiben, sondern auch in der Glaubensgemeinschaft. Er wird keinen Sohn haben, der Gott in der nächsten Generation **Opfer bringt.**[228] Für **Opfer** steht wieder »Mincha« in allgemeiner Bedeutung.

Halten wir fest: Das Gericht für Juden, die andersgläubige Frauen geheiratet haben, besteht darin, daß ihnen das damals wichtigste Ziel der Ehe, nämlich die Nachkommenschaft, versagt bleibt.

2. Anklage wegen Ehescheidung, 2,13-16

13 **Und das tut ihr als Zweites.**[229] **Ihr bedeckt mit Tränen den Altar Jahwes, mit Weinen und Stöhnen, weil er sich dem Opfer nicht mehr zuwendet und es nicht mehr mit Wohlgefallen aus eurer Hand annimmt.**

14 **Ihr aber sagt: Warum? Weil Jahwe Zeuge gewesen ist zwischen dir und dem Weib deiner Jugend, das du treulos verlassen hast, obwohl sie doch deine Gefährtin und die Frau gewesen ist, mit der du einen Bund geschlossen hattest.**

15 **Und nicht einer hat es getan, in dem noch ein Rest von Geist war. Und was ist das für einer? Einer, der Nachkommenschaft von Gott sucht. So hütet euch in eurem Geist! Und verlasse nicht treulos das Weib deiner Jugend!**

16 **Wer haßt, wer verstößt, spricht Jahwe, der Gott Israels, der bedeckt mit Unrecht sein Gewand, spricht Jahwe Zebaoth. So hütet euch in eurem Geist und brecht nicht die Treue!**

Hier geht es um ein zweites Thema **(das tut ihr als Zweites):** die Ehe- **13**
scheidung. Dieses Thema ist gegenüber den Versen 10-12 selbständig.[230] Es ist nicht so, wie manche Ausleger glauben[231], daß hier die Scheidung von der jüdischen Frau die Voraussetzung für die Heirat mit einer Heidin schaffen soll.

Maleachi hält seinem Volk ein Sündenregister vor: Israel verfehlt

228 Ähnlich Frey S. 156f. Orelli S. 410 meint dagegen, die Schlußbemerkung von V. 12 ginge »speziell auf die Priester«, ebenso Calvin und Venema

229 Zur Übersetzung vgl. Keil S. 701

230 Ebenso z.B. Lindblom S. 274

231 Vgl. Bulmerincq II S. 274ff; Studies S. 35. Ferner Marti S. 471; Soggin S. 344; Kellermann S. 193

sich sowohl durch die Mischehe als auch durch die Scheidung. Merkwürdig, daß damals wie heute auf dem Gebiet der Ehe und Familie mit besonderer Wucht zu Tage tritt, was als untergründige Abfallbewegung von Gott im Gange ist!

Wir wenden uns wieder der Einzelauslegung zu:

Ihr bedeckt mit Tränen den Altar Jahwes, mit Weinen und Stöhnen. Notieren wir zuerst, daß hier von **Jahwe** die Rede ist. »Jahwe« ist ja der Gottesname, den Gott selbst offenbarte (2Mo 3,14). Es ist der Name, der nur Israel gehört. Es geht also jetzt um die besondere Beziehung, die Israel aufgrund des Sinaibundes mit seinem Gott hat.

In den Gottesdienst **(Altar!)** mischen sich **Tränen, Weinen und Stöhnen.** Warum? Wer **stöhnt** hier? Das Wort für »stöhnen« oder »seufzen« ist in Ps 12,6; 79,11; 102,21 typisch für die Armen und Gefangenen.

Weil er sich dem Opfer nicht mehr zuwendet und es nicht mehr mit Wohlgefallen aus eurer Hand annimmt. Das **Weil** ist umstritten. Man könnte auch übersetzen »so daß«.[232] Jedoch liegt es nahe, für **tun** und **bedecken** dasselbe Subjekt anzunehmen. Also sind es die angeklagten Juden, die den Altar mit Tränen usw. bedecken. Würde man mit »so daß« übersetzen, dann wären es ihre geschiedenen Frauen, die weinen, und man hätte in ein und demselben Satz zwei verschiedene Subjekte. Deshalb bleiben wir bei »weil«.[233]

Dann ergibt sich folgender Sinn. Die Juden feiern ihre Gottesdienste **mit Tränen, mit Weinen und Stöhnen.** Ja, sie seufzen bitter, schmerzvoll und ängstlich wie Verwundete und Gefangene. Es ist ja auch eine Art Gefangenschaft, wenn Gott Gebet und Opfer nicht mehr annehmen will! Genau dies aber geschieht: **er** (= Jahwe) **wendet sich dem Opfer** (= Mincha im allgemeinen Sinne) **nicht mehr zu,** d.h., er will nichts mehr von ihm wissen (vgl. 4Mo 16,15), **und nimmt es nicht mehr mit Wohlgefallen**[234] aus »ihrer **Hand an,** d.h., er bleibt ungnädig. Woran man es gemerkt hat, daß Gott ungnädig blieb, ob am Fehlen von Gebetserhörungen, ob an der schlechten Ernte, ob an der Heuschreckenplage (vgl. 3,10f) oder sonst, das wird hier nicht gesagt. Kurzum: Zwischen Israel und Gott steht eine Wand. Kein Gottesdienst durchbricht sie. Manche Ausleger meinen sogar, Mal 2,13 spiele auf eine große Bußfeier der Gemeinde an, die wirkungslos bleibt.[235] Wie wird es dann erst heute sein, wo nicht »Tränen« oder angsterfülltes »Stöhnen«, sondern Tanzen, Meditation und »Action« die Gottesdienste mancher Orte prägt? Nicht einmal die vielen Bußtage und Bußworte werden uns vorwärts-

232 »Sodaß« z.B. bei Keil S. 700, ebenso Luther, Coccejus u.a.
233 Ebenso Einheitsübersetzung, Frey S. 157; Hoonacker S. 725; Marti S. 471; Orelli S. 410
234 Zur Übersetzung vgl. Bulmerincq II S. 280, Einheitsübersetzung und Frey a.a.O.
235 So Frey S. 158; Elliger S. 202; Nowack S. 419

bringen. Maleachi prägt seinen Hörern unaufhörlich ein: Es kommt auf das Herz an - und auf die Tat des Gehorsams! Darin arbeitet er Jesus vor.

Ihr aber sagt: Warum? Schon zum vierten Mal (vgl. 1,2.6.7) benutzen 14
Maleachis Hörer den Disputationsstil, erheben sie einen Einwand. Allerdings sind es jetzt nicht mehr die Priester, die gegen den Propheten disputieren, sondern die sog. »Laien«. Oder sollten sich auch in V. 14 die Priester zu Wortführern des ganzen Volkes gemacht haben?

Die **Warum**-Frage begegnet uns in der Bibel meistens von zwei Seiten her. Sie ist einmal eine Frage, die Gott dem sündigen Menschen stellt (z.B. 1Mo 4,6). Sie ist zum zweiten eine Frage, die Menschen an Gott richten, oft im Ton des Vorwurfs oder der Klage (Ps 10,1). Wir müssen klar erkennen, daß wir nicht immer eine Antwort - schon in diesem Leben! - bekommen. Oft ist es wichtiger, statt des »Warum?« die Frage nach dem »Wozu?« zu stellen. Hier aber, in Mal 2,14, ist es eine Frage, die entweder aus einer großen Spannung kommt (»Wird uns endlich der Prophet sagen, was Gott an uns nicht gefällt«) oder aus dem Versuch, sich zu verteidigen (»Wir sind uns keiner Schuld bewußt«).

Maleachi gibt nun die Antwort: **Weil Jahwe Zeuge gewesen ist zwischen dir und dem Weib deiner Jugend, das du treulos verlassen hast, obwohl sie doch deine Gefährtin und die Frau gewesen ist, mit der du einen Bund geschlossen hattest.** Um es ganz kurz zu sagen: **Weil** man sich von seiner Frau geschieden hat.

Die Worte **Jahwe ist Zeuge gewesen zwischen dir und dem Weib deiner Jugend** können verschieden gedeutet werden. Entweder ist gemeint, daß Gott als der Allmächtige und Allwissende den Vorgang der Eheschließung beachtet und in Erinnerung behalten hat.[236]. Oder es ist gemeint, daß man damals beim Ehevertrag bzw. bei der Eheschließung Gott als **Zeugen** angerufen hat (vgl. 1Mo 31,50; Jer 42,5). Dann wäre Mal 2,14 ein sehr früher Beleg für eine bewußt unter Anrufung Gottes begonnene Ehe, gewissermaßen eine religiöse Trauung. 1Mo 31,50 spricht für diese zweite Deutung.[237]

Das Weib deiner Jugend ist stark betont, wie V. 15 zeigt. Was will dieser Ausdruck sagen? Appelliert hier »der Prophet an das Gemüt des Ehemanns, hindeutend auf die Jugendliebe, mit welcher er die Ehe eingegangen ist«?[238] Geht es um »die Erbarmungslosigkeit und Lieblosigkeit« der früheren Frau gegenüber?[239] In beidem steckt ein Korn Wahrheit. »Das Weib deiner Jugend« ist die Frau, der die erste Liebe gilt (vgl.

236 In diese Richtung gehen Frey S. 158; Nowack S. 420; Marti S. 471
237 So auch Keil S. 701; Orelli S. 410
238 So Keil a.a.O. Anders Elliger S. 202. Ähnlich wie Keil Nicola S. 160
239 So Frey a.a.O.; ähnlich Orelli S. 410

Jes 54,6). Sie ist die Frau, der auch die stärkste Treueverpflichtung gilt (vgl. Spr 5,18). Wirkliche Liebe und Treue gehören zusammen. Hier, mit dem »Weib deiner Jugend«, erfolgte ein Einschnitt im Leben von Mann und Frau, der unvergleichlich und nicht mehr rückgängig zu machen ist.

Unversehens sind wir beim »Du« **(dir - deiner - du).** Damit ist der einzelne Israelit im Visier. Wir können uns nicht der Meinung anschließen, Maleachi habe nur eine bestimmte oder ein paar bestimmte Personen anklagen wollen. Der Wechsel vom »ihr« zum »du« und wieder zurück zum »ihr« zeigt, daß er einen Schaden des ganzen Volkes aufdeckte.[240]

Neben das »Weib deiner Jugend« treten zwei weitere Begriffe: **obwohl sie doch deine Gefährtin und die Frau gewesen ist, mit der du einen Bund geschlossen hattest.** Das Wort **Gefährte** drückt eine sehr enge Beziehung aus[d]; es kommt her von »sich verbinden«. Nicht umsonst nennen sich später die Mitglieder der pharisäischen Gemeinschaften »Gefährten« (Chawerim). »Gefährtin« ist die Frau, die Glück und Leid mit dem Betreffenden geteilt hat. Die ganze gemeinsame Lebensgeschichte wird hier angesprochen. **Die Frau, mit der du einen Bund geschlossen hattest** bringt sozusagen den juristischen Gesichtspunkt. Allerdings kann man »die Frau deines Bundes« (so heißt es wörtlich) verschieden erklären: a) als Frau deines »Gottesbundes« = als Frau im gleichen Bund der Erwählung und Verheißung, in dem du selber lebst,[241] b) als Frau deines Ehebundes, den du gerade mit ihr geschlossen hast.[242] »Dein Bund« als Gottesbund wäre aber doch eine merkwürdige Bezeichnung. Außerdem sind ja alle anderen Aussagen des Verses (»deine Jugend«, »deine Gefährtin«, »du hast verlassen«) speziell auf den Ehebund zugeschnitten. So verstehen wir auch »die Frau deines Bundes« als »die Frau, mit der du einen (Ehe-)Bund geschlossen hattest«. Damit ist Mal 2,14 die älteste prophetische Stelle, in der von einem »Ehe-Bund« die Rede ist (vgl. in der Weisheitsliteratur Spr 2,17). Dieser Bund also, bei dem Gott selbst »Zeuge gewesen ist«, muß gehalten werden.

[d] Ri 20,11; Ps 119,63; Pred 4,10

Das Gegenteil ist eingetreten: **du hast sie treulos verlassen.** An sich könnte **treulos verlassen** auch den Ehebruch bezeichnen (vgl. Jer 3,20; Kla 1,2). Aber der Zusammenhang mit V. 16 legt es nahe, das »verlassen« als Ehescheidung zu verstehen.[243] Ist es so gemeint, dann haben wir in Mal 2,14 eine äußerst interessante Aussage vor uns. Ein Scheidungs-

[240] Vgl. hier Elliger S. 202 und Bulmerincq II S. 290, die nur an »einen konkreten Einzelfall« denken

[241] So Frey S. 158 f; Nowack S. 420; Marti S. 471

[242] So Keil S. 701; Orelli S. 410. Elliger S. 203 weist auf die Ehekontrakte hin, die im 5. Jh. bei den Juden von Elephantine (Ägypten) geschlossen werden. Vgl. auch die Einheitsübersetzung und Bulmerincq II S. 284f. 289; Studies S. 39; Adinolfi S. 252; Nicola S. 164

[243] So auch Frey S. 158. Anders Bulmerincq II S. 287

»Recht«, d.h. ein göttlich geschenktes Recht auf Scheidung, hat es in Israel nie gegeben. 5Mo 24,1ff regelt nur den Fall, in dem ein Mann sich entschlossen hatte, seine Frau zu verstoßen, und sichert für diesen Fall die Rechte der Frau. Aber 5Mo 24,1ff darf nicht als ein allgemeines Scheidungs-»Recht« verstanden werden. Das hat Jesus in Mt 19,3ff unmißverständlich klargemacht. Es handelt sich nur um eine provisorische Erlaubnis des Mosegesetzes »um eures Herzens Härtigkeit willen«. Immerhin konnte theologische Auslegungskunst ein solches Scheidungs-»Recht« aus 5Mo 24 herauskonstruieren. Und das ist ja durch die jüdischen Schriftgelehrten geschehen, wie wiederum Mt 19,3ff zeigt. Gegen eine solche Fehlinterpretation wendet sich jetzt Maleachi. Aus Mal 2,14ff geht ganz klar hervor, daß man sich von seiner ersten Frau nach Gottes Willen nicht scheiden soll.[244] Für das gläubige Israel wurde also schon damals die Scheidung - ausnehmen müssen wir wohl den Fall, daß die Frau ihrerseits »treulos« wurde, vgl. Mt 19,9 - untersagt. Nicht verboten dagegen war, wenigstens dem Wortsinne nach, die Mehrehe, d.h. die Heirat mit mehreren Frauen.[245]

Mit Recht bemerkt F. Horst: »In der Ehefrage ist . . . ein Eheverständnis entwickelt, das . . . zu der christlichen Auffassung hinleitet« (S. 262). Der Täufer Johannes hat sich in diese prophetische, bei Maleachi erkennbare Tradition gestellt, als er die unerlaubte Ehe seines Landesfürsten Herodes Antipas angriff (Mt 14,3ff par.). Jesus (Mt 5,27ff; 19,3ff) und die Apostel führten sie zum Vollsinn weiter (vgl. 1Kor 7,10ff; Eph 5,25ff; Hebr 13,4).

Wir alle kennen die Problematik belasteter Ehen. Es kann u.U. sehr schwer sein, eine Ehe, in der man sich selbst charakterlich gewandelt hat, durchzuhalten. Aber wir kennen auch die Tragödien, die Frauen durchmachen, die ihrem Mann einst zur »Gefährtin« wurden, alles aufbauen halfen, und nun wegen einer jüngeren Frau das Feld räumen sollen. Und wir können bei aller Liberalisierung unseres Eherechts nicht entdecken, daß nun weniger Probleme auftreten oder die Ehen glücklicher werden. Lieber Lasten tragen, die durch Gottes Gnade zum Segen werden, als dem Egoismus nachgeben, der sich so scheinheilig als »Liebe« verkleidet und durch Scheidungen nur neues Leid, neue Probleme und Unsegen stiftet. Würde Maleachi in unserer Zeit leben, hätte er sicherlich am gleichen Punkt zu kämpfen!

Halten wir fest: Der Prophet erklärt die Scheidung für eine Sünde vor Gott. Scheidung bedeutet letzten Endes, unserem menschlichen Egois-

[244] Anders Bulmerincq II S. 287: Maleachi verurteile nur die Hinzunahme einer zweiten Frau, sofern diese eine Heidin sei; in Studies S. 42 meint er sogar, Maleachi sei ein »warmer Fürsprecher« der Scheidung, allerdings nur bei Mischehen mit Heidinnen!

[245] Vgl. auch Adinolfi S. 249

mus nachzugeben. Damals sind es die älter gewordenen Frauen gewesen, die die Folgen dieser Sünde zu tragen hatten. Da Maleachi 5Mo 24 kannte, haben wir hier zugleich eine geistgeleitete Auslegung von 5Mo 24 vor uns, die verdeutlicht, daß an jener Stelle zwar die Scheidungsfolgen geregelt werden, nicht aber die Scheidung als ein allgemeines Recht installiert wird.

Übrigens ist bis dahin trotz mancher Übersetzungsprobleme der hebräische Text, um mit Harrison zu sprechen, »in einem guten Zustand«.[246]

15 An V. 15 aber verzweifeln manche Ausleger. So schreibt O. Holtzmann: »2,15.16 sind rettungslos verstümmelt« (S. 7). Marti sagt: »15 ist unverständlich« (S. 471). Elliger hält den Großteil des Verses für unecht und »das Bemühen, den ursprünglichen Text zu rekonstruieren«, für »aussichtslos« (S. 200).[247] In dieser Situation ist es das gesündeste Verfahren, möglichst intensiv auf den überlieferten Text zu hören und nicht allen möglichen Spekulationen zu folgen, die den Text mit allerlei Konstruktionen verbessern und ihn dadurch nur noch problematischer machen.

Und nicht einer hat es getan, in dem noch ein Rest von Geist war: Keil, Orelli, auf seine Weise auch Elliger, bezeugen, daß dieser hebräische Text durchaus sinnvoll ist.[248] **Nicht einer hat es getan:** nämlich sich durch Scheidung versündigt, **in dem noch ein Rest von Geist war.** Hier muß offen bleiben, ob der **Geist** des Menschen oder der Heilige Geist gemeint ist. Im ersteren Falle würde Maleachi sagen: Wer einen treuen (Ps 32,2), beständigen (Ps 51,12) und verständigen (Jes 29,24) Geist auch nur in geringem Ausmaß besessen hat, hat eine solche Sünde nicht getan[249]. Im zweiten Falle würde er sagen: Wer auch nur einen **Rest** des Heiligen **Geistes** besaß, den nach Ps 51,14 wenigstens die Führer Israels erbitten durften (vgl. 4Mo 27,18; Jes 63,10f; Hos 9,7 und Neh 9,20), der hat nicht so gehandelt.[250] Da aber im AT der Heilige Geist nur einzelne ergreift, und da Mal 2,10-16 sich an das ganze Volk wendet, so haben wir es wohl mit dem erstgenannten Fall zu tun. Das aber ist herb: Treue und Klugheit hätten ein sündiges Handeln verhindert. Nicht einmal dazu war Israel imstande!

[246] Harrison S. 961: »in good condition«

[247] Selbst die Einheitsübersetzung hält V. 15 für »schwer verständlich«. Vgl. noch Nowack S. 420; Frey S. 159 (»Der Text ist so in Unordnung, daß die Stelle zu den dunkelsten der Bibel gehört«); Hoonacker S. 726; Orelli S. 410 (»Stil ... abgerissen und dunkel«); Rudolph S. 251 (V. 15a sei »eine harte Nuß«); Adinolfi S. 252f

[248] Übrigens auch Bulmerincq II S. 294

[249] In diese Richtung geht Keil S. 701f, der den »einen« allerdings auf Abraham deutet; ähnlich Orelli S. 410

[250] In diese Richtung deutet Elliger S. 204; Bulmerincq II S. 297ff; Studies S. 40

Maleachi beschreibt jetzt die Minderheit, die sich nicht in die Sünde hineinziehen ließ: **Und was ist das für einer? Einer, der Nachkommenschaft von Gott sucht!**[251] Die **Nachkommenschaft von Gott** bildet den Gegensatz zur »Nachkommenschaft der Bösewichte« (Jes 14,20) oder zur »Nachkommenschaft des Ehebrechers« bzw. »der Lüge« (Jes 57,3f). Es geht also um eine Nachkommenschaft, die Gottes Willen entspricht und Gottes Segen hat. Solche Nachkommen **sucht** der treue und kluge Israelit, in dem **noch ein** verantwortlicher **Geist** lebt. Damit sagt Maleachi, was später Jesus immer wieder sagen wird: Es ist Torheit, gegen Gott zu handeln, und es ist Klugheit, sich nach Gott zu richten (vgl. Mt 7,24ff; 25,1ff; Lk 12,16ff; 16,1ff). Das hat nichts mit berechnender Schlauheit zu tun, sondern mit einem geöffneten Horizont.

Maleachi schließt in V. 15 mit dem Aufruf: **So hütet euch in eurem Geist! Und verlasse nicht treulos das Weib deiner Jugend! Sich hüten** - das kann sich derjenige, der von Gott einen bußfertigen, willigen **Geist** erbittet (vgl. Ps 51,12ff). Evtl. denkt Maleachi bei seinem Bußruf sogar direkt an Ps 51. Bei **verlasse nicht treulos** werden wir an V. 11 und V. 14 erinnert. Zum **Weib deiner Jugend** vgl. die Erklärung bei V. 14. Allerdings sind die Schlußworte grammatisch nur schwer mit dem übrigen Satz zu verbinden. Eigentlich lauten sie: »Und das Weib deiner Jugend soll er nicht verlassen«. Keil wird mit seiner Vermutung recht haben, daß der Übergang von der zweiten zur dritten Person deshalb erfolgt, »um das Gesagte als für jedermann gültig auszudrücken« (S. 702).

Der Schluß von V. 15 beweist, daß Mal 2,10-15 noch Raum zur Umkehr läßt. Kehrt Israel aber nicht um, dann tritt das angekündigte Gericht ein.

Wie man sieht, gibt der hebräische Text einen guten Sinn. Hier ist die Lutherbibel weit besser als die Einheitsübersetzung von 1980.

V. 16 wird ebenfalls hinsichtlich des erhaltenen Textes sehr negativ **16**
beurteilt.[252] Wir bleiben aber bei unserem Verfahren, uns so eng wie möglich an den überlieferten hebräischen Text anzuschließen.

Charakteristisch für V. 16 ist es, daß hier nicht der geistgeleitete Prophet, sondern Gott selbst redet: **spricht Jahwe, der Gott Israels. Der Gott Israels** erinnert ebenso wie das am Dornbusch offenbarte **Jahwe** (2Mo 3,14) an das besondere Bundesverhältnis und an das Bundesgesetz zwischen Gott und Israel.

Wie lautet das spezielle Gotteswort? **Wer haßt, wer verstößt, der deckt mit Unrecht sein Gewand, spricht Jahwe Zebaoth.** Man könnte mit Hoonacker (S. 728) und der Einheitsübersetzung den hebräischen

[251] Zur Übersetzung vgl. Elliger S. 200; Budde S. 24; Keil S. 700

[252] Z.B. Marti S. 472: »16 ist nicht viel verständlicher als V. 15«; Bulmerincq II zitiert S. 306 Torrey: »hoffnungslos verderbt«; vgl. Holtzmann S. 7

Text auch so wiedergeben: »Wenn einer seine Frau aus Abneigung (Haß) verstößt . . .« Der Textänderung der meisten Ausleger[253], die den Satz so einleiten: »Denn ich hasse Scheidung«, folgen wir nicht. Sie ist unnötig.

Wichtig ist der doppelte Bezug auf 5Mo 24,1ff. Denn sowohl **hassen** als auch **verstoßen** sind dort typische Worte. Wir haben also geradezu einen authentischen, von Gott selbst gegebenen Kommentar zu 5Mo 24 vor uns! Dieser Kommentar besagt kurz und bündig: Ehescheidung will ich nicht! Mal 2,13-16 steht also genau in der Mitte zwischen 5Mo 24 und Mt 5 bzw. 19. Was um der Herzenshärtigkeit willen Mose erlauben mußte, der nur die Folgen zu mildern suchte, das wollte Gott von Anfang an nicht (1Mo 2,24), das will er zur Zeit der Prophetie nicht (Mal 2,13ff), und das will er erst recht nicht im Neuen Bund (Mt 5,27ff; 19,3ff; 1Kor 7,10ff).

Die Sünde wird hier mit den Worten beschrieben: **der bedeckt mit Unrecht sein Gewand. Unrecht** bedeutet im Hebräischen den gewalttätigen, Gottes Gebot übertretenden Egoismus. Wieder stoßen wir auf die Tatsache, daß dieser gott- und menschenfeindliche Egoismus die eigentliche Triebfeder der damaligen Ehescheidungen war. Vielleicht enthält der plastische Ausdruck **sein Gewand bedecken** beides: daß der Betreffende seine Sünde vor aller Augen publik macht (Hoonacker S. 729) und daß die Kleidung das Innere des Menschen spiegelt (Keil S. 703 unter Berufung auf Jes 64,5; Sach 3,4; Offb 3,4; 7,14).

Der abschließende Ruf: **So hütet euch in eurem Geist! Und brecht nicht die Treue!** stimmt fast wörtlich mit dem Schluß von V. 15 überein und ist wahrscheinlich wieder ein Ausruf des inspirierten Propheten. Zur näheren Erklärung siehe oben bei V. 15.[254]

Schauen wir zurück auf Mal 2,10-16, dann treten zwei Punkte in unser Blickfeld.

Der erste besteht in einer Frage: Wie verhält sich Maleachis Stellungnahme gegen die Ehescheidung in V. 13 zu der Ablehnung der Mischehe in V. 10ff? Spoer hat gemeint, Mal 2,14-16 stelle einen Protest gegen die Strenge dar, mit der Esra die Auflösung der Mischehen mit nichtisraelitischen Frauen durchführte. Maleachi wolle sagen, auch die Ehe mit Nichtjüdinnen könne »heiligen Samen« (2,15) haben.[255] In Wirklichkeit sieht das Verhältnis von 2,10ff zu 2,13ff anders aus. Maleachi will nämlich keines von beidem: weder die Mischehen mit Nichtisraelitinnen noch die Ehescheidung. Was aber zu tun ist, wenn bereits eine Ehe

253 Darunter Elliger S. 200; Frey S. 157; Keil S. 700; Nowack S. 421; Orelli S. 410. Unsicher Marti S. 472
254 Einige moderne Ausleger streichen den Schluß des Verses als sekundären Einschub, so z.B. Elliger S. 200; Nowack S. 421; Bulmerincq I S. 394
255 Spoer S. 169.179f

mit einer nichtisraelitischen Frau eingegangen wurde, bespricht er gar nicht. Vielleicht ist also Mal 2,10-16 doch älter als Esra und Nehemia, die dann im Auftrag Gottes die Scheidung der Mischehe durchführten (vgl. Esr 9-10; Neh 13,23ff).[256] Offensichtlich wog damals die Bedrohung des Glaubens schwerer als die Scheidung einer Ehe, die sowieso[e] gegen Gottes Willen zustandegekommen war.

[e] 2Mo 34,15f; 5Mo 7,3; 23,3; Mal 2,10ff

Der zweite Punkt betrifft die Hochschätzung der Ehe, die in Mal 2,10-16 zum Ausdruck kommt. Hier ist die Ehe charakterisiert durch die Treue. Die Ehe wird in der Verantwortung vor Gott geführt. Sie erhält wie der Sinaibund den Namen »Bund«. Gott ist »Zeuge« des Eingehens und des Bestehens dieses Ehe-»Bundes«. Liebe, Treue und Glaubensgemeinschaft sind gewissermaßen ihre Säulen. Damit erhält die Frau eine größere Würde, als sie jede Gesellschaft verleihen kann, die die Ehe als eine Art Partnerschafts- oder Kaufvertrag betrachtet, der jederzeit gelöst werden kann. Eph 5,23-33 wird also durch Maleachi intensiv vorbereitet. Frey bemerkte dazu: »Das ist eine heilig große Auffassung der Frau. Sie ist weder Besitz wie bei den Primitiven, noch ist sie zum Zeitvertreib oder zur Befriedigung des Mannes da, wie in späteren Zeiten, noch auch bloß zur Kameradschaft, zum Arbeitseinsatz oder zur Fortpflanzung, sondern zum gemeinsamen Dienst Gottes«.[257]

V. GOTTES GERICHT KOMMT, 2,17-3,5

Das Thema vom Gericht Gottes zieht sich von 2,17 bis 3,24 durch.[258] Da aber die Verse 3,6 bis 3,12 vorwiegend die Gegenwart behandeln, ist es gerechtfertigt, zunächst einmal 2,17-3,5 als einen zusammengehörigen, einheitlichen Abschnitt zu betrachten. Das tun denn auch die meisen Kommentare.[259]

Der Abschnitt besteht aus einer prophetischen Anklage (2,17) und einem Gotteswort, das auf die Fragen der Menschen Antwort gibt (3,1-5). Wir betrachten zunächst 2,17:

17 Ihr fallt Jahwe zur Last mit euren Reden. Ihr aber sagt: Wodurch fallen wir zur Last? Dadurch, daß ihr sagt: Jeder, der Böses tut, ist gut in den Augen Jahwes, und an denen hat er Gefallen; oder: Wo ist denn der Gott, der Gericht hält?

[256] Vgl. Bulmerincq II S. 318
[257] Frey S. 159; vgl. Elliger S. 204
[258] Vgl. Young S. 285; Hoonacker S. 729ff; Keil S. 703ff; Orelli S. 412ff
[259] Vgl. Bulmerincq I S. 140; Eissfeldt S. 596f; Elliger S. 205; Frey S. 161; Harrison S. 958f; Junker S. 196; Marti S. 472; Nowack S. 421; Pfeiffer S. 554; Rendtorff S. 254

Gibt es das, daß Menschen Gott **zur Last fallen?** Ja. Sogar durch ihre **Reden!** Mustern wir unter diesem Gesichtspunkt unser tägliches Geschwätz, dann müssen wir erschrecken. Wir erinnern uns an die Aussage Jesu, »daß die Menschen müssen Rechenschaft geben am Tage des Gerichts von einem jeglichen nichtsnutzigen Wort, das sie geredet haben« (Mt 12,36f)[a]. Worte wiegen bei Gott. Dabei kann unser Reden hochakademisch sein, »interessante Fragen aufwerfen« und wie dergleichen Formulierungen lauten.

[a] Eph 4,29; 5,4; Kol 4,6; Jak 3,2ff; Jud 15

Ihr fallt zur Last heißt ursprünglich soviel wie »Mühe« und »Arbeit verursachen«, »jemanden ermüden«.

Wieder, wie in 1,2.6.7; 2,14, erfolgt eine Gegenrede: **Wodurch fallen wir zur Last?** Ein weiteres Mal erleben wir also eine Disputation zwischen dem Propheten und seinen Hörern - eine Disputation, die an spätere rabbinische Auseinandersetzungen erinnert.

Maleachi antwortet: **Dadurch, daß ihr sagt: Jeder, der Böses tut, ist gut in den Augen Jahwes, und an denen hat er Gefallen; oder: Wo ist denn der Gott, der Gericht hält? Dadurch, daß ihr sagt:** offenbar war das damals eine häufige Rede unter den Juden. **Ihr:** das bezieht sich sehr wahrscheinlich auf das ganze damalige Israel, und nicht nur auf Priester oder führende Persönlichkeiten.

Wir tun gut daran, zunächst einmal die beiden Aussagen jeweils für sich zu betrachten.[259a] Die erste lautet: **Jeder, der Böses tut, ist gut in den Augen Jahwes, und an denen hat er Gefallen.** Ist es nicht positiv, daß die damalige Judenschaft überhaupt das Thema Gott **(Jahwe)** zu einem Gegenstand öffentlicher Diskussion macht? Wie armselig kommen uns demgegenüber unsere heutigen Verhältnisse vor, die das Thema Gott in der Öffentlichkeit kaum mehr kennen! Aber der Inhalt dieser Worte kann ja keineswegs aus dem Mosegesetz oder aus den Propheten geschöpft sein. Hier fordert Gott eindeutig das **Gute** (Mi 6,8), verwirft **jeden, der Böses tut** (1Mo 6,5; 8,21) und verlangt sogar: »du sollst das Böse aus Israel wegtun« (5Mo 22,22). Ja, die so redenden Juden stellen geradezu 5Mo 4,25 auf den Kopf, wo jeder verworfen wird, der **tut,** was **in den Augen Jahwes** böse **ist!** Wir können noch einen Schritt weitergehen: Vermutlich haben diese Juden 5Mo 4,25 und ähnliche Stellen bewußt auf den Kopf gestellt.[260] Warum? Es gibt zwei Erklärungen: Entweder aus Verzweiflung, weil es den Bösen so gut ging.[261] Oder aus Spott.[262] Evtl. wurden sogar beide Ansichten vertreten. Die erste Linie, die von der Anfechtung und Verzweiflung geprägt ist, führt hinüber zu

259a Zur Verschiedenheit der beiden Fragen vgl. Frey S. 161ff und die Einheitsübersetzung
260 Vgl. hierzu Bulmerincq II S. 324
261 In diese Richtung deuten Frey S. 162f; Marti S. 472f; Nowack S. 421f; Hoonacker S. 729f
262 In diese Richtung gehen Orelli S. 412; Torrey (nach Bulmerincq II S. 321)

Ps 73 und zur Jesusverkündigung (Lk 16,19ff). Die zweite Linie findet sich sowohl bei den Gottesverächtern der Psalmen (Ps 14; 53) als auch bei den philosophischen Griechenfreunden, die Ben Sira (15,11ff) schildert.

Beide können Gott **zur Last fallen,** der Kleingläubige, der am gerechten Walten Gottes verzweifelt, und der Spötter, der sich über Gottes Vergeltung hinwegsetzt.

Die zweite Aussage lautet: **Wo ist denn der Gott, der Gericht hält?** Man könnte auch übersetzen: »der Gott des Rechts« oder »Gott des Gesetzes«. Alle drei Bedeutungen haben ein Gemeinsames: Es geht um den Gott, der seinen gerechten Willen durchsetzt. Aber der Hauptakzent liegt doch auf dem End-**Gericht,** weil es sich um die zukünftige, sichtbare Durchsetzung handelt. Dann muß alles Böse weichen. Wieder kann man die Frage in zweierlei Richtung verstehen. Entweder ist es eine Frage verzweifelten Wartens: **Wo** bleibt **denn der Gott,** der alles Böse rächen wird? Oder es ist eine Frage des Spotters: **Wo ist denn** ein solcher **Gott** zu finden, von dem ihr dauernd redet? Der existiert doch gar nicht.[263] Man darf nicht meinen, damals sei der Gottesglaube selbstverständlich gewesen! Daß es schon zu Davids Zeiten Gottesleugner gab, lehren uns die Psalmen 14 und 53 und Sprüche 10.

Halten wir zum Schluß fest: Beide Aussagen, die Maleachi in 2,17 aufgreift, treffen sich in dem einen Punkt, daß sie Gottes Gericht weit weg wähnen und schon gar nicht mehr damit rechnen - gleichgültig, ob hier Verzweifelnde oder Spötter reden.[264]

3,1 Siehe, ich sende meinen Boten, damit er vor mir den Weg bereite. Und plötzlich wird zu seinem Tempel kommen der Herr, den ihr sucht. Und der Engel des Bundes, den ihr herbeiwünscht - siehe, er kommt! spricht Jahwe Zebaoth.[265]

2 Aber wer erträgt den Tag seines Kommens? Und wer hält stand bei seinem Erscheinen? Denn er ist wie das Feuer des Schmelzers und wie die Lauge der Wäscher.

3 Und er wird sich setzen, um das Silber zu schmelzen und zu reinigen. Und er wird die Söhne Levis reinigen und sie läutern wie Gold und wie Silber, damit sie Jahwe Opfer darbringen in Gerechtigkeit.

4 Und Jahwe wird das Opfer Judas und Jerusalems angenehm sein wie in den Tagen der Vorzeit und wie in den Jahren voralters.

269 Vgl. hierzu Bulmerincq II S. 328
264 Mit beiden, Zweifelnden und Spöttern, rechnet auch Elliger S. 206
265 Elliger erklärt S. 208 ohne Grund den letzten Satz von V. 1 für einen »Einschub«; ebenso Marti S. 474

5 **Und ich komme zu euch zum Gericht, und ich will ein schneller Zeuge sein gegen die Zauberer und gegen die Ehebrecher und gegen die Meineidigen und gegen diejenigen, die den Tagelöhner um seinen Lohn bringen, die sich an Witwen und Waisen vergehen und den Fremdling um sein Recht bringen, und mich nicht fürchten, spricht Jahwe Zebaoth.**

1 Wenige Verse sind in der Auslegung so umstritten wie Mal 3,1. Das war schon in den Tagen der alten Kirche der Fall. Beispielsweise deutete Clemens von Rom (ca. 95 n.Chr.) den Vers auf den zweiten Advent Jesu, während ihn Cyrill von Alexandrien auf den ersten Advent Jesu bezog.[266]

Hauptsächlich folgende Deutungen werden vertreten.[267]

1) Der Bote sei der Messias, der nach jüdischer Meinung noch kommen soll (so der jüdische Ausleger Ibn Ezra im 12. Jh.)

2) Der Bote sei ein Engel, u.U. der Erzengel Michael (viele jüdische Ausleger des Mittelalters, unter den christlichen Auslegern Böhme, Budde, Cheyne, Procksch, Sellin).

3) Der Bote sei Johannes der Täufer (Ephraem, Hieronymus, Cyrill, Theodoret, Calvin, Coccejus, Venema u.a.).

4) Es seien alle göttlichen Boten gemeint, die den ersten Advent Christi vorbereiteten (so z.B. Hengstenberg).

5) Der Bote sei ein neuer Prophet, der nach Maleachi kommen solle (so z.B. Delitzsch, Hofmann).

6) Der Bote sei Maleachi selber, der »in hohem ... Selbstbewußtsein« von sich spreche (so z.B. Elliger).

Hören wir nun auf den Text selbst:

Es handelt sich um eine Gottesrede, vergleiche das **ich** und das mehrfache **spricht Jahwe Zebaoth.** Von sich selber unterscheidet Gott klar und deutlich den künftigen **Boten: Siehe, ich sende meinen Boten, damit er vor mir den Weg bereite.** Wir sahen schon einmal, daß Gottes **Bote** ein Engel, ein Prophet, ein Priester oder das ganze Volk Israel sein kann (vgl. die Erklärung bei 2,7).[268] Nur eins ist dann nicht möglich: daß nämlich Gott selbst bzw. Jesus damit gemeint sei.[269]

Denn als Gottes Sohn steht Jesus über Engeln, Priestern und Propheten, (vgl. Hebr 3-7). Der Ausdruck **damit er vor mir den Weg bereite,** er-

266 Vgl. Texte IV, 483f; IV, 536f; Neil S. 232

267 Vgl. den Überblick bei Bulmerincq II S. 331ff

268 Natürlich hat das mit dem Namen des Verfassers des Büchleins nichts zu tun, vgl. die Einleitung oben unter I.

269 Die Gleichsetzung mit Gott vertritt Bulmerincq II S. 334ff, der »meinen Boten« = »Engel Jahwes« = Jahwe erklärt. Allerdings habe Maleachi diese volkstümliche Meinung so umgedeutet, daß darunter jetzt Esra zu verstehen sei!

innert an Jes 40,3.[270] In der Tat sieht die apostolische Auslegung in Mk 1,2 die beiden Stellen Mal 3,1 und Jes 40,3 als ganz nahe Verwandte an.

Und plötzlich wird zu seinem Tempel kommen der Herr, den ihr sucht. Die Lutherübersetzung »und bald wird kommen« usw. ist falsch. Denn das betreffende hebräische Wort heißt selten einmal »bald« (evtl. in 4Mo 12,4), sondern ganz überwiegend »plötzlich« oder »unversehens«[271][b] Nicht das baldige Kommen also, etwa schon in den Tagen Maleachis, sondern das plötzliche, unerwartete Kommen des Herrn wird hier angekündigt.[272] Das entspricht in auffallender Weise der jesuanischen und apostolischen Verkündigung.[c] **Der Herr, den ihr sucht** ist Gott. Denn für **Herr** steht hier »Adon«, ähnlich wie in 1,6.12 für Gott. Und die Worte **den ihr sucht** beziehen sich doch offensichtlich auf die Frage: »Wo ist denn der Gott, der Gericht hält?« in 2,17.[273] Es geht also um das Kommen Gottes. Nur bei den Worten **zu seinem Tempel** könnte man zweifeln, was gemeint ist. Ist es der Jerusalemer **Tempel?** Der unmittelbare Wortsinn legt dies nahe. Ist es die Gemeinde, wie man nach Eph 2,21f; 1Petr 2,5ff; Hebr 3,6 vermuten könnte? Lassen wir die Frage vorläufig offen.

Aber wer ist **der Engel des Bundes**? Für **Engel** steht dasselbe hebräische Wort wie oben für den »Boten«, so daß man mit der Einheitsübersetzung auch übersetzen könnte: »der Bote des Bundes«. Es muß sich aber um eine andere Gestalt handeln als bei »meinem Boten«.[274] Denn es wäre doch seltsam, wenn Gott zuerst von seinem Boten spräche, dann von sich, und dann wieder vom selben Boten. Bezeichnet der **Bund** den Gottesbund mit den Vätern bzw. vom Sinai[275], dann liegt es nahe, den »Boten« oder »Engel des Bundes« mit dem »Engel Jahwes« gleichzusetzen, der Gott gegenüber Israel vertrat bzw. den Verkehr Gottes mit Israel vermittelte[276][d]. Wir können diesen Engel mit dem(n) in Apg 7,38.53; Gal 3,19; Hebr 2,2 genannten Engel(n) identifizieren. Vielleicht ist es sogar jener Michael, der in Dan 10,21; 12,1 - also schon 60-70 Jahre vor

[b] 4Mo 6,9; Jos 10,9; 11,7; Ps 64,5.8; Jes 29,5; 30,13; 47,11; 48,3; Jer 4,20; 6,26; 15,8; 18,22; 51,8

[c] Mt 24,38ff. 42ff; 25,1ff. 14ff; Lk 21,34f; 1Thes 5,1ff

[d] 1Mo 16,7; 22,11ff; 2Mo 3,2; 14,19; 23,20; 33,2; 4Mo 20,16; Ri 2,1ff; Sach 3,1ff

270 Vielleicht nimmt das Gotteswort in Mal 3,1 sogar wörtlich auf Jes 40,3 Bezug, wie Keil S. 705 vermutet; vgl. Marti S. 473

271 Vgl. die Einheitsübersetzung; Bulmerincq II S. 337f; Orelli S. 412; Keil S. 705; Frey S. 161; Marti S. 473. Anders Elliger S. 206: »unmittelbares Bevorstehen«; ähnlich auch Hoonacker S. 730

272 So z.B. auch Clemens Romanus um 95 n.Chr. (Texte IV, 483f)

273 Ebenso Keil S. 705; Marti S. 473; Nowack S. 422; Bulmerincq II S. 340. Wallis jedoch setzt S. 231 den Bundesboten mit dem Tempelhorn gleich

274 Ebenso Caquot S. 8f; Orelli S. 412; Nowack S. 422. Andere Meinungen bei Bulmerincq II S. 345ff; Procksch S. 359

275 Auf den Levi-Bund verengt Elliger S. 208

276 Ebenso Orelli a.a.O. Anders Keil S. 706: der »Bundesengel« sei Jesus Christus. Andere setzen den Bundesengel mit Jahwe gleich, so z.B. Chary S. 176; Hoonacker S. 730. Die Deutung des Bundesengels auf Jesus Christus findet sich auch bei Hieronymus, Cyrill, Calvin, Coccejus (vgl. Bulmerincq II S. 342); Frey S. 166; Skrinjar S. 48. Vgl. noch Böhme S. 214; Renker S. 91; Wallis S. 229. Caquot glaubt hier einen priesterlichen Messias zu finden (S. 8f).

Maleachi - als Engelfürst Israels genannt wird (vgl. Offb 12,7ff und Jud 9).[277] In Mal 3,2ff wird er als Gerichtsengel geschildert, was nicht nur gut in den eben genannten Zusammenhang paßt, sondern auch zu den Aussagen Jesu und der Johannesoffenbarung, die immer wieder die Engel als Gerichtshelfer Gottes schildern[e]. Die Worte bezüglich des »Engels« oder »Boten des Bundes«: **den ihr herbeiwünscht,** deuten dann an, daß das damalige Israel gerade diesen Engel als Gerichtshelfer Gottes herbei-**wünscht** - ein Wunsch, der nichts anderes als eine Präzisierung der sehnsüchtigen oder auch ironischen Frage: »Wo ist denn der Gott, der Gericht hält?« darstellt.

[e] Mt 13,39ff.48ff; 16,27; 22,13; 25,31ff; Lk 16,22; Offb 12,7ff; 14,14ff; 16,1ff; 19,17; 20,1ff; Dan 7,10f

Ist es so, dann kündigt Gott in Mal 3,1 ein dreifaches Kommen an: a) das des geheimnisvollen Boten, der ihm den Weg bereitet, b) sein eigenes Kommen zum Tempel und c) das Kommen des »Engels des Bundes«, der als Gerichtsengel wirken wird.

Jetzt können wir zurückfragen: Wer ist der geheimnisvolle Wegbereiter? Die Antwort gibt Jesus selbst in Mt 11,10 und Lk 7,27: Es ist der Täufer Johannes. Damit ist die unter 3) genannte Auslegung im Recht. In der Tat hat der Täufer die Merkmale von Mal 3,1 erfüllt: als Prophet ist er der »Bote« Gottes mit dem speziellen Auftrag gewesen, Jesus als dem **Herrn** durch die Bußbewegung am Jordan **den Weg** zu **bereiten.** Diesen Auftrag hat er treu bis zum Märtyrertod erfüllt (vgl. Mk 1,2).

Dann aber enthüllt sich uns ein Zweites. **Der Herr, den ihr sucht,** und der **zu seinem Tempel kommen wird,** ist Jesus, der Gottessohn.[278] Er wird als **der Herr** schon in der Urgemeinde angebetet (Joh 9,38, 11,27, 1Kor 16,22). Er kam buchstäblich **zum Tempel** als seines Vaters Haus, hat ihn gereinigt und wurde doch als Zerstörer des Tempels angeklagt (vgl. Mt 21,12ff; 26,61; Joh 2,14ff). In den Worten **den ihr sucht** spiegelt sich die sehnsüchtige messianische Erwartung, der Jesus tatsächlich begegnet ist (vgl. Lk 2,25ff; Joh 6,15). Und auch wenn wir den Tempel auf das Bundesvolk deuten (vgl. Ps 118,22), hat sich Mal 3,1 in Jesus Christus erfüllt. Er war ja zuerst zu Israel, dem Bundesvolk gesandt (Mt 15,21ff; 21,33ff). Selbst das **plötzlich** bzw. »unversehens« ist bei Jesus Wirklichkeit geworden. Niemand vermutete ja zunächst in dem bescheidenen Jesus von Nazareth den Messias (vgl. Joh 1,46ff).

Die dritte Prophezeiung vom Kommen des **Engels des Bundes** als des Gerichtsengels ist noch nicht erfüllt. Sie schaut hinaus auf die Wiederkunft Jesu, wenn er mit seinen Engeln kommen wird, um »einem jeglichen zu vergelten nach seinen Werken« (Mt 16,27; vgl. 2Kor 5,10).

Damit hat uns Mal 3,1 in eine atemberaubende heilsgeschichtliche Linie hineingestellt: der Täufer - der Messias - das Endgericht. Bei einer

[277] Vgl. Marti S. 473. Ähnlich Lindblom S. 405
[278] So auch Hieronymus, Cyrill, Theodoret, Calvin, Coccejus, vgl. Bulmerincq II S. 339

solchen Dichte der Aussage braucht es nicht zu verwundern, wenn Mal 3,1 so vielerlei Auslegungen erfahren hat. Im wesentlichen aber hat es sich gezeigt, daß die Auslegung der alten Kirche mehr ins Schwarze traf als die modernistische Auslegung.

Die Bildworte von V. 2 und 3 sind rasch erklärt. **Das Feuer des Schmelzers** ist ein Bild aus der Metallgewinnung, bei der alle Schlacke und Zutat ausgeschieden werden muß, um das reine Metall zu gewinnen. Es dient öfters zur Beschreibung des Gerichtshandelns Gottes[f]. Dabei spielt gerade **Silber** und **Gold** eine Rolle (Ps 66,10; Jes 48,10; Sach 13,9). Am schönen Silber- oder Goldspiegel konnte man den Erfolg des **reinigens** und **läuterns** gut beobachten. Die Ausscheidung des Bösen und die Herstellung des reinen Gottesvolkes ist also das Ziel dieses göttlichen Gerichtshandelns. Ähnlich verhält es sich mit der **Lauge der Wäscher. Lauge,** meist aus der Asche verbrannter Seifenpflanzen gewonnen, und **waschen** sind Bildworte, die die Herstellung der Reinheit andeuten[g]. Aller Dreck, alles Unreine soll abgewaschen werden.

f Ps 66,10; Jes 1,25; 48,10; Jer 6,29; 9,6; Sach 13,9; Dan 11,35

g Ps 51,4.9; Jes 1,16; 4,4; Jer 2,22; 4,14; 1Petr 3,21

Doch wer ist der **er,** von dem in Mal 3,2f die Rede ist? Ist es »der Herr« 2
von V. 1? Oder »der Engel des Bundes«? Die Ausleger schwanken.[279] Für die Beziehung auf Gott selbst sprechen die Parallelstellen in Ps 66,10; 119,119; Jes 1,25; 48,10; Jer 9,6; Sach 13,9, die das »schmelzen«, »läutern« und »reinigen« zu Gottes eigener Sache machen. Für die Beziehung auf den **Engel des Bundes** sprechen folgende Erwägungen: 1) Er ist das letzte Subjekt in V. 1. Wäre jetzt in V. 2 ein anderer gemeint, müßte man einen stillschweigenden Subjektwechsel annehmen. 2) Der **Tag des Kommens** schließt an das **Kommen** des Bundesengels in V. 1 an, ebenso das **Erscheinen** an das **siehe** in V. 1. 3) In V. 5 spricht Gott von sich selbst im **Ich**-Stil. Warum sollte er vorher nicht auch schon im »Ich«-Stil gesprochen haben, wenn er sich in V. 2-4 schon selber meinte? 4) In Jer 6,27ff wird sogar ein Mensch - nämlich der Prophet Jeremia - zum Schmelzer seines Volkes ernannt. Warum nicht in Mal 3,2ff der Bundesengel? 5) Auch Jesus spricht in Mt 13,48f vom **sitzen** der Gerichtsengel (vgl. Mal 3,3!). 6) Wir erinnern noch einmal daran, daß es sowohl in Dan 4,10ff (»Wächter«) als auch bei Jesus (Mt 13,39ff.48ff; 22,13) und in der Johannesoffenbarung (14,14ff; 16,1ff; 19,17; 20,1ff) bestimmte Engel sind, die die praktische Durchführung des Gerichts übernehmen.[280] Von daher neigen wir zu der Annahme, daß der Bun-

[279] Auf Gott den Herrn deuten z.B. Keil S. 706; Orelli S. 412; Hoonacker S. 731; Nowack S. 422f; Marti S. 474; Elliger S. 206. Auf den Bundesengel deuten z.B. Maurer; Hitzig; Bulmerincq (Bulmerincq II S. 355); Budde (Nowack S. 422).
Frey S. 164 läßt die Frage offen. Auf das zweite Kommen Jesu deuteten den Vers z.B. der Diognetbrief und Cyrill von Jerusalem (Texte II S. 124; IV S. 536f)

[280] Vielleicht könnte man als siebentes Argument noch hinzufügen, daß »Bund« und »Lauge« im Hebräischen ein Wortspiel darstellen, vgl. Bulmerincq II S. 358

desengel als Repräsentant Gottes die Aufgabe des Schmelzers und Reinigers übernimmt. Allerdings: er tut das in völliger Abhängigkeit von Gott, gewissermaßen als sein verlängerter Arm. Deshalb ist der Abstand zu der anderen Annahme, Gott selbst sei mit dem »er« von Mal 3,2f gemeint, äußerst gering.

Zweimal[281] fragt Gott die Israeliten, ob sie für dieses Kommen zum Gericht bereit seien: **wer erträgt den Tag seines Kommen? Und wer hält stand bei seinem Erscheinen?** Offenbar **wünscht** man den Engel des Bundes zu rasch **herbei** (V. 1). Offenbar denkt man gar nicht daran, daß Gottes Aufsuchen des Tempels und seiner Gemeinde (V. 2) die Abkehr von der Sünde voraussetzt! Man kann hier schnell die Brücke zur Gegenwart schlagen, wenn man den häufig geäußerten Wunsch überlegt: »da müßte Gott doch endlich eingreifen«. Müßte er dann nicht zuerst bei mir »eingreifen«? Vgl. Am 5,18ff; Joe 2,11.

Aber nun greifen V. 3b und V. 4[282] ein spezielles Thema auf, das für die Auslegung gar nicht so leicht zu bewältigen ist. Es heißt hier: **Und er wird die Söhne Levis reinigen und sie läutern wie Gold und wie Silber, damit sie Jahwe Opfer darbringen in Gerechtigkeit. Und Jahwe wird das Opfer Judas und Jerusalems angenehm sein wie in den Tagen der Vorzeit und wie in den Jahren voralters.**

Halten wir zuerst fest: Gottes Gericht trifft das Bundesvolk und nicht die Feinde Israels, wie z.B. die Samaritaner oder Araber oder Ammoniter oder Asdoditer oder auch die Perser.[283] Zweitens: Das Gericht beginnt sogar am Haus Gottes, konkret bei den **Söhnen Levis** = den Priestern.[284] Damit setzt Maleachi die Linie Jeremias (25,29) und Hesekiels (Hes 9,6; vgl. 1Petr 4,17) fort.

Das Gericht, um das es hier gehen soll, ist aber offensichtlich noch nicht das Endgericht. Die prophetische Perspektive, die in V. 1-3a bis zum Endgericht hinausreichte, kehrt hier wieder zur näheren Geschichte zurück. Wenn man diesen Wechsel der Perspektiven nicht beachtet, dann muß man mit Elliger von einer »Inkonsequenz gegenüber 2,1ff« sprechen, »wo dem ganzen Stande (= der Levipriester) vollkommene und endgültige Absetzung als Gottes Urteil verkündet wird«.[285]

Es kommt hier viel auf die Übersetzung an. Z.B. hat die Einheitsübersetzung in V. 3b: »Dann werden sie dem Herrn die richtigen Opfer darbringen«. Die Einheitsübersetzung folgt dabei Bulmerincq (S. 359), Hoonacker (S. 763), Orelli (S. 412) u.a., nicht zuletzt der Lutherbibel. Die

281 Vgl. dazu Frey S. 164

282 Für Elliger S. 205ff sind auch diese Verse unecht; V. 4 wird ausgeschieden von Nowack S. 423; V. 3 und 4 von Rudolph S. 250; Rendtorff RGG Sp. 629

283 So auch die Kommentare, z.B. Frey S. 164f

284 Vgl. Frey a.a.O.

285 Elliger S. 205

genauere Übersetzung muß aber lauten: **damit sie Jahwe Opfer darbringen in Gerechtigkeit.**[286] D.h., es handelt sich hier nicht um die unerschütterliche Prophezeiung, daß dies alles geschehen wird. Sondern es handelt sich um ein Gericht zum Zwecke der Läuterung, wobei völlig offenbleibt, ob dieses läuternde Bemühen auch wirklich die Bekehrung der Priester und deren neue **Gerechtigkeit** zur Folge hat. Frey stellt V. 3b also auf den Kopf, wenn er kommentiert: »Und er (= Gott) verwirklicht es« (S. 165).

Wenden wir uns den Einzelheiten zu. Zu den **Söhnen Levis** vgl. den 3
»Bund mit Levi« in 2,4.8. Der Name **Levi** tritt in Maleachi - übrigens wie in Hesekiel! - so stark hervor, daß man immer mehr zu der Überzeugung geführt wird, Maleachi sei selbst ein »Levisohn«, ein Priester, gewesen. Für **reinigen** wird ein Wort benutzt, das ganz überwiegend für die levitische Reinheit gebraucht wird[h]. Maleachi bewegt sich hier also in der typischen Priestersprache. Doch was für eine Umkehrung der normalen Erwartungen, wenn jetzt plötzlich die Priester, die sonst andere »reinigen«, selbst »gereinigt« werden müssen! Zu denken gibt die Parallele Hes 36,25.33. Denn dort geschieht das »reinigen« zum Zweck des Neuen Bundes! Für **»läutern«** steht das Wort, das man nach Ps 12,7; Hi 28,1 für das »seihen« der Metalle benutzte. Darin steckt also die Absicht, die »Schlacke« zu beseitigen. Wegschaffen des Unverbesserlichen und »reinigen« des Übriggelassenen: beides soll an den Priestern geschehen. Und jetzt wird der Zweck dieses Läuterungsprozesses genannt: **damit sie** (= die übriggebliebenen Priester) **Jahwe Opfer darbringen in Gerechtigkeit. In Gerechtigkeit** heißt: als gerechtgewordene Priester
(nicht: richtige Opfer).[287] Geschieht das, dann gilt, was V. 4 so be- 4
schreibt: **Und Jahwe wird das Opfer Judas und Jerusalems angenehm sein wie in den Tagen der Vorzeit und wie in den Tagen voralters. Vorzeit** und **voralters** können sich nicht auf die Urzeit der Menschheit beziehen. Gemeint sein muß vielmehr eine Zeit, in der die Levipriester schon amtierten. Das aber ist die Zeit von 2,5f gewesen, als Levi noch gehorsam war, z.B. in der Zeit des Pinchas (vgl. 4Mo 25; Jer 2,1f und die Erklärung bei 2,5f).[288] Mit anderen Worten: Gott bietet eine Restitution, eine Wiederherstellung Israels an. Er will noch einmal mit Levi und mit **Juda/Jerusalem** beginnen **wie voralters.** Das hatte er schon zur Zeit Jesajas angeboten (1,26), wie überhaupt der Zusammenhang mit Jes 1,11-31 außerordentlich eng ist. Man vergleiche nur Jes 1,27: »Zion muß durch Gericht erlöst werden und, die zu ihr zurückkehren, durch Gerechtigkeit«. Hier finden sich sogar die Worte: **in** (durch) **Gerechtigkeit.**

h 3Mo 13,6.13.17.23.28.34.37.59; 14,7.11.48; 16,19.30; 4Mo 8,6f.15.21; Hes 24,13; 36,25.33; 37,23; 39,12.14.16

286 Ebenso Elliger S. 205; Frey S. 161; Keil S. 706; Marti S. 474;
287 So auch Keil S. 707, der auf Ps 4,6 verweist; anders Bulmerincq II S. 368f
288 Ebenso Keil S. 707; Orelli S. 412; Hoonacker S. 732; Nowack S. 423

Dasselbe hatte Gott ca. 50 Jahre vor Maleachi, aber schon nach dem Exil in Sach 8,1ff angeboten. Und jetzt bietet er - zum zweiten Mal nach dem Exil - wiederum die herrliche Wiederherstellung Israels an. Welche Geduld Gottes!

Aber - und nun schweigen die meisten Kommentare - wann hat sich denn Mal 3,3-4 in der Geschichte erfüllt? Die Antwort muß lauten: Die Läuterung ist gekommen, aber die Söhne Levis und Israel haben keine Buße getan. Man erinnere sich z.B. an die schreckliche Läuterung der Priesterschaft in der Makkabäerzeit. Dennoch waren es levitische Priester, die gegen das Kommen Jesu am schärfsten Front machten[i]. Die geistlich-sittliche Läuterung, von der Mal 3,3f spricht, führt nur zum Neuanfang, wenn der Mensch diese Erneuerung will. Das ist im Falle von Mal 3,3f nicht geschehen. Deshalb wurde Israel nicht wiederhergestellt, sondern zerstreut. Deshalb wurde auch das Levipriestertum endgültig beseitigt (vgl. 2,1ff und die Erklärung dort).

[i] Mt 26,59; 27,41; Joh 11,49ff; Apg 4,1ff; 5,17ff; 23,6ff

5 Wir wenden uns nun Mal 3,5 zu: **Und ich komme zu euch zum Gericht, und ich will ein schneller Zeuge sein gegen die Zauberer . . .** usw. Das **ich** ist kein anderer als in V. 1. D.h., hier redet Gott selbst. Dasselbe ergibt sich aus den abschließenden Worten: **spricht Jahwe Zebaoth.**

Gott handelt bei diesem **Kommen** in einer dreifachen Funktion: als Richter (**zum Gericht,** vgl. 5Mo 1,17), als **Zeuge** und als Ankläger.[289] Denn nach alt. Recht fungierte der Zeuge zugleich als Ankläger (5Mo 19,15). In dem Wort **schnell** steckt zweierlei: a) sobald seine Zeit gekommen ist, wird Gott unverzüglich handeln (vgl. Zeph 1,14); b) im Hebräischen schwingt bei dem Wort »schnell« auch die Bedeutung »tüchtig« mit. Diesem unverzüglichen, bestens disponierten Handeln Gottes gegenüber wird es kein Entrinnen geben.

Gegen wen richtet sich Gottes Gericht? **Gegen die Zauberer und gegen die Ehebrecher und gegen die Meineidigen und gegen diejenigen, die den Tagelöhner um seinen Lohn bringen, die sich an Witwen und Waisen vergehen und den Fremdling um sein Recht bringen, und mich nicht fürchten.** Verblüfft stellen wir fest, daß Mal 3,5 genauso konkret ist wie vergleichbare ntl. Stellen[j]. Dabei verfährt Gott bzw. Maleachi nicht in der Art mancher »moderner« Theologen, die behaupten, aus »Liebe« könne man auch mal ehebrechen, einen Meineid leisten o.ä. - es käme nur auf die gute Absicht an. Nein, die göttliche Weisung ist eindeutig und verbindlich.

[j] 1Kor 6,9f; 1Tim 1,9f; Offb 21,8; 22,15

Zum Einzelnen: Für **Zauberer** steht hier im Hebräischen dasselbe Wort, das in 2Mo 7,11 für die ägyptischen und in Dan 2,2 für die babylonischen Zauberer benutzt wird und das vielleicht aus dem Assyrischen stammt. Diese Art von Zauberei war auf Traumdeutung und Zukunfts-

[289] Vgl. Baldwin S. 244; Elliger S. 207; Bulmerincq II S. 377; Frey S. 165

weissagung spezialisiert und nach 2Mo 22,17; 3Mo 18,21; 19.26.31 in Israel streng verboten. Offensichtlich hat sich aber diese heidnische Art von Traumdeutung und Zukunftsweissagung auch nach dem Exil in Juda gehalten und vielleicht vom Zweistromland her immer neue Impulse empfangen (vgl. 2Chr 33,6; Jes 47,12f; Jer 27,9). Heute entsprechen ihr etwa das Horoskop und astrologische Voraussagen sowie spiritistische Praktiken. Auch das NT lehnt die »Zauberer« aufs entschiedenste ab (Offb 21,8; 22,15).[290] Die scharfe Verurteilung der **Ehebrecher** bildet die notwendige Kehrseite der Hochschätzung der Ehe in der Bibel. Die Bibel will ein Leben in Freude und Reinheit schenken, das viele »moderne« Europäer kaum mehr verstehen. »Ehebruch« konnte zwar auch ein geistlicher Begriff für den Abfall von Gott sein (Jes 57,3; Jer 3,8; Hes 23,37). Aber hier in Mal 3,5 ist die Verletzung der Ehe gemeint, die nach 3Mo 20,10 mit dem Tode bestraft wurde.[291][k] Der **Meineidige** verletzt die Zehn Gebote (2Mo 20,7; 3Mo 19,12). Auch Jesus legt strengen Wert auf die wahre Aussage (Mt 5,33ff; vgl. Jak 5,12). Mit dem Meineid wird die Lüge und Unwahrheit verdammt. Entsprechend schließen Offb 21,8 und 22,15 die Lügner vom Gottesreich aus. Wahrscheinlich hat Elliger (S. 20) recht mit seiner Vermutung, daß bei den unklaren Besitzverhältnissen nach dem Exil der Meineid häufig war.[292]

[k] Mt 5,27ff; 14,3ff; 19,3ff; Röm 13,13; 1Kor 6,9ff; 1Tim 1,10; Hebr 13,4; Offb 21,8; 22,15

Nachdem zuerst die Vergehen gegen Gottes Person überwogen (Zauber, Meineid), geht es jetzt hauptsächlich um die mitmenschlichen Vergehen. Mal 3,5 zeigt also eine ganz ähnliche Struktur wie die Zehn Gebote oder die Bergpredigt. Sozial und damit auch gegen Gott vergehen sich **diejenigen, die den Tagelöhner um seinen Lohn bringen.** Dies bedeutet den Bruch der Gebote in 3Mo 19,13; 5Mo 24,14f (vgl. Jak 5,4). **Um seinen Lohn bringen** heißt, zu wenig oder zu spät Lohn zahlen. - **Diejenigen, die sich an Witwen und Waisen vergehen,** bilden die nächste Gruppe. Wieder handelt es sich um eine häufige prophetische Anklage (vgl. Jes 1,17; Jer 5,28; 7,6; Sach 7,10). Jesus setzt sie fort (Mt 23,14; Lk 20,47). **Witwen und Waisen** gehören zu den traditionell schwachen und deshalb vom Gottesrecht des AT besonders geschützten Gruppen[l]. Man verging sich an ihnen, indem man ihr Hab und Gut an sich brachte. - Drittens werden in dieser Reihe diejenigen genannt, **die den Fremdling um sein Recht bringen.**[293] Auch die **Fremdlinge,** d.h. Nichtisraeliten, die in die Siedlungen Israels aufgenommen und deshalb partielle Mitglieder der israelitischen Gesellschaft geworden waren, genossen be-

[l] 2Mo 22,21ff; 5Mo 10,18; 24,17; 27,19

290 Anders deutet Bulmerincq II S. 379: Zauberei sei hier »ganz allgemein die Ausübung heidnischer Kultbräuche«; ebenso Calvin (vgl. Bulmerincq a.a.O.)
291 Wieder anders Bulmerincq II S. 380: »in bildlichem Sinne zu verstehen«
292 Bulmerincq deutet auch hier übertragen: »bildliche Bezeichnung der Samariter« (II S. 380)
293 Auch der Talmud zitiert Mal 3,5 so: »die das Recht des Fremdlings beugen« (Chagiga 5a nach Goldschmidt III S. 793)

[m] 2Mo 22,20; 23,9; 3Mo 19,33f; 5Mo 10,18f; 27,19

sonderen Schutz: »denn ihr wisset um der Fremdlinge Herz, weil ihr auch Fremdlinge in Ägyptenland gewesen seid«[m]. Wiederum findet sich die Klage, daß diese Bestimmungen verletzt werden, öfters bei den Propheten (vgl. Sach 7,7ff). Es ist ganz klar, daß unser Gottesverhältnis in Unordnung kommt, wenn wir uns an den Mitmenschen versündigen. Menschen, denen Gott besonderen Schutz angedeihen läßt, sollten auch uns am Herzen liegen. Das ist der Wahrheitskern des sog. »sozialen Evangeliums«. Über die Bedrückung der Armen gerade in der Nachexilszeit vgl. Neh 5,1ff. Als letzte Gruppe werden diejenigen genannt, **die mich nicht fürchten.** Diese Bezeichnung stellt zugleich eine Zusammenfassung dar. Denn alle, die Gottes Gebot übertreten, berauben Gott seiner Ehre und verletzten die Gottesfurcht, d.h. die Gott gebührende Ehrfurcht.

Wann erfolgt dieses **Gericht?** Mal 3,5 nennt keinen Zeitpunkt. Vom NT her legt es sich nahe, an das Endgericht zu denken[294] (vgl. 1Kor 6,9ff; Offb 21,8; 22,15). Es kann aber auch das schon im Laufe der Geschichte stattfindende Gericht über einzelne Sünder gemeint sein (vgl. Ps 1,4; 73,18f).

Schauen wir noch einmal zurück auf Mal 2,17-3,5! Zwei Fragen hatten Maleachis Hörer gestellt: a) Werden die Bösen noch gestraft? b) Wann kommt Gott zum Gericht? bzw. kommt er überhaupt? Beide Fragen haben Antwort gefunden. Ja, Gott straft die Bösen. Ja, Gott kommt zum Gericht. Die Perspektive geht sogar weit über Maleachis Zeit hinaus bis zum Endgericht. Gott enthüllt überdies, daß eine Abfolge von Ereignissen eintreten wird: erst kommt ein geheimnisvoller Bote, dann der Herr selbst, dann der »Engel des Bundes« als Gerichtsengel. Aber eine Frage beantwortet Gott nicht: nämlich die Frage nach dem Wann. Das ist in Mal 2,17ff genauso wie im NT. Auch dort wird die Wann-Frage nicht beantwortet (vgl. Mt 24,3ff; Apg 1,6f). Deshalb bleibt die Gemeinde im gespannten und verantwortungsbereiten Wachen. Zugleich muß Maleachis Botschaft allen Hörern durch Mark und Bein fahren. Denn nicht die anderen werden gerichtet, sondern sie alle miteinander - **zu euch** kommt Gott im Gericht! Aber **wer hält stand bei seinem Erscheinen**? Auch der heutige Leser muß diese Anfrage in der Stille für sich selbst bedenken.

[294] Ähnlich Bulmerincq II S. 375

VI. BEKEHRUNG IST DAS GEBOT DER STUNDE, 3,6-12

Die meisten Ausleger sind sich darin einig, daß Mal 3,6-12 eine geschlossene Einheit bildet.[295] Die abschließenden Worte **spricht Jahwe Zebaoth** (V. 12) und der Beginn eines neuen Gesprächsganges in V. 13 machen dies einsichtig. Aber im Rückblick auf Mal 2,17-3,5 muß man noch mehr sagen: Mal 3,6-12 paßt ausgezeichnet nach den Versen Mal 2,17ff! Denn wenn Israel dem Gericht entrinnen will, dann muß es umkehren zu Gott. Der Vorschlag von E. Sellin,[296] Mal 3,6ff nach 1,5 einzufügen, ist sachlich unberechtigt und zugleich ohne Anhalt an den alten Handschriften.

Sehr verschiedenartig sind die Überschriften, die die Ausleger für diesen Abschnitt wählen. Wir zitieren einige in Auswahl: Maleachi »weist die Zweifel an Gottes gerechtem Walten zurück« (Junker S. 196) - »Die Unveränderlichkeit Jahwes und die Unverbesserlichkeit der Jakobssöhne oder über Zehnten und Abgaben« (Bulmerincq II S. 391) - »Der Herr wünscht zu segnen« (Baldwin S. 245) - »Gott als Herr der Schöpfungsgaben« (Frey S. 166) - »Gegen den Betrug Jahwes in Unterschlagung oder mangelhafter Ablieferung des Zehnten« (Marti S. 474). Am nächsten kommt uns Elliger: »So kehre ich um zu euch!« (S. 209). Nur sollte man nicht die Konsequenz der Aufforderung, sondern die Aufforderung selbst zur Überschrift machen. Deshalb gehen wir von V. 7 aus und setzen über diesen Abschnitt: »Bekehrung ist das Gebot der Stunde«.

Um den Inhalt zu verstehen, wollen wir wieder schrittweise vorgehen.

6 Ja, ich, Jahwe, habe mich nicht geändert, und ihr habt nicht aufgehört,[297] Söhne Jakobs zu sein.
7a Von den Tagen eurer Väter an seid ihr von meinen Geboten abgewichen und habt sie nicht bewahrt. Bekehrt euch zu mir, dann will ich mich auch zu euch bekehren! spricht Jahwe Zebaoth.

Es herrscht Streit, ob das hebräische Wort, das an der Spitze von V. 6 6
steht, als bekräftigendes **Ja**[298] oder als begründendes »Denn« übersetzt werden muß. Will man an der Einheit der Verse 6-12 festhalten, dann legt sich die Übersetzung **Ja** nahe. Schlägt man V. 6 aber noch zum vori-

[295] Vgl. nur z.B. Childs S. 489
[296] Sellin S. 536. Ihm folgt z.B. Nowack S. 424. Anders Kaiser S. 261
[297] Zu den Problemen der Übersetzung vgl. besonders Rudolph S. 281f. Rudolph will mit Procksch übersetzen: »ihr aber, ihr Jakobssöhne, habt nicht standgehalten«. Keil S. 708 übersetzt: »ihr Söhne Israels, ihr vergehet nicht«. Vgl. noch Bulmerincq II S. 397ff; Elliger S. 209
[298] So auch Nowack S. 424; Rudolph S. 283,2

gen Abschnitt, dann ergibt auch das »Denn« einen guten Sinn. Vom Hebräischen her ist beides möglich. Übrigens verzichten sowohl die Lutherbibel als auch die Einheitsübersetzung auf eine Übersetzung dieses ersten hebräischen Wortes.

Auch die beiden nächsten hebräischen Worte lassen sich verschieden auffassen. Entweder bedeuten sie: »Ich bin Jahwe, ich habe mich nicht geändert«. Oder sie bedeuten: **Ich, Jahwe, habe mich nicht geändert.**

Der Inhalt der Aussage aber ist glasklar: Gott hat sich **nicht geändert**! Er ist derselbe geblieben im Laufe der ganzen Geschichte Israels! Es lohnt sich, über diese Aussage - die Gott über sich selbst macht - noch ein wenig nachzudenken. In Ps 77,11, wo die engste hebräische Parallele auftaucht, klagt der Beter: »Darunter leide ich, daß die rechte Hand des Höchsten sich so ändern kann«. In der Tat, was wäre das für ein Gott, der sich ändert? Es wäre kein Verlaß auf ihn. Vertrauen könnte nicht wachsen. Seine Ziele und damit auch unsere Lebensziele wären einem steten Wandel unterworfen. So aber ist der Gott der Bibel nicht. Immer wieder machen Menschen nach Zweifel und Angst die Erfahrung: »des Herrn Wort ist wahrhaftig, und was er zusagt, das hält er gewiß« (Ps 33,4). Wohl reut ihn Zorn und Strafe im Blick auf Einzelne oder ganze Gruppen von Menschen, wenn sie sich bekehren. Dann stoppt er das Gericht (Jon 3,9f). Aber seine großen Geschichtsziele stehen fest, und auch im Handeln und in seinem ganzen Wesen bleibt er sich treu. Vgl. noch Jak 1,17; Hebr. 13,8.

Ganz anders der menschliche Bundespartner! Auf ihn ist kein Verlaß. Er schwankt. Er weicht ab. Er bewahrt die Treue nicht. Hüten wir uns, solche Sünden nur an Israel zu entdecken! Nein, auch das Volk des Neuen Bundes hat menschlich keine bessere Qualität. Auch wir, die wir im Neuen Bund leben, machen die erschütternde Erfahrung des Römerbriefes: »ich weiß, daß in mir, das ist in meinem Fleische, wohnt nichts Gutes« (Röm 7,18).

Nur in einem ist Israel unwandelbar: **ihr habt nicht aufgehört, Söhne Jakobs zu sein.** Man könnte auch übersetzen: **Aber** (statt: und) **ihr habt nicht aufgehört . . .**« Dann wäre der Gegensatz zu Gott noch stärker betont. Natürlich bleiben die Nachfahren Jakobs **Jakobssöhne,** wenn man von den Blutsbanden ausgeht. Aber hier steht nicht die Generationenfolge auf der Tagesordnung, sondern die Sündengeschichte.[299] **Von den Tagen eurer Väter an seid ihr von meinen Geboten abgewichen und habt sie nicht bewahrt.** Was Gott hier sagt, steht keineswegs isoliert da. Daniels Gebet in Dan 9,5ff, Jeremias Gebet in Jer 14,7, die Psalmen 78 und 106, Hesekiel (16,1ff; 23,1ff) und Stephanus in Apg

299 Ebenso Procksch S. 360: man müsse »den alten Jakob ausziehen«

7,51ff sagen das Gleiche. Und Paulus erweitert die Anklage in Röm3 und 7 auf die gesamte Menschheit: Seit Adam ist sie schuldig, verstrickt in eine deprimierende Sündengeschichte. Das also ist das einzig Kontinuierliche an Israel und an der Menschheit: daß sie stets Sünder sind.

Was meint der Ausdruck: **Von den Tagen eurer Väter an?** Darf man Mt 23,29ff und Hebr 11 als Parallelen heranziehen, dann beginnen die **Tage** und **Väter** mit Adam und Abel/Kain, setzen sich fort mit den Patriarchen (Abraham, Isaak, Jakob) und münden bei den »Vätern« des Alten Bundes, Mose, Elia usw.[300]

Auffallend ist der Ausdruck **Söhne Jakobs.** Zwar haben wir **Jakob** schon in 1,2 als Bezeichnung für Israel kennengelernt. Aber dort war »Jakob« ein positiver Begriff. Wie kommt er dazu, jetzt auf einmal negativ zu werden? Ist daran gedacht, daß im Namen »Jaakow« das Wort für »Betrüger« steckt? Das legt sich deshalb nahe, weil in V. 8 ja von »betrügen« die Rede ist und dort das hebräische Wort ganz ähnlich klingt wie »Jaakow«.[301] Wenn am Anfang des Verses 7 von den »Vätern« gesprochen wurde, war Jakob ja mit eingeschlossen. Baldwin (S. 245) hat also recht mit der Beobachtung, daß die Väter nicht idealisiert werden. Ist unsere Vermutung richtig, dann darf sich Israel auch niemals auf »Verdienste« der Väter berufen. Alle sind sie schuldig, alle auf Buße und Umkehr angewiesen. Und gerade darum geht es jetzt in der Fortsetzung von V. 7:

Bekehrt euch zu mir, dann will ich mich auch zu euch bekehren! spricht Jahwe Zebaoth.

Diese Stelle ist außerordentlich wichtig. Sie zeigt a), daß die Feststellung von Sünde noch nicht den endgültigen Untergang bedeutet. Vielmehr deckt Gott Sünde auf, um sie zu heilen. Er gibt die Chance der Rettung. b) Wird gezeigt, wie Rettung möglich ist: nämlich durch Bekehrung. Statt »Bekehrung« ziehen viele Ausleger das Wort »Umkehr« vor, die Sache ist dieselbe. Hebräisch bedeutet **sich bekehren** bzw. **umkehren** zunächst »sich wenden«. D.h. man gibt den bisherigen Weg auf. Sodann wendet man sich in eine neue Richtung, **zu** jemanden oder etwas hin. Noch einmal formuliert: Biblisch bedeutet Bekehrung Abkehr und Hinkehr zugleich. Israel muß sich also von seinen Sünden abkehren und sich zu Gott **(zu mir)** hinkehren. Daß Menschen das können, wird hier vorausgesetzt. Umkehr ist möglich! c) Wer sich auf diese Weise Gott (neu) zuwendet, darf mit seinem Erbarmen rechnen: **dann will ich mich auch zu euch bekehren!** Gott will sich von Zorn und Gericht abkehren, und sich in Gnade zu Israel hinkehren, D.h., Mal 3,7 ist nichts anderes

[300] Vgl. die Überlegungen bei Bulmerincq II S. 406ff. Er deutet allerdings »von den Tagen eurer Väter an« = »seit der Einwanderung in Kanaan«

[301] Ähnlich Frey S. 167f; Elliger S. 210; Hos 12,3f unterstützt unsere Deutung

als die atl. Form der Verheißung, die Jesus in Joh 6,37 gibt: »Wer zu mir kommt, den werde ich nicht hinausstoßen«. Fassen wir den Vorgang der Bekehrung noch einmal zusammen: 1) gibt Gott durch sein Wort die Möglichkeit der Bekehrung - 2) bekehrt sich der Mensch bzw. das Bundesvolk zu Gott - 3) kehrt sich Gott in Gnade den Umkehrenden zu.

»So ist nicht Gott, sondern die Gemeinde untreu geworden, nicht er muß zu ihr, sondern sie zu ihm zurückkehren« (Frey S. 168). Daß Mal 3,7 im AT nicht vereinzelt dasteht (vgl. Sach 1,3ff; 2Chr 30,6) unterstreicht noch die Wichtigkeit der Aussage.

7b Ihr aber sagt: Warum sollen wir uns bekehren?

Zum sechsten Mal hören wir die Gegenrede: **Ihr aber sagt** (vgl. 1,2.6.7; 2,14.17). Spricht sich hier, wie Orelli (S. 413) meinte, »die zähe jüdische Selbstgerechtigkeit aus«? Nein, das ist nicht nur jüdische, das ist allgemein *menschliche* Selbstgerechtigkeit! Wir wissen gar nicht, wieviel Geduld Gott gerade für die Gemeinde aufwenden muß. Es ist Gnade, daß ein solches freies Sprechen mit Gott überhaupt möglich ist.

Die Frage **Warum sollen wir uns bekehren?** kann verschieden übersetzt werden. Die Einheitsübersetzung sagt: »Worin soll denn unsere Umkehr bestehen?«[302] Dann wäre also die Bereitschaft zur Umkehr da, es wird nur noch gefragt, wo und wie sie praktiziert werden soll. In Parallele zu 2Chr 7,21 fassen wir aber die Frage schärfer und übersetzen mit Elliger (S. 209) und Marti (S. 475) **Warum.**

In Israel braucht man nicht zu fragen: Was heißt **sich bekehren**? Im Gegensatz zu unserer Gegenwart weiß man, was »sich bekehren« bzw. »umkehren« bedeutet. Aber die Hörer Maleachis sahen damals keinen Grund dazu. Die Frage **Warum sollen wir uns bekehren?** begleitet die ganze Geschichte Israels und der Christenheit. Wie oft wird sie zum Trotz vor Gott und zur Flucht vor seinem Wort! Immerhin muß man die Möglichkeit einräumen, daß wenigstens einige der Frager von damals ernsthaft eine Wegweisung suchten.

8a Darf ein Mensch Gott berauben? Denn ihr beraubt mich!

Statt **berauben** hat die griechische Bibel »betrügen«. Auch dieses »betrügen« würde gut passen, und wird deshalb von vielen Auslegern vorgezogen.[303] Vor allem ergäbe es ein schönes Wortspiel mit **Jakob.** Man müßte nur die Buchstaben des hebräischen Textes ein wenig um-

[302] Ebenso Frey S. 166; Orelli S. 413; Keil S. 709; Bulmerincq II S. 410; ähnlich Nowack S. 424
[303] Z.B. Wellhausen; Elliger (S. 709); Keil (S. 709); Nowack (S. 424); Marti (S. 475); Luther; Einheitsübersetzung

stellen. Aber auch der überlieferte hebräische Text stellt ein solches Wortspiel dar. Auch er gibt einen guten Sinn. Schließlich ist er in den alten Handschriften nicht zweifelhaft. Deshalb haben wir keinen Grund, von ihm abzuweichen.[304]

Darf ein Mensch Gott berauben? Schon die hebräische Satzkonstruktion läßt ein Nein erwarten. Der Raub an **Gott** ist sowohl für die Israeliten als auch für die Heiden ein todeswürdiges Verbrechen (vgl. Jos 7 und Apg 5,1ff). Hier stehen sich im hebräischen Text »Adam«, d.h. der geschaffene und gefallene **Mensch,** und »Elohim«, d.h. der erhabene Schöpfergott, gegenüber. Mal 3,8 ist also eng verwandt mit Hes 28,2 und Hos 11,9. Das Altertum kannte viele Tempelraubgeschichten, die die betreffende Gottheit als von Menschen beraubt schildern. Ist ein solcher Frevel in Israel denkbar? Oder ist hier eine andere Art von Raub angesprochen? Jedenfalls bestätigt Gott die Tatsache, daß eine Beraubung stattfand: **Denn ihr beraubt mich!**[305]

8 b Ihr aber sagt: Wodurch berauben wir dich? **8**

Ein siebtes Mal erklingt die Gegenrede der Hörer (vgl. 1,2.6.7; 2,14.17; 3,7). Doch jetzt schimmern Angst und Betroffenheit hindurch.[306]

Das Gespräch ist hier so lebhaft wie in 1,6f, wo ebenfalls verschiedene Fragen rasch aufeinander folgen.

8c Beim Zehnten und bei der Abgabe!
9 Mit dem Fluch seid ihr verflucht, und doch beraubt ihr mich immer weiter, das ganze Volk.[307]
10 Bringt den ganzen Zehnten in das Vorratshaus, damit in meinem Hause Nahrung sei, und prüft mich doch damit, spricht Jahwe Zebaoth, ob ich [308] **euch dann nicht die Fenster des Himmels öffne, und euch Segen herabschütte im Übermaß!**
11 Und ich werde euch zuliebe den Fresser bedrohen, damit er euch nicht die Frucht des Ackers vernichtet, und damit euch nicht der Weinstock auf dem Felde unfruchtbar bleibt, spricht Jahwe Zebaoth.

[304] Ebenso entscheiden sich Bulmerincq II S. 413f; Baldwin S. 245f; Frey S. 166
[305] Andere übersetzen: »daß ihr mich beraubt (bzw. betrügt)« (so z.B. Keil a.a.O.; Frey a.a.O.; Bulmerincq II S. 412). Der Sinn ändert sich dadurch kaum
[306] Ebenso Frey S. 169
[307] Zur Übersetzung vgl. Keil S. 709; Nowack S. 425; Hoonacker S. 734f; Bulmerincq II S. 420ff
[308] Manche übersetzen hier: »Sicherlich öffne ich dann für euch . . .« (so Bulmerincq II S. 435). Aber im Zusammenhang geht es um ein »prüfen« und damit um ein Wagnis des Glaubens, und diesem Zusammenhang wird die Übersetzung »ob ich dann nicht . . .« besser gerecht. Auch die griechische und lateinische Bibel haben »ob nicht«

12 **Dann werden euch alle Völker glücklich preisen, denn ihr werdet ein kostbares Land sein, spricht Jahwe Zebaoth.**

Das wiederholte **mich, mein** bzw. **ich** und das zweimalige **spricht Jahwe Zebaoth** geben klar zu erkennen, daß hier Gott selber spricht, und nicht der Prophet. Allerdings redet Gott durch den Mund des Propheten.

Um diese Worte zu verstehen, müssen wir zunächst den Zusammenhang berücksichtigen. Was ist seit V. 6 geschehen? Zuerst hat Gott zur Umkehr aufgefordert (V. 6-7a), damit Israel dem in 2,17-3,5 angesagten Gericht entgehen kann. Dem hielten die Hörer entgegen: »Warum sollen wir uns bekehren?« (V. 7b). Weil ihr mich beraubt, antwortete Gott (V. 8a). Noch einmal entgegnen die Hörer: »Wodurch berauben wir dich?« (V. 8b). Jetzt aber, in V. 8c-12, deckt Gott ihre Sünde auf, durch die sie ihn berauben, und zeigt zugleich den praktischen Weg zur Umkehr. Dieser Weg führt zum **Segen im Übermaß.** Die Hörer müssen also zwischen Segen und Fluch, zwischen Umkehr und Gericht wählen. Noch einmal zeigt sich, daß die Überschrift »Bekehrung ist das Gebot der Stunde« zutrifft.

Um Mal 3,8ff zu verstehen, ist es aber auch notwendig, sich kurz über den **Zehnten** und die **Abgabe** zu informieren.

Exkurs IV: Der »Zehnte«

Der Zehnte (hebr. maʿaser), d.h. 10 Prozent eines Betrages, bildet eine Abgabe an Höhergestellte, und drückt Anerkennung, Verpflichtung und Dank aus (vgl. Hebr. 7,4.7).

Es gab weltliche und religiöse »Zehnte«.

Zu den weltlichen Zehnten gehörte z.B. der Zehnte an die israelitischen und syrischen Könige (1Sam 8,15.17; 1Makk 10,31; 11,35).

Der religiöse Zehnte wurde schon von den Erzvätern an Gott gegeben (1Mo 28,22). Später ordnete das Gesetz vom Sinai an, daß die Israeliten den Zehnten vom Acker, von den Baumfrüchten und vom Vieh zu geben hatten. Dieser Zehnte kam dem Stamm Levi zugute. Er bildete dessen Lebensunterhalt und zwar anstelle des Erblandes, auf das die Leviten ja verzichten mußten (vgl. 3Mo 27,30ff; 4Mo 18,20ff). Ihrerseits mußten dann die Leviten wieder den Zehnten von dem empfangenen Zehnten abgeben, und zwar an die Priester, die ja nur einen Teil des Stammes Levi bildeten (4Mo 18,25ff). Einzelheiten über Verzehr, Ort der Abgabe usw. regeln 5Mo 12,6ff; 14,22ff; 26,12, wobei wir heute infolge des großen Zeitabstandes nicht mehr alles durchschauen. Wichtig ist u.a., daß in jedem dritten Jahr der Zehnte am Wohnort hinterlegt werden mußte und dann den Leviten, Fremdlingen, Waisen und Witwen zur Verfügung stand (5Mo 14,28f; 26,12ff). Man nannte diesen Zehnten des dritten Jahres später dann den »Armenzehnten«.

Die Rabbinen haben zur Zeit Jesu das System des Zehnten ausgebaut und erweitert. Z.B. gaben die Pharisäer den Zehnten von ihrem gesamten Einkommen und nicht nur von Acker-, Baum-Früchten und Vieh (Lk 18,12; vgl. Mt 23,23; Lk 11,42).

Exkurs V: Die »Abgabe«

Die Lutherbibel spricht dort, wo wir »Abgabe« übersetzten, von »Opfergabe«. Andere deutsche Übersetzungen benutzen das Wort »Hebe«. Hebräisch lautet der Begriff »Terumah«. Das dazugehörigen Zeitwort heißt so viel wie »erheben«, »aufheben«, und wird also in ähnlichem Sinne gebraucht wie in unserer Finanzsprache die Worte »erheben« (von Abgaben), »Erhebung« (von Steuern).

»Abgabe« ist alles, was dem Herrn oder seinen Dienern zukommt. Es ist also ein Sammelbegriff für alle heiligen Abgaben. Darunter fallen z.B.: Beiträge zur Stiftshütte (2Mo 25,1ff; 35,4ff), zum Tempelbau (Esr 8,25ff), die Tempelsteuer (2Mo 30,11ff), Teile der Kriegsbeute (4Mo 31,32ff), Teile des Landes in der Endzeit (Hes 45,1). Es kann sogar den Zehnten bedeuten (4Mo 18,24ff). In Sir 7,31 meint es die freiwilligen Gaben. Vor allem aber wurde dieses Wort benutzt, um das den Priestern Zufallende zu bezeichnen (vgl. das »Hebopfer« in 2Mo 29,27f sowie 3Mo 2,9; 4,8; 6,8; 7,14.32; 4Mo 5,9; 6,19f; 15,17ff; 18,8ff). Gelegentlich wird auch der Anteil der Leviten »Abgabe« genannt (4Mo 18,24).

In 5Mo 12,6ff und Neh 10,38; 12,44 kann man gut beobachten, daß die »Abgabe« neben den »Erstlingen« und dem »Zehhnten« alles zusammenfaßt, was dem Herrn, den Priestern oder den Leviten zusteht.

Kehren wir zurück zu V. 8c. **Beim Zehnten und bei der Abgabe** wird Gott beraubt. Die Israeliten bringen also weniger, als sie bringen müßten. Man kennt Gottes Gesetz. Aber man erfüllt es nicht. Daß dabei die schwierige wirtschaftliche Lage in der damaligen Zeit eine Rolle spielte, vermuten viele Ausleger.[309] Doch das war keine Entschuldigung. Vielmehr ist die wirtschaftliche Not eine Folge des Betrugs am Herrn, wie die Fortsetzung sichtbar macht.[310] Ebenso war es zur Zeit Haggais (2,15ff).

[309] Z.B. Frey S. 170; Bulmerincq II S. 423
[310] Ebenso Baldwin S. 246; Frey S. 170; Wallis S. 235

Über diesen »Kern der Dinge«, den Gottesbetrug, hinaus, eröffnet Mal 3,8c weitere Einblicke:

1. Obwohl die Priester in 1,6-14 und 2,1-9 unter härtester Anklage standen, will Gott weiter für ihren Lebensunterhalt (Zehnten und Abgaben) sorgen.

2. Die prophetische Botschaft zielt nicht auf die Abschaffung des Kults, wie liberale Ausleger immer wieder meinten[311], sondern auf den gottgewollten Kult. Eine Gemeinde ohne Gottesdienst gibt es nicht.

3. Mal 3,8c macht uns auf die Verbindung zwischem dem Gottesdienst und dem Wohl des ganzen Volkes aufmerksam. Wenn wir diesen Maßstab an Deutschland mit seinem abnehmenden Interesse am Gottesdienst anlegen, was haben wir dann zu erwarten?

9 Seltsam klingt V. 9: **Mit dem Fluch seid ihr verflucht, und ihr beraubt mich immer weiter, das ganze Volk.** Das Verständnis bahnt sich an, sobald man erkennt, daß der **Fluch** und das **verflucht sein** nicht den ewigen Fluch bedeuten, sondern zeitlich begrenzt sind. Der Sinn ist also der: Obwohl ihnen Gott den Segen entzogen hat - und zwar als Strafe für ihr bisheriges **berauben** (vgl. V. 8) - sündigen sie **immer weiter.** Israel hört nicht auf, Gott den »Zehnten« und die »Abgaben« zu entziehen. Dabei trifft die Schuld nicht nur eine bestimmte Gruppe. Vielmehr sündigt **das ganze Volk.** Worin der **Fluch** besteht, wird hier nicht gesagt. Der Vergleich von Mal 3,9ff mit Hag 1,5f läßt jedoch vermuten, daß Israel unter Mißernte, Dürre, Hunger und Heuschreckenplage zu leiden hatte.[312]

Wieder fragen wir: Was können wir für unsere heutige Situation daraus lernen? Sicherlich so viel: Das Wohl eines Landes hängt davon ab, ob sich seine Bewohner nach dem lebendigen Gott richten.

Mal 3,10 gehört nicht umsonst zu den berühmtesten Versen des Maleachibuches. Während sonst das **Prüfen** durch die Menschen als Vermessenheit beurteilt wird (vgl. 5Mo 6,16; Ps 95,9) und nur das »Prüfen« der Menschen durch Gott rechtmäßig ist[a], fordert hier Gott selbst die Menschen auf, ihn zu prüfen! D.h., Gott läßt sich testen.

[a] Ps 7,10; 17,3; 66,10; 81,8; 139,23; Jer 9,6; 11,20; 12,3; 17,10; Sach 13,9

Sein Wort ist wahr, so daß es sich in der Erfahrung bewährt. Im Grunde prägt das die ganze Bibel und die ganze Heilsgeschichte. Gottes Wort erweist sich in der realen Geschichte als zuverlässig. Keine andere Religion stellt sich in dieser Weise dem Test der Geschichte und der Erfahrung.

10 Aber die Überraschungen, die V. 10 bringt, beginnen schon früher. Als Fortsetzung von V. 9 hätte man erwartet: »Nun verfluche ich euch endgültig«. Stattdessen zeigt Gott noch einmal den Weg der Buße und

[311] Vgl. hierzu Elliger S. 212

[312] Vgl. Keil S. 709; Marti S. 475; Nowack S. 425; Elliger S. 211; Frey S. 170; Bulmerincq II S. 421

Umkehr auf. Wieder also stellt sich unsere Überschrift (»Bekehrung ist das Gebot der Stunde«) als richtig heraus.

Wie sollen sie umkehren? **Bringt den ganzen Zehnten in das Vorratshaus, damit in meinem Hause Nahrung sei. Den ganzen Zehnten** - und nicht nur einen Teil davon! Das **Vorratshaus** oder Schatzhaus muß dasselbe sein wie in Neh 10,39ff; 13,12. Es handelt sich um die Kammern des Tempelbezirks, in denen die Naturalabgaben für die Priester und Leviten gesammelt und aufbewahrt wurden.[313] Sie stellten ja die **Nahrung** für das Personal am Tempel und überhaupt den Levi-Stamm dar und waren für den Gottesdienst nötig.

Prüft mich doch damit: Darin steckt zugleich eine Aufmunterung zum Glauben. Denn wenn man in Zeiten wirtschaftlicher Not den vollen Zehnten gibt, dann ist das schon ein Glaubenswagnis. Und gerade dazu fordert sie Gott auf! Er weiß um die Schwächen der menschlichen Seele und will Israel deshalb ermuntern.

Ob ich euch dann nicht die Fenster des Himmels öffne, und euch Segen herabschütte im Übermaß: In Anlehnung an 1Mo 7,11; 8,2[314] interpretiert man **die Fenster des Himmels** gewöhnlich als die Schleusen des Himmels, durch die der Regen herabkommt. Dann würde Gott also Regen versprechen. Ein Blick auf 2Kö 7,2.19 zeigt jedoch, daß damit nicht nur der Regen gemeint sein muß. Vielmehr geht es um alle Wohltaten äußerer Art, um »Lebens«-mittel im weitesten Sinne.[315] Die also will Gott schenken. Konkret bedeutet das: Fruchtbarkeit der Felder, Weinberge, Regen, gute Ernten (vgl. V. 11f).

Ja, daß es um mehr als um Regen geht, macht die Fortsetzung eindeutig klar: **und euch Segen herabschütte im Übermaß. Segen** meint hier wie in 1Mo 39,5; 49,25f; Ps 21,4; 84,7; Spr 10,6 eine Fülle von Gütern. Evtl. ist sogar der geistliche Segen eingeschlossen (vgl. Jes 44,3).[316] Jedenfalls aber stammt dieser Segen aus einem bereinigten Gottesverhältnis. Ja, die Segensfülle wird die Erwartungen übertreffen. **Im Übermaß** will Gott sie geben; ganz wörtlich: »bis zum Geht-nicht-mehr«, »bis zum Mangel an Platz«.[317] Immer wieder begegnet uns das in der Bibel, daß Gott nicht nur ein Minimum bereitstellt, sondern Ströme des Segens über die Seinen herabgießt. Joh 10,10 ist geradezu die ntl. Entsprechung zu Mal 3,10: »Ich bin gekommen, daß sie volle Genüge (wörtlich: Überfließendes!) haben sollen« (vgl. noch Eph 1,3; 3,20).

Bis heute dürfen wir nach Mal 3,10 verfahren. Wer opfert, wird ge-

313 Keil S. 710; Orelli S. 413
314 Z.B. Gesenius S. 63; Bulmerincq II S. 437f
315 In diese Richtung geht auch Baldwin S. 247; Keil S. 710
316 So z.B. Frey S. 172
317 Zur Wortbedeutung vgl. Bulmerincq II S. 440. Eine schöne Auslegung findet sich im Talmud: »Bis eure Lippen müde werden, genug zu rufen« (Taanith 9a; vgl. 23a)

segnet. In diesem Sinne gilt das Wort: »Gott läßt sich nichts schenken«.

11 V. 11 zeigt[318] die praktischen Konsequenzen: **Euch zuliebe** oder »euch zugut« will Gott handeln, falls Israel sich bekehrt. **Der Fresser** ist die Heuschrecke. Heuschreckenschwärme können ganze Jahresernten vernichten (vgl. Joe 1,4; 2,25). **Bedrohen** oder »schelten« heißt, daß Gott den Heuschreckenschwärmen den Zutritt zum Israelland verwehrt. Wie in Jon 2,1.11 wird deutlich, daß Gott seine Befehle allen tierischen Geschöpfen ohne Probleme vermitteln kann. **Die Frucht des Ackers** und des **Weinstocks** wird sich einstellen (vgl. Hag 2,18; Sach 8,12). Übrigens ist der **Weinstock** immer wieder ein Zeichen des Friedens und zugleich ein Zeichen für Israel[b]. **Feld** ist einfach das kultivierte Land außerhalb der Ortschaft. Gott also ist die Quelle alles Wachstums und Gedeihens, wie es Israel immer wieder bekannt hat: »Aller Augen warten auf dich, und du gibst ihnen Speise zur rechten Zeit« (Ps 145,15). Die abschließenden Worte: **spricht Jahwe Zebaoth** unterstreichen, daß Gott selbst es ist, der dieses große Versprechen abgibt.

[b] 5Mo 8,8; 33,28; 1Kö 5,5; Hos 2,14; Mi 4,4; Hag 2,19; Sach 3,10; 8,12

[c] Jes 2,2ff; 12,4ff; 54,12; 61,9ff; Hes 34,26ff; Sach 8,13.23; 14,16ff

Es erinnert fast an die Seligpreisungen der Bergpredigt, wenn Gott nun in V. 12 um Israel wirbt: **Dann werden euch alle Völker glücklich preisen, denn ihr werdet ein kostbares Land sein, spricht Jahwe Zebaoth.**

12 Was hier verheißen ist, falls Israel sich bekehrt, das wird am Ende der Geschichte, nämlich im Tausendjährigen Reich, tatsächlich eintreten.[319c] **Alle Völker** bezeichnet die Völkerwelt außerhalb Israels (»alle Gojim«). Der Ausdruck »kostbares Land« erinnert an das »herrliche Land« in Dan 11,16.41. Solche Bezeichnungen für Israel, vielleicht in der Sehnsucht des Exils geboren, scheinen damals gebräuchlich gewesen zu sein (vgl. noch Hes 20,6.15; Dan 8,9; Sach 7,14). Statt »kostbares Land« könnte man auch übersetzen: »Land des Wohlgefallens (Gottes)«[320] oder »Land des Zieles (das die Völker anstreben)«. Wir verstehen aber die Wendung »kostbares Land« so, daß Gott Israel zu einem Land macht, das sowohl in Gottes Augen als auch in den Augen der Menschen »kostbar«, »wertvoll« ist.[321]

Was ist die Bilanz von Mal 3,6-12? Sie läßt sich in zwei Sätzen zusammenfassen. Erstens: Israel muß umkehren, sonst verfällt es dem in 2,17-3,5 prophezeiten Gericht. Zweitens: Kehrt Israel durch die Darbringung des vollen Zehnten und der vollen Abgaben um, dann wird es schon jetzt Gottes Segen im Übermaß erfahren. Der ernste Ruf zur Umkehr und die liebevolle Werbung mit der göttlichen Verheißung vereinigen sich hier. Wie hat Gott um Israel gerungen!

[318] Übrigens wird V. 11-12 öfters für sekundär erklärt (vgl. Bulmerincq I S. 27)
[319] Vgl. F. Laubach, Sacharja (WStB), zur Stelle; Bulmerincq II S. 441f
[320] Elliger S. 211; Frey S. 172. Auf »Wohlgefallen für jedermann« deutet Keil S. 710
[321] Ähnlich Venema, v. Til, Isopescul, de Moor. Vgl. die Erörterung bei Bulmerincq II S. 456f

VII. HEIL UND UNHEIL AM TAGE DES GERICHTS, 3,13-22

Vorbemerkung:

Während sich die Ausleger fast ausnahmslos darin einig sind, daß mit 3,13 ein neuer Abschnitt beginnt,[322] ist die Abgrenzung am Schluß des Abschnitts umstritten. Die Mehrzahl der modernen Autoren schließt den Abschnitt mit V. 21. Diese Maßnahme hängt aber damit zusammen, daß V. 22 bzw. die Verse 22-24 als unecht, d.h. als späterer Nachtrag verstanden werden.[323]

Wir wollen hier kurz begründen, weshalb wir V. 22 noch als Teil unseres Abschnittes ansehen: a) V. 22 erweist sich durch die alten Handschriften, durch die Tradition der frühen Kirche, durch Stil und Inhalt als durchaus ursprünglich.[324] b) V. 22 gibt einen guten Abschluß als Mahnung, in ähnlicher Weise, wie die Mahnung in 2,16 den dortigen Abschnitt abschließt; c) V. 22 antwortet auf die Frage von V. 14 und erweist sich auch dadurch als Teil der Einheit 3,13ff.

Was nun das Thema der Verse 13-22 betrifft, so ist ohne weiteres erkennbar, daß es ebenso eschatologisch (endzeitlich) geprägt ist wie 2,17-3,5 und später 3,23f. Wir haben also in 2,17-3,24 einen großen eschatologischen Komplex (Zusammenhang) vor uns, der sich wie folgt gliedern läßt: Ankündigung des Gerichts (2,17-3,5) - Ruf zur Umkehr (3,6-12) - Heil und Unheil am Tage des Gerichts (3,13-22) - Ankündigung eines Vorläufers, der die Endzeitereignisse einleitet (3,23-24).

Ob unsere Überschrift »Heil und Unheil am Tage des Gerichts« zu den Versen 3,13-22 paßt, muß die Auslegung erbringen, die wir wieder schrittweise angehen wollen.

13a Ihr nehmt euch viel heraus mit euren Reden gegen mich, spricht Jahwe.

Mit dieser Anklage also beginnt der neue Abschnitt.

Wörtlich heißt es: »Anmaßend sind eure Reden (oder: Worte) gegen mich«. Die Einheitsübersetzung hat: »Was ihr über mich sagt, ist kühn«.[325]

322 Z.B. Bulmerincq I S. 140; Baldwin S. 247; Childs S. 489; Eissfeldt S. 596f; Elliger S. 212; Fischer S. 316; Frey S. 173; Harrison S. 958f; Junker S. 196; Pfeiffer S. 554; Rendtorff S. 254; Rudolph S. 250; Smend S. 187; Soggin S. 344

323 So z.B. Childs S. 495; Eissfeldt S. 597; Elliger S. 189; Horst S. 261; Kaiser S. 261; Nowack S. 404; Pfeiffer S. 554; Rudolph S. 250; Sekine Sp. 1131; Smend S. 187

324 Vgl. den Diognetbrief 7ff; Baldwin S. 251; Frey S. 181; Junker S. 197; Orelli S. 404; Young S. 284f; auch Pautrel Sp. 740 geht in diese Richtung.

325 Zur Übersetzung vgl. Bulmerincq II S. 462

Gott selbst ist es, der hier wie in 1,2.6 und 3,6 das neue Gespräch beginnt **(spricht Jahwe).** Daß er mit dem offenbarten und vertrauten **Jahwe**-Namen bezeichnet wird, erhöht nur das Ärgernis der **Reden,** die **gegen** ihn geführt werden.

Weshalb diese Anklage? Danach fragt V. 13b:

13b Ihr aber sagt: Was reden wir gegen dich?

Zum achten Mal erklingt dieses **Ihr aber sagt** (vgl. 1,2.6.7; 2,14.17; 3,7.8). Gottes Geduld macht es möglich, daß das Gespräch zwischen ihm und Israel weitergeht.

Und doch ist dieses **du** in der Widerrede Gott gegenüber tausendmal mehr wert als eine Haltung, für die Gott nicht mehr existiert oder kein »du« mehr bildet! Mit einem gewissen Recht erinnern manche Ausleger »an Hiobs, Jakobs und der Psalmisten haderndes Ringen mit ihrem Gott«.[326]

Das **reden** meint hier das »untereinander reden«.[327] Es findet also - und das markiert doch wieder einen Unterschied zu Hiob oder den Psalmisten - erst jetzt, erst nachträglich, einen Ausdruck im Gottesdienst und im Gespräch mit Gott. Zuerst sprach man nur »untereinander« **gegen** Gott.

14 Ihr sagt: Vergeblich ist es, Gott zu dienen. Und was für einen Gewinn bringt es, daß wir seine Anordnungen beachten, und daß wir in Trauer einhergehen vor Jahwe Zebaoth?
15 So preisen wir eben die Gottvergessenen glücklich! Ja,[328] die Übeltäter gedeihen! Ja, wer Gott versucht, der schlüpft durch die Maschen!

Die provozierenden Reden gegen Gott (V. 13) werden jetzt zitiert.

Ihr sagt: Vergeblich ist es, Gott zu dienen. Wer redet so? Hier sind es auf jeden Fall Leute, die bisher Gottes »Anordnungen« beachtet haben.[329] D.h., wir blicken in tiefe Anfechtungen der Kerngemeinde hinein. Schon bei 2,17 hatten wir diesen Eindruck. Es ist erschütternd, wie sich Lähmung, Resignation und Kleinglauben in einer religiös noch »funktionierenden« Gemeinde breitmachen, deren Väter einst jubelnd und hoffnungsvoll aus dem babylonischen Exil zurückgekehrt waren. Was wir hier erleben, ist ein Stück Existenzkampf der Gemeinde Gottes.

326 Frey S. 174
327 Vgl. Hoonacker S. 737; Bulmerincq II S. 467
328 Zur Übersetzung vgl. Bulmerincq II S. 482f
329 Ebenso Baldwin S. 248; vgl. Ackroyd S. 231; Bright S. 396

Gott zu dienen - ein Gottesknecht zu sein - das galt einst als Ruhmestitel. Denken wir nur daran, daß der Erlöser in Jes 42-53 »Gottesknecht« genannt wird. Oder daran, daß die Propheten mehrfach »Knechte« Gottes heißen (z.B. Dan 9,6; Sach 1,6). Oder daß Moses bleibender Ehrentitel der des »Knechtes« ist (4Mo 12,7ff; Hebr 3,5f).

»Gott zu dienen« ist seit uralter Zeit Israels Auftrag und Privileg (Jos 24,14ff; Ps 119). Vielleicht ist deshalb auch der Gottesname »Elohim« für **Gott** benutzt, um die Schönheit und Erhabenheit dieses Dienstes zu betonen.

Was für ein Gegensatz, wenn dieser Gottesdienst jetzt als **vergeblich** bezeichnet wird! Hebräisch heißt das betreffende Wort sogar »Gehaltlosigkeit, Eitles, Nichts, Lüge, Falschheit«. Man benutzte es für die nichtigen Götzen (z.B. Jer 18,15). Der Satz **Vergeblich ist es, Gott zu dienen** rückt also den Gottes-dienst fast in die Nähe des Götzendienstes!

Und was für einen Gewinn bringt es, daß wir seine Anordnungen beachten, und daß wir in Trauer einhergehen vor Jahwe Zebaoth? Das also haben sie bisher getan: **seine Anordnungen beachtet** (im Hebräischen ein Wortspiel), d.h., das Gesetz gehalten. Man muß diese Aussage genauso ernst nehmen wie diejenige des reichen Jünglings in Mt 19,20: »Das habe ich alles gehalten«, oder wie die Aussage im Psalm der Gesetzesfreude: »ich halte mich an deine Mahnungen« (119,22)[a]. So gut es einem sündigen Menschen eben möglich ist, haben sie sich daran gehalten. **In Trauer einhergehen** meint wohl Trauergewänder anlegen, um **vor Jahwe Zebaoth** Buße zu tun,[330] damit Not und Elend ein Ende finden (vgl. Jer 8,21; 14,2 und Jon 3,5ff). Dann hätte die Wendung **in Trauer einhergehen vor Jahwe Zebaoth** fast die Bedeutung von Bußgottesdienst und Bittgebet, ebenso wie **Gott dienen** auch speziell den Tempelgottesdienst meinen kann.[331] Aber man sollte die Ausdrücke nicht auf den liturgischen Gottesdienst einengen. So sehr die »Gottesdienste« im speziellen Sinn eingeschlossen sind, so sehr zeigt die Fortsetzung, daß an den gesamten Lebenswandel gedacht ist.

[a] Jos 22,3; 3Mo 8,35; 18,30; 22,9; 5Mo 11,1; Sach 3,7

Was für einen Gewinn bringt es? fragt die praktizierende Kerngemeinde. Man könnte fast übersetzen: »Was springt dabei heraus?« oder: »Was wirft es ab?« Diese Ausdrucksweise zeigt, daß in erster Linie an äußeren Segen und nicht an inneren Gewinn gedacht ist. D.h.: In der Zeit der damaligen Trübsal und Not hungert und schmachtet der Fromme mehr als der Böse. Der Glaube bedeutet keine Versetzung in einen

330 Anders Baldwin, S. 248 und Thomas S. 186ff. Sie übersetzen das betreffende hebräische Wort, das nur einmal im AT vorkommt, mit »bescheiden« und kommen so zu der Aussage: »bescheiden« oder »demütig einhergehen«. Wie wir deuten Frey S. 174; Keil S. 710 (betont das damit verbundene Fasten!); Orelli S. 414

331 Vgl. Baldwin S. 248; Frey S. 174; Elliger S. 214

»höheren Stand« oder größeren Reichtum. Ps 73 spricht ähnliche Erfahrungen aus. Und so ist es in der Tat bis heute: Wer materiellen »Gewinn« machen will, sollte besser nicht den Glaubensweg gehen. Aber eine Anfechtung ist es doch, wenn Glaubende Not leiden. Und so muß man dankbar dafür sein, daß Mal 3,14 das so offen zur Sprache bringt!

Noch einmal: Hier reden Angefochtene. Hier reden der Verzweiflung Nahe. Hier reden Leidende, die Jesus in Mt 5,4 selig preist. Das gilt auch dann, wenn in dieser »Kerngemeinde« - wie auch in der heutigen »Kerngemeinde«! - viele Mitläufer sind, die eben traditionell in Sachen Religion »mitmachen«.[332]

Es gab also auch zu Maleachis Zeiten eine glaubende Gemeinde - trotz all den Sünden und Schwächen, die hier offen zu Tage treten.[333]

15 Als ein Wort der Verzweiflung, als Ironie aus wehem Herzen, werden wir demnach auch V. 15 verstehen müssen: **So preisen wir eben die Gottvergessenen glücklich!** Für **glücklich** steht ein Wort, das wurzelmäßig mit den Seligpreisungen zusammengehört[b]. In krassem Unterschied zu V. 12, in dem Gott die Seligpreisung Israels durch alle Völker ankündigt, gilt hier die Seligpreisung den **Gottvergessenen.** Was sind das für Leute? Das entsprechende hebräische Wort heißt »übermütig, frech, frevelhaft, gottvergessen« - von der Lutherbibel meist mit »stolz« übersetzt - und bezeichnet die Spötter, die mit Gott und den Frommen ihren Spott treiben[c]. Wie in den angegebenen Psalmstellen und bei Jeremia handelt es sich sehr wahrscheinlich um Juden, und nicht um Samaritaner, wie manche Ausleger meinen.[334] **Ja, die Übeltäter gedeihen! Ja, wer Gott versucht, der schlüpft durch die Maschen!** lautet die bittere Fortsetzung. Die **Übeltäter** sind wieder Juden, wie die Parallelen bei Jesaja (9,17) und Hesekiel (5,6; 18,20.27; 33,12.19) zeigen. Es sind Menschen, die die Gebote kennen, aber nicht nach ihnen handeln. Das **Gott versuchen** ist uns schon in der Erklärung von Mal 3,10 als vermessenes, verbotenes Tun begegnet (vgl. 5Mo 6,16; Ps 95,9). Vermessen ist es, weil es den Menschen über Gott erhebt; das armselige Geschöpf will gewissermaßen den Schöpfer »prüfen«, ob an ihm etwas »dran ist«. Hier, in Mal 3,15, meint es nach dem Zusammenhang: Gott herausfordern, als ob er nicht lebte. Und diese Bösen, die »Übeltäter« und Versucher Gottes, **gedeihen** (= leben in Glück und Wohlstand) und **schlüpfen durch die Maschen.** Der letztere Ausdruck besagt im Hebräischen positiv: »gerettet werden« und kann geradezu die göttliche, wunderbare

[b] Ps 1,1; 72,17; Mal 3,12; Mt 5,3ff
[c] Ps 19,14; 86,14; 119, 21.51.69. 78.85.122; Spr 21,24; Jes 13,11; Jer 43,2

[332] Anders Keil S. 711: In Mal 3,14 sprächen die Heuchler

[333] Anders Frey S. 174: Die ganze Gemeinde habe inzwischen die Umkehr zu Gott vollzogen, aufgrund des Bußrufes in 3,6ff! Frey hält es sogar für möglich, daß es sich um die Vorgänge von Esr 9,1ff; 10,1ff handelt, oder um diejenigen von Neh 8,1ff; 9,1ff

[334] So z.B. Bulmerincq II S. 480; Frey S. 175; Keil S. 711. Wie wir deuten aber Baldwin S. 248; Marti S. 477; Orelli S. 414; Nowack S. 426

Rettung am Ende der Zeiten meinen (Dan 12,1). Aber hier geht es ja nicht um die Rettung im Jüngsten Gericht, sondern um das vorläufige Durchschlüpfen (vgl. Ri 3,26; 1Kö 18,40). Es sieht so aus, als entkämen diese Übeltäter dem göttlichen Gericht. Und es gehört zu den Geheimnissen von Gottes Weltregierung, daß er ihnen ein solches irdisches Gedeihen schenkt. Diesem geheimnisvollen Zuwarten Gottes begegnen wir auch in den Psalmen (73), bei Hiob (21,7ff), bei Jesus (Mt 5,45; Lk 16,19ff) und bei Paulus (Röm 9,22).

Aus dem biblischen Zusammenhang können wir auch den Sinn des göttlichen Wartens erschließen: Gott will a) durch seine Langmut zur Buße leiten (Röm 2,4) und b) das Böse bis zum Endgericht ausreifen lassen (Mt 13,24ff). Aber in ihrer Niedergeschlagenheit dachten die Menschen damals offenbar nicht an diese Zusammenhänge.

16 **So redeten diejenigen miteinander, die Jahwe fürchten. Aber Jahwe wurde aufmerksam und hörte. Und es wurde vor ihm ein Buch des Gedenkens geschrieben für die, die Jahwe fürchten und seinen Namen hochhalten.**

17 **Und sie werden mir, spricht Jahwe Zebaoth, an dem Tag, den ich mache,[335] zum Eigentum sein. Und ich werde sie verschonen, wie ein Mann seines Sohnes schont, der ihm dient.**

18 **Und ihr werdet wieder sehen, was für ein Unterschied ist zwischen dem Gerechten und dem Gottlosen, zwischen dem, der Gott dient, und dem, der nicht sein Diener ist.**

19 **Denn siehe, der Tag kommt, der brennt wie ein Ofen! Da werden alle Gottvergessenen und alle Übeltäter Stroh sein. Und der Tag, der kommt, wird sie in Brand setzen, spricht Jahwe Zebaoth, so daß er ihnen weder Wurzel noch Zweig lassen wird.**

20 **Euch aber, die ihr meinen Namen fürchtet, wird aufgehen die Sonne der Gerechtigkeit und Heilung mit ihren Flügeln. Und ihr werdet herausgehen und fröhlich springen wie die Kälber aus dem Stall.**

21 **Und ihr werdet die Gottlosen zertreten, denn sie werden Staub unter euren Fußsohlen sein, an dem Tag, den ich mache, spricht Jahwe Zebaoth.**

22 **Gedenket an das Gesetz Moses, meines Knechtes, das ich ihm auf dem Horeb für ganz Israel befohlen habe, als Satzung und Recht!**

Orientieren wir uns kurz über den Zusammenhang. Zweifellos redet in V. 17-24 Gott selbst. Allerdings bildet V. 23 einen selbständigen Ab-

[335] Zur Übersetzung vgl. Bulmerincq II S. 505ff. Eine Reihe von Auslegern übersetzt: »der Tag, an dem ich handle (bzw. einschreite)«

schnitt. Aber auch in V. 16 redet Gott. Er faßt hier zusammen, was in jenen Tagen im Himmel und auf Erden geschieht.[336]

16 Bevor wir zur Erklärung kommen, müssen wir auf eine Übersetzungsschwierigkeit in V. 16 hinweisen. Das erste hebräische Wort dieses Verses heißt normalerweise »damals« (Vergangenheit) oder »dann« (Zukunft) oder »darum«. Alle diese Bedeutungen passen aber schlecht in den Zusammenhang, in dem Mal 3,16 steht. Schon die griechische Bibel hat deshalb mit »das« (Demonstrativpronomen) übersetzt, und die Einheitsübersetzung und viele Ausleger sind ihr gefolgt.[337] Wie der Vergleich mit 2Kö 5,3; 13,19; Ps 119,92; 124,3ff zeigt, kann das betreffende hebräische Wort aber auch **so** heißen und eine Folgerung andeuten. Dann lösen sich die Schwierigkeiten, von denen Rudolph u.a. Ausleger sprachen.[338] Dieser Übersetzung mit »so« haben wir in unserem Kommentar den Vorzug gegeben.[339]

So (also) **redeten diejenigen miteinander, die Jahwe fürchten** - nämlich **so,** wie es in V. 13 und 14 beschrieben ist. Jetzt sehen wir ganz klar, daß es sich wirklich um »Gottesfürchtige« handelt. Oskar Holtzmann kam ja deswegen auf die Idee, daß wir in Mal 3,16 die »Große Synagoge« oder die »Synagoge der Frommen« von 1Makk 1,44 vor uns haben, d.h. die Vorläufer der Pharisäer.[340] Aber seit uralter Zeit heißen die Frommen innerhalb Israels **diejenigen, die Jahwe fürchten** (vgl. 2Kö 4,1; 17,32; Jon 1,9). Sie sind hier gemeint. Man braucht deswegen nicht mit Cameron[341] an Proselyten zu denken.

Wir erschrecken: Auch wirklich gottesfürchtige Menschen verfallen also in anmaßendes Reden gegen Gott!

Wie reagiert Gott? **Aber Jahwe wurde aufmerksam und hörte.** Das ist das Erste: **Aber Jahwe!** Gott handelt ganz anders, als seine Frommen in Verzagtheit und Resignation annehmen. Und das ist das Zweite: **er wurde aufmerksam und hörte.** Das Wort für **aufmerksam** meint die hörenden, scharfen Ohren. So hat Gottes Rettungshandeln oft angefangen - mit diesem aufmerkenden Hören (vgl. 2Mo 2,24; 3,7ff; Dan 9,17f). Und nun geschieht das Dritte: **es wurde vor ihm ein Buch des Gedenkens geschrieben.** Kein Mensch auf Erden merkte etwas davon! Aber im Himmel wurde eine Art Grundbuch eröffnet. Ein entscheidender Vorgang findet statt, noch während Gottes Gemeinde verzagt und Gott

336 Vgl. dazu Budde S. 1. Bulmerincq II S. 512 glaubt, daß ab V. 18 der Prophet und nicht mehr Gott redet
337 Vgl. Bulmerincq II S. 489f; Elliger S. 212
338 Rudolph S. 251; vgl. Budde S. 27; Childs S. 496
339 Keil S. 711 übersetzt mit »da« und kommt zu dem Ergebnis, daß die Gottesfürchtigen erst in V. 16 reden
340 Holtzmann S. 14ff. S. 21 betrachtet er Maleachi als den Gründer des Pharisäerbundes
341 Cameron S. 9f

Vorwürfe macht. Der Ausdruck: **wurde vor ihm geschrieben** besagt wahrscheinlich, daß Engel auf die Befehle des Herrn hin schrieben. Ob es sich um ein Bild handelt oder reale Bücher im Himmel geführt werden, wird uns erst in der Ewigkeit aufgehen. Das **Buch des Gedenkens** oder »Gedenkbuch« (Lutherbibel) oder »Denkzettel« (so der frühere Volksmund) hat Mal 3,16 zu einer der berühmten Stellen im AT gemacht.[342] Was ist es? Am nächsten kommt ihm im hebräischen Sprachgebrauch Est 6,1, wo von den königlichen Annalen, der Chronik der persischen Könige die Rede ist (vgl. auch Est 2,23; Esr 4,15). Von daher versteht man das »Buch des Gedenkens« am besten als das Buch der Heilsgeschichte, in das Gott positiv die Seinen einträgt. Es wird ja **geschrieben für** (= zugunsten!) **die, die Jahwe fürchten und seinen Namen hochhalten.** Gott wird die Seinen niemals vergessen. Das gilt auch und gerade für das Jüngste Gericht. Sachlich entspricht wohl das »Buch des Gedenkens« dem »Buch des Lebens.«[343][d] Der Seher Johannes berichtet in der Offenbarung, wie am Ende der Geschichte diese Bücher aufgeschlagen werden, um das Endgericht durchzuführen (Offb 20,12)[e].

[d] 2Mo 32,33; Ps 69,29; Jes 4,3; Hes 13,9; Dan 12,1; Lk 10,20; Phil 4,3; Hebr 12,23; Offb 3,5

[e] Ps 87,6; Jes 65,6; Dan 7,10

Wieder sind wir erstaunt. Statt auf die provozierenden Reden der Frommen mit Zorn zu reagieren, erträgt Gott ihre Widerspenstigkeit mit großer Geduld und schreibt sie sogar in das rettende Buch. Warum? Weil er barmherzig ist (vgl. V. 17), und weil er weiß, daß sie im Grunde ihres Herzens IHN suchen!

Die Verse 17-21 sind ganz endzeitlich ausgerichtet. Sie kreisen um das eine Thema: **Der Tag, den ich mache.** Wir sind geneigt, schnell über einen solchen Ausdruck hinwegzulesen. Doch enthält er drei wichtige Elemente:

1) **Der Tag** ist der sog. »Jüngste Tag«; d.h. der letzte Tag der irdischen **17**
Geschichte. Die Geschichte läuft nicht immer weiter, wie die Irrlehrer in 2Petr 3,3ff und wie auch moderne Ausleger (z.B. R. Bultmann) meinten. Sie hat vielmehr einen von Gott gesetzten Abschluß. Von diesem Abschluß, von diesem »Jüngsten Tag«, sprechen ungezählte Stellen der Bibel[f]. Statt »Tag, den ich mache« heißt er allerdings oft abgekürzt »Tag Jahwes«. Bei dem Begriff **Tag** darf man nicht unbedingt einen 24-Stunden-Tag voraussetzen. Denn die Bibel hat verschiedene Begriffe von »Tag« - z.B. die Tageszeit des Kalendertages, den Kalendertag, die Zeit seines Strafens (Hi 24,1), den Gottestag (Ps 90,4; 2Petr 3,8). So faßt man den Jüngsten Tag am besten als eine (unbestimmt lange) Epoche auf.

[f] Jes 13,6; Hes 13,5; Joe 1,15; 2,11; Am 5,18ff; Joh 6,39.40.44.54

2) Interessanterweise heißt der Abschluß der Geschichte in der Bibel **Tag,** und nicht »Nacht«. Das deutet auf das Licht eines neuen Schöpfungsmorgens hin, der nach allem Leid der Erdenzeit anbrechen wird.

[342] Nur in Mal 3,16 findet sich der hebräische Ausdruck »Buch des Gedenkens«!
[343] Als »Register der Proselyten« versteht es Cameron S. 10

Das deutet zugleich darauf hin, daß Gottes Ziele erreicht werden und Vollendung herrschen wird. Das deutet drittens darauf hin, »daß Gott Licht ist und keine Finsternis in ihm ist« (1Jo 1,5; Jak 1,17).

3) In dem Ausdruck **Der Tag, den ich mache** ist das **ich** auffallend betont. Er wird also ganz aus Gottes Händen hervorgehen. Weder Engel noch Menschen können ihn »machen«. Die nächste Parallele dazu ist Offb 21,5.

4) Das hebräische Wort für **machen** (ʿasah) ist typisch für den Schöpfungsbericht (1Mo 1,7.16.26; 2,2; 3,1; 5,1; 6,6). Damit wird uns zu verstehen gegeben, daß Gott zu einem neuen Schöpfungshandeln ansetzt. Der schlimme Tag des Gerichts wird zugleich die Einleitung der neuen Schöpfung darstellen. Dasselbe bringt Jesus zum Ausdruck, wenn er in Mt 24,8 die furchtbaren Erschütterungen und Gerichte der Endzeit die »Wehen« nennt.

Doch was geschieht an jenem **Tag?** Die ins »Buch des Gedenkens« eingetragenen Gottesleute **werden mir, spricht Jahwe Zebaoth, zum Eigentum sein.** D.h., es wird sich an jenem Tag herausstellen, daß sie wirklich Gott gehören, sein Besitz und seine Liebe sind. Dabei ist wiederum das Wort für **Eigentum** hochinteressant. Es ist nämlich dasselbe Wort, das in 2Mo 19,5; 5Mo 7,6; 14,2; 26,18 und Ps 135,4 Israel als Gottes »Eigentums«-Volk bezeichnet. Jetzt, in Mal 3,17, ist ganz klar, daß nicht jeder fleischliche Israelit, sondern nur der glaubende und gehorsame Israelit dieses »Eigentum« Gottes darstellt. Von da aus führt die biblische Linie weiter zum Glaubensisrael des Neuen Bundes (Tit 2,14; 1Petr 2,9) - ohne daß dadurch die Verheißungen für ganz Israel aufgehoben werden! Und ein Zweites: Das hebräische Wort für »Eigentum« hängt mit dem assyrischen Wort für »Herde« zuammen. Das könnte eine Anspielung darauf sein, daß Gottes Volk am Ende der Zeiten die gesegnete »Herde« sein wird, von der Jesus z.B. in Lk 12,32 gesprochen hat.

Und ich werde sie verschonen, wie ein Mann seines Sohnes schont, der ihm dient. Immer wieder haben die Ausleger gerätselt, was wohl im »Buch des Gedenkens« stünde. Hier ist eine Antwort: das »Buch des Gedenkens« ist ein »Buch der Verschonung«, ein Verzeichnis der Geretteten. Wer hier verzeichnet ist, entrinnt dem Zorngericht und der Verdammnis. **Verschonen** heißt auch »Mitleid haben«, »es nicht über sich bringen können«. »Verschonen« ist das, was die Tochter des Pharao bewegt, als sie den kleinen Mose im Kästlein am Leben läßt (2Mo 2,6). »Verschonung« ist das große Motiv des Passa, als der Herr an den mit Blut bestrichenen Häusern vorüberging und dort die Erstgeburt schonte (2Mo 12,7ff). Ja, Gott drückt seine liebevolle Beziehung zu den Seinen noch inniger aus: **wie ein Mann seines Sohnes schont.** Das heißt: Während in Hos 11,1 noch ganz Israel Gottes Sohn genannt wird, lebt in Mal 3,17 nur noch ein Teil Israels in diesem Sohnesverhältnis - weil es eben vom anderen Teil nicht mehr in Anspruch genommen wird! So eng also steht Gott zu den gequälten Frommen: Sie sind seine Söhne! Man vergleiche Mt 5,9: »sie werden Söhne Gottes genannt werden«, oder die Aussagen bei Johannes über die Gotteskindschaft (1,12f; 3,3ff). Ja, es gibt noch eine präzisere Bestimmung dieses **Sohnes: der ihm dient.** Damit ist ganz klar: Die Menschen, die Gott gehören, sind Kinder Gottes und Knechte Gottes zugleich. Nur dasjenige Glaubens-Israel, das Gott wirklich **dient,** wird gerettet werden. So steht Mal 3,17 ganz in der Linie von Dan 12,1: »dein Volk wird gerettet werden«, jedoch nur die, »die im Buch geschrieben stehen«.[345] Und zugleich steht es in der Linie Jesu nach Mt 7,21: »Es werden nicht alle, die zu mir sagen: Herr, Herr! in das Himmelreich kommen, sondern die den Willen tun meines Vaters im Himmel« (vgl. Mt 21,38ff).

Beachten wir noch eines. Das Wort **verschonen** besagt ganz eindeutig, daß die Geretteten nur aus Gnade gerettet werden. Eigentlich müßten sie nach Recht und Gerechtigkeit untergehen. Sie haben keinen Anspruch auf Rettung, weil sie ja auch Sünder sind - trotz ihres Bemühens, Gott zu dienen (vgl. V. 13-15). Nur Erbarmen und »verschonen« ziehen sie aus dem verdienten Gericht. So bereitet Mal 3,17 das Evangelium des Neuen Bundes vor. - Übrigens hat Gott aus Liebe zu uns »seines eigenen Sohnes nicht verschont« (Röm 8,32).

Schließlich gelangen wir in eine weite Perspektive der Bibel hinein, wenn wir das Thema von der Vaterliebe Gottes verfolgen. Ps 103,13: »Wie sich ein Vater über Kinder erbarmt, so erbarmt sich der Herr über die, die ihn fürchten« gehört ebenso dazu wie Jesu Gleichnis von den verlorenen Söhnen in Lk 15,11ff und endlich das Grundmotiv des ersten Johannesbriefes: »Sehet, welch eine Liebe hat uns der Vater erzeigt« (1Jo 3,1).

V. 18 stellt einen Vorgang beim Jüngsten Gericht mit besonderem **18**
Akzent heraus: nämlich den **Unterschied** zwischen den Gerechten und den Gottlosen. **Und ihr werdet wieder sehen, was für ein Unterschied ist zwischen dem Gerechten und dem Gottlosen, zwischen dem, der Gott dient, und dem, der nicht sein Diener ist.** Zwei zentrale Aussagen macht dieser Vers: a) es findet eine Scheidung zwischen Gerechten und Gottlosen statt; b) diese Scheidung geschieht in sichtbarer Weise **(ihr werdet sehen).**[346] Heute also sieht man diesen **Unterschied** noch nicht ohne weiteres. Oft bleibt unserem Auge verborgen, wer gläubig und wer ungläubig ist. Dann aber gilt: **ihr werdet sehen.** Auf der einen Seite steht **der Gerechte. Gerecht** ist hier noch im atl. Sinne verstanden, nämlich als ein Mensch, der das Gebot halten will. Später, im NT, ist klar:

[345] Vgl. meinen Kommentar zu Daniel in der WStB zur genannten Stelle
[346] Vgl. Frey S. 177

»gerecht« kann nur sein, wer durch Jesu Sühnetod gerecht gemacht ist (1Kor 1,30). Der Gerechte ist zugleich **der, der Gott dient.** Es fällt auf, wie oft in diesem Abschnitt vom **dienen** die Rede ist (vgl. V. 14.17). Wieder geht es um den aktiven, tätigen Glauben, der nicht im Lippenbekenntnis stecken bleibt. - Auf der anderen Seite steht **der Gottlose.** Er ist zugleich **der, der nicht sein** (= Gottes) **Diener ist.** D.h., es geht um die sich im Verhalten auswirkende Gottlosigkeit. Auch einer, der nur mit den Lippen bekennt, ist ein Gottloser in diesem Sinne. Wieder werden wir an die Bergpredigt erinnert (Mt 7,21ff). Nach dem NT ist dann der Gottlose ein Mensch, der Jesus ablehnt. Fassen wir V. 18 noch einmal kurz zusammen: Am Ende der Geschichte kommt glasklar zum Vorschein, wer gläubig und wer ungläubig ist. Beide werden ein ganz verschiedenes Schicksal haben.[347]

Rätselhaft ist das kleine Wort **wieder:** »ihr werdet wieder sehen« usw. Vermutlich ist darauf angespielt, daß gelegentlich schon in der Vergangenheit der Unterschied zwischen Gerechten und Gottlosen zu Tage trat, z.B. beim Untergang der Rotte Korah (4Mo 16,1ff) oder bei der Ehernen Schlange (4Mo 21,4ff).[348]

19 V. 19 bildet in der griechischen Bibel (Septuaginta) den ersten Vers des 4. Kapitels.

Inhaltlich schildert V. 19 in knappen Zügen das Geschick der **Übeltäter** im Jüngsten Gericht. Für sie ist es ein **Tag, der brennt wie ein Ofen«.** Das Bild vom **Ofen** (eigentlich: Backofen) besagt, daß sie das Gericht wie ein Feuer erreicht (vgl. V. 2). Sie können sich nicht rechtfertigen, nicht standhalten. Deshalb **werden sie Stroh sein** (ähnlich Ob 18; Sach 12,6). Ein ganz ähnliches Bild findet sich beim Täufer (Mt 3,12), bei Jesus (Mt 13,30.40.42) und bei Paulus (1Kor 3,12f). Ob sich das NT in diesem Punkt an das AT anlehnt? Das **in Brand setzen** bezeichnet wieder die Verwerfung und Verdammnis. Vielleicht deutet es aber zugleich die höllische Qual an[g]. Zweimal wird unterstrichen, daß **der Tag** (= das Jüngste Gericht, der Jüngste Tag) **kommt.** Damit soll allen Zweifeln an seinem Kommen (vgl. 2,17; 3,1ff.13f) entgegengetreten werden.[349] Der kommende **Tag** wird denen, die über sein Ausbleiben spotteten (vgl. 2Petr 3,3ff), **weder Wurzel noch Zweig lassen.** Das heißt nicht, daß sie aufhören, zu existieren. Das heißt nur, daß ihnen keine Hoffnung bleibt und ihre Verdammnis ewig ist. Eine **Wurzel** wurde Nebukadnezar noch belassen, so daß er wiederhergestellt werden konnte (Dan 4,12.23.31ff).

[g] Jes 66,24; Mk 9,48; Lk 16,23ff; Offb 19,20; 20,14f

[347] Anders deutet Bulmerincq II S. 512ff: es gehe in Mal 3,18 um den »Unterschied in dem Endschicksal der Tempelgemeinde und der Samariter«

[348] Keil S. 712 verweist noch auf 2Mo 11,7; vgl. Orelli S. 414. Anders Hoonacker S. 738f: Die Frommen werden dann »ihre Haltung ändern und sehen« usw. Ähnlich Bulmerincq II S. 512f

[349] Schon Cyprian deutete Mal 3,19 so: Wir sollten geduldig warten, bis Gottes Rache erscheint (Texte III S. 130)

Der **Zweig** ist ein Symbol der Hoffnung (Jes 11,1.10; Hes 17,8.23; 36,8). Auch sonst ist die Wegnahme von Wurzel und Zweig ein Bild hoffnungslosen Untergangs (Jes 5,24; 14,29f; Am 2,9; vgl. noch 1Kö 19,30; Jes 37,31; Dan 11,7). Überhaupt ist hier die Verbindung zu Jesaja, vor allem Jes 5,24, sehr eng. - Die Begriffe **Gottvergessene** und **Übeltäter** sind oben bei V. 15 erklärt. Jetzt, wenn man auf ihr Ende schaut, sind sie keineswegs mehr wie in V. 15 glücklich zu preisen.[350]

Radikal verschieden von der Verdammnis der Gottlosen ist das Geschick der Gerechten.

Euch aber, die ihr meinen Namen fürchtet, wird aufgehen die Sonne der Gerechtigkeit und Heilung mit ihren Flügeln. 20 **Euch aber:** Das markiert noch einmal den »Unterschied« (V. 18) von gerecht und gottlos, gerettet und verloren. Was ist **die Sonne der Gerechtigkeit?** Die **»Gerechtigkeit,** die vor Gott gilt« (Röm 1,17) unter dem Bild der **Sonne!** Wenn Gott diese Worte gebraucht, dann haben wir an zwei Stellen Grund zum Nachdenken. Einmal: Offenbar handelt es sich um eine geschenkte Gerechtigkeit. Damit wird das NT vorbereitet[h]. Übrigens hat Jesus in der vierten Seligpreisung: »Selig sind, die da hungert und dürstet nach der Gerechtigkeit« den Sinn von Mal 3,20 aufgenommen. Zum Zweiten: Das Bild von der **Sonne** wurde von Justin, Luther, Calvin und vielen Kirchenvätern auf Christus gedeutet. Diese Deutung ist keinesfalls abwegig. Denn Gott wird in Ps 84,12; Jes 60,19f; Offb 21,23; 22,5 mit der Sonne veglichen und Jesus bezeichnet sich in Joh 8,12 selbst als »das Licht der Welt« (vgl. Lk 1,78). Auch wenn man mit Ausdeutungen vorsichtig sein muß, ist doch eine Beziehung auf den Messias Jesus vorhanden. Andrerseits gibt es eine Beziehung zu Dan 12,3 und Mt 13,43, wonach »die Gerechten leuchten werden wie die Sonne«. Kurz gesagt: Im Jüngsten Gericht werden die Leute Gottes freigesprochen, gerechtfertigt und in die Herrlichkeit des Gottesreiches aufgenommen. Man kann beobachten, daß in Mal 3,16ff die Verbindungslinien und Hinweise auf Jesus Christus zunehmen.

[h] Mt 5,20; Röm 1,16f; 3,21ff; 1Kor 1,30; 2Kor 5,21

Schwieriger zu verstehen ist die **Heilung mit ihren Flügeln.** Schon die Übersetzung (»in ihren Flügeln« - »ihre Flügel bringen« - »unter ihren Flügeln« - »an ihren Flügeln«) verursacht Probleme.[351] Sicher ist nur, daß die sonnenhaft aufleuchtende Gerechtigkeit »Heilung« mit sich bringt. Wahrscheinlich hat Keil bezüglich der Deutung der **Flügel** recht: »Die Flügel der Sonne sind die sie umgebenden Strahlen, nicht: Bild der Schnelligkeit«.[352] Doch was heißt der Ausdruck **Heilung?** Das hebräische Wort bedeutet die Heilung im physischen, ärztlichen Sinne,

[350] Keil S. 713
[351] Vgl. Keil S. 713; Bulmerincq II S. 536f
[352] Ebd. Vgl. Baldwin S. 250; Marti S. 478; Orelli S. 414

aber auch die Heilung in einem geistlichen Sinne.[353] Am besten ist hier beides zu verstehen: Die gequälten Frommen erhalten im Jüngsten Gericht eine geheilte leibliche Existenz, und außerdem erfolgt eine Heilung von allen Übeln, die ihr irdisches Leben erfüllten, einschließlich ihrer Sünde und ihrer Unvollkommenheit. Hier darf man an Oetingers Wort denken: »Das Ende der Wege Gottes ist die Geistleiblichkeit«. Vgl. Jes 57,18.

Die Folge der erlangten Gerechtigkeit und Heilung ist eine unbeschreibliche Freude: **ihr werdet herausgehen und fröhlich springen wie die Kälber aus dem Stall.** Alle Not ist dann zu Ende. »Gott wird abwischen alle Tränen«: hier reichen sich Maleachi und der Seher Johannes (Offb 21,4) die Hand. - Die **Kälber** sind mehrfach ein Bild der unbändigen Freude und der friedlichen Endzeit (Jes 11,6; Jer 46,21; 50,11).[354] Unüberhörbar liegt in der Anrede **Euch** und **ihr** ein besonders liebevoller Ton. Gott will die Seinen jetzt schon trösten mit der herrlichen Zukunft, die er ihnen verspricht.[355]

21 Aber es ergibt sich noch ein Weiteres. Mal 3,20 ist nämlich nur sinnvoll, wenn man a)entweder eine unmittelbare Erfüllung in nächster Zeit erwartet, oder b) die Auferstehung voraussetzt. Der wiederholte Hinweis auf den **Tag** des Herrn, der eine endgültige Abrechnung mit der Geschichte bringt, warnt uns davor, die Lösung a) anzunehmen.[356] Die Lehre Jesu und der Apostel weist uns ebenfalls darauf hin, daß nur die Lösung b) akzeptabel ist. Damit aber stellt Mal 3,20 neben Jes 26,19; Hes 37,1ff; Dan 12,2f; Hos 13,14 und Ps 16,10; 49,16; 73,24 ein weiteres Zeugnis des AT über die Totenauferstehung dar.

Aber was besagt V. 21? Liest man den Vers zum ersten Mal, dann kann man leicht in den Irrtum Thomas Müntzers (Zeitgenosse Luthers, gest. 1525) verfallen und meinen, hier werde ein gewaltsamer Sieg der Gerechten über die Gottlosen prophezeit. Entscheidend ist jedoch die Beobachtung, daß **die Gottlosen** zuerst **Staub sein werden,** bevor die **Fußsohlen** der Gerechten auf sie **treten.** D.h., das Gericht über die Gottlosen wird von Gott vollzogen, nicht von den Gerechten (etwa in einer irdischen Schlacht)! Die Gerechten drehen also nicht den Spieß um, werden nicht zu Unterdrückern der Gottlosen,[357] sondern erleben staunend, wie die Gottlosen im Feuer des Gerichts zu **Staub** oder »Asche« - beides kann man hier übersetzen - werden und ihnen nichts mehr anhaben können. »Der Zug dem heimkehrenden Sieger Gott entgegen geht

[353] Vgl. Gesenius S. 463
[354] In Anlehnung an 1Sam 28,24 übersetzen manche mit »Mastkälber«. Da man diese Mastkälber im hausnahen Stall hielt, ist der Unterschied zu unserer Übersetzung nicht groß
[355] Vgl. die schöne Schilderung der Freude bei Frey S. 179
[356] Anders viele Ausleger, z.B. Bulmerincq II S. 519ff
[357] Baldwin S. 250 weist darauf hin, daß ihnen nach 5Mo 32,35; Spr. 20,20 die Rache verboten ist

über eine Brandstätte, auf der das Feuer des Gerichts getobt hat und die die Asche der Empörer deckt, so daß die Kälberfüße der Freude über die Asche ihres Gerichts trampeln!« (Frey S. 179). So ähnlich deuteten schon die alten Rabbinen im Talmud: die Frevler müssen »in das Fegefeuer hinab und werden da zwölf Monate gerichtet; nach zwölf Monaten werden ihre Körper vernichtet und ihre Seelen verbrannt, und der Wind zerstreut sie unter die Fußsohlen der Frommen, denn es heißt: Ihr werdet die Frevler zertreten«.[358]

Man darf hier nicht fragen, ob die Geretteten überhaupt glücklich sein können, wenn so viele Gottlose - darunter evtl. eigene Angehörige - verloren gehen. Die Lösung dieser Frage müssen wir Gott überlassen. Einst wird es auch hier heißen: »Er hat alles wohl gemacht« (Mk 7,37).

Halten wir nur noch einmal fest: Die scheinbar unangreifbare Stärke der Gottlosen, ihr stets wiederholter Triumph, ihr Glück und Gedeihen (V. 15) ist am Ende zu Staub und Asche geworden. Wir Menschen sollten ganz nüchtern überlegen, wo unser Platz ist: beim Hochmut der Gottlosen, der mit Angst zugrunde geht, oder bei den leidenden Gerechten, denen Gott ewige Freude schenkt. Jesu Bergpredigt weist uns in die richtige Richtung (vgl. Mt 5,3ff; 7,13f.21ff).

Sehr eindrücklich schließt unser Abschnitt mit dem 22. Vers: **Gedenket an das Gesetz Moses, meines Knechtes, das ich ihm auf dem Horeb für ganz Israel befohlen habe,**[359] **als Satzung und Recht!** 22

Es handelt sich hier, wie die Ausleger oft bemerken, um einen Vers, der auf wesentliche Teile der Heilsgeschichte blickt.

Gedenken hat im Hebräischen zwei Grundbedeutungen: »sich erinnern« und »sich an etwas orientieren«. Beide treffen hier zu.

Es ist nicht nur vom **Gesetz** (Thora) die Rede, sondern vom **Gesetz Moses.** Wie in der ganzen Bibel gilt **Mose** als der menschliche Mittler des Gesetzes. Er ist die Zentralfigur in der Geschichte Israels. Er selbst hat die Hauptmasse der Mosebücher verfaßt[i]. Die Zweifel an der mosaischen Verfasserschaft des Gesetzes, die heute viele Theologen plagen, kennt die Bibel nicht. **Gesetz Moses** bedeutet wie in 1Kö 2,3; 2Kö 23,25; 2Chr 23,18; Esr 3,2; 7,6 die fünf Bücher Moses.[360]

[i] 2Mo 17,14; 5Mo 31,9.19.22; Jos 1,8

Mose (ein ägyptischer Name, 2Mo 2,10) wird von Gott **mein Knecht** genannt. Diese Ehrenbezeichnung, die zugleich eine besondere Vertrauensstellung ausspricht, findet sich zum ersten Mal in 4Mo 12,7, dann in 5Mo 34,5 und Jos 1,1, und wird schließlich im Hebräerbrief

358 Rosch ha-schana 17a nach Goldschmidt III S. 353. Vgl. Elliger S. 215

359 Keil S. 714; Elliger S. 216; Frey S. 180; Bulmerincq II S. 550 übersetzen: »dem ich am Horeb für ganz Israel Satzungen und Rechte anbefohlen habe«. Der Sinn ändert sich dadurch nicht

360 Baldwin S. 251; Frey S. 181. Anders Elliger S. 216: nur das 5. Buch Mose (Deuteronomium) gemeint. Bulmerincq II S. 554: das Gesetzbuch Esras

wichtig (Hebr 3,2ff). **Mein Knecht** besagt hier: Mose hat Gottes Gesetz treu und zuverlässig überliefert. Vermutlich kannten damals schon sowohl Maleachi als auch die Israeliten die 5 Mosebücher im heutigen Umfang.

Gott erinnert ferner daran, daß er dieses Gesetz **auf dem Horeb für ganz Israel befohlen** hat. **Horeb** ist der andere Name für den Sinai[j]. Noch immer streiten sich die Forscher, wo er gelegen hat: auf der Sinaihalbinsel (Dschebel Musa oder Dschebel Serbal?), im Ostjordanland oder im nordwestlichen Arabien (vgl. Gal 4,25)? Jedenfalls aber ist dieser Berg der Ort der Bundschließung, der Zehn Gebote des Gesetzes. Wenn unser Vers formuliert: **das ich ihm** (= Mose) **befohlen habe,** dann bestätigt er den Bericht der Mosebücher, wonach Mose allein auf den Berg stieg, um das Gesetz zu empfangen (2Mo 19,20ff; 32,7ff; 5Mo 5,5). Das hebräische Wort für **befehlen** enthält die befehlende Anordnung, den Auftrag und das Anvertrauen. Jedenfalls ist Gott selbst der Autor des Gesetzes, und nicht Mose. Die Worte **für ganz Israel** schließen den Gedanken aus, als ob nur ein Teil des Volkes Israel das Sinaigesetz erhalten habe.

[j] 2Mo 3,1; 17,6; 5Mo 1,6; 4,10; 1Kö 8,9; 19,8; 2Chr 5,10; Ps 106,19

Streit herrscht über den Sinn der Beifügung: **als Satzung und Recht.** Vermutlich soll das Gesetz als verbindliche Lebensordnung **(Satzung)** und Grundlage der Rechtsprechung **(Recht)** charakterisiert werden.[361]

Eins ist ganz deutlich: Will Israel, wollen die Frommen am Tage des Gerichts gerettet werden, dann muß das Gesetz gehalten werden! Und zwar das ganze Gesetz (vgl. Mt 5,19; Jak 2,10f)! Aber wer kann das? So bereitet Mal 3,22 Römer 3 vor. So erkennen wir, daß die Gottesbotschaft in Mal 3,13-22 die Sendung des Gottessohnes vorbereitet.

Fassen wir den Abschnitt 3,13-22 zusammen: Gott spricht den Gerechten trotz ihrer harten Reden Trost zu. Es lohnt sich, ihm zu dienen. Beim Endgericht werden sie in die ewige Freude eingehen, die Gottlosen aber verdammt werden. Es bleibt aber eine Frage offen. Wenn die Rettung im Endgericht nur aufgrund einer Verschonung möglich ist, aber die Eintragung ins Buch des Lebens doch vom Halten des Gesetzes abhängt: wie reimt sich das zusammen? Und wer ist in diesem Sinne gerecht? Mit dieser offenen Frage leitet das Maleachibuch schon hinüber ins Neue Testament.

Und eben diese Überleitung zum Neuen Testament wird nun noch einmal aktuell im Epilog, in der letzten Verheißung, die den Schluß des Alten Testaments darstellt:

[361] Vgl. Keil S. 714f; Bulmerincq II S. 559ff

VIII. EPILOG: DIE VERHEISSUNG DES VORLÄUFERS, 3,23-24

23 Siehe, ich sende euch den Propheten Elia, bevor der Tag Jahwes kommt, der große und schreckliche.
24 Und er wird das Herz der Väter zu den Söhnen wenden und das Herz der Söhne zu ihren Vätern, damit ich nicht kommen und das Land mit dem Bann schlagen muß.

Die Verse 23 und 24 bilden einen eigenen Abschnitt.[362] Sie gehören nicht mehr zu dem Abschnitt V. 13-22, der ja mit der Mahnung in V. 22 seinen Abschluß gefunden hat.

Der Inhalt dieser Verse läßt sich kurz zusammenfassen: Vor dem Gerichtstag kommt ein Vorläufer-Prophet. Findet er Gehör, dann bleibt Israelland der Bann erspart.

Dieser Vorläufer wird hier **Elia** genannt. Es lohnt sich, die biblische Gestalt des Elia in einem Exkurs zu betrachten.

Exkurs VI: Elia

Elia, hebr. Elijjah oder Elijjahu, gilt als der wichtigste Prophet des AT, ja als die Verkörperung der Prophetie schlechthin. Deshalb repräsentieren Mose und Elia auf dem Berg der Verklärung Gesetz und Prophetie des Alten Bundes (Mt 17,1ff par.). Auf deutsch heißt er: »Mein Gott ist Jahwe«.

Die Zeit des Elia ist das 9. Jh.v.Chr., genauer: die Zeit der Könige Ahab (871-852 v.Chr.) und Ahasja (852-851 v.Chr.) von Israel. Sein Herkunftsort ist »Thisbe in Gilead« (1Kö 17,1), d.h. das Ostjordanland. Rund 400 Jahre nach der Mosezeit kämpft er gegen den Abfall zu den Baalim und Astharoth und für den Glauben an den lebendigen Gott Israels. Er prophezeit Ahab eine Dürrekatastrophe, wird am Krith im Ostjordanland wunderbar versorgt, wandert aus nach Zarpath in Phönizien, wird dort von einer Witwe versorgt, erweckt deren Sohn vom Tode und zeigt durch das Gottesurteil auf dem Karmel, wer der wahre Gott ist (1Kö 17-18). Als die Israeliten die 850 Götzenpriester auf Weisung Elias töten - eine Anweisung, die das Mosegesetz (2Mo 22,19; 5Mo 13,6ff) erfüllt -, schwört ihm Isebel, die Gemahlin des Ahab, Rache. Daraufhin verzagt der Prophet, dessen Gebet noch eben die 3 1/2jährige Dürre beendete (Lk 4,25; Jak 5,17f) und der soeben noch in der Kraft Gottes vor Ahabs Wagen hergelaufen war. Unter einem Wacholder will er sterben. Doch Gott schenkt ihm neue Gnade. Gestärkt durch eine

[362] Vgl. Elliger S. 216

Gottesspeise erreicht er den Horeb, an dem Mose das Gesetz erhalten hatte, und darf dort wie Mose eine Erscheinung des Herrn erleben. Gott stattet ihn mit neuen Aufträgen aus. Einer davon lautet, Elisa als seinen Nachfolger zu berufen (1Kö 19). Nach der Tötung Naboths sagt er Ahab das Gericht an (1Kö 21). Ebenso wird er dem nachfolgenden König Ahasja zum Propheten des Gerichts (2Kö 1,1ff). Wie Henoch (1Mo 5,24) stirbt Elia nicht in normaler Weise, sondern wird zum Himmel entrückt, erlebt also eine Art Himmelfahrt (2Kö 2,1ff). Nach dem 2. Chronikbuch hat Elia auch an einen judäischen König, nämlich Joram (847-845 v.Chr.), einen Brief mit der Ankündigung des göttlichen Gerichts (2Chr 21,12ff) geschrieben.

Die Wirkung, die von der Gestalt des Elia ausging, war gewaltig. Schon der israelitische König Jehu, den Elia salben sollte (1Kö 19,16) und den dessen Nachfolger Elisa dann tatsächlich salbte (2Kö 9,1ff), verstand sich als Sachwalter Elias (2Kö 9,36; 10,10ff).

Aber erst die Weissagung vom zweiten Elia im Maleachibuch, ca. 400 Jahre nach dem Tode Elias, hat der Elia-Gestalt die volle Bedeutung verliehen. »Keine biblische Persönlichkeit«, schrieb einst J. Jeremias,[363] »hat das religiöse Denken des nachbiblischen Judentums so stark beschäftigt wie diejenige des Propheten Elias.«

Die älteste Spur davon findet sich im Sirachbuch (ca. 175 v.Chr.). Fast die Hälfte von Sir 48 ist Elia gewidmet (48,1-12). Während das Sirachbuch auch andere Maleachi-Stellen verwertet,[364] heißt es in 48,10 unter deutlicher Beziehung auf Mal 3,23f: »Der du bestimmt bist, bereit zu sein für die Zeit, um zur Ruhe zu bringen den Zorn, bevor er entbrennt, um sich zuwenden zu lassen das Herz der Väter zu den Söhnen, und um wiedererstehen zu lassen die Stämme Israels«.[365] Manche Ausleger rechnen damit, daß Ben Sira mit dem »wiedererstehen zu lassen die Stämme Israels« eine Aufgabe des Gottesknechtes aus Jes 49,6 auf Elia übertragen habe.[366] Aber Ben Sira kann diese Aufgabe auch aus Mal 3,23f herausgelesen haben.

Die nächste Spur begegnet uns im äthiopischen Henochbuch. Die Abschnitte, um die es hier geht, werden in die Zeit von ca. 150-75 v.Chr. bzw. um 170 v.Chr. datiert.[367] In Henoch 89,52 wird gesagt, Elia sei zu Gott »heraufgebracht« worden (vgl. 2Kö 2,11f); in 93,8 wird ebenfalls auf Elias Himmelfahrt angespielt (vgl. 90,31).

Eine weitere Spur enthält das 1. Makkabäerbuch (zwischen 103 und

[363] S. 930f
[364] Sauer S. 642 (im Bibelstellenregister genannt: Mal 1,2.7.13; 3,23f)
[365] Nach Sauer S. 626
[366] Z.B. Sauer a.a.O.; Jeremias S. 931.933
[367] Rost S. 104

63 v.Chr.).[368] Dort sagt der sterbende Mattathias zu seinen Söhnen: »Elia wurde wegen seines Eiferns für das Gesetz in den Himmel emporgehoben« (2,58).

Auch in der Zeit nach Jesus spielte Elia eine wichtige Rolle im Judentum. Das 4. Esrabuch (ca. 80-100 n.Chr.)[369] spricht von seiner Entrükkung, erwartet seine Wiederkunft und hofft: »Dann wird das Herz der Erdbewohner verwandelt und zu einer anderen Gesinnung hingelenkt« (6,26). Elia gilt dort auch als Prototyp der Fürbitte (7,109). Der syrische Baruch, fast gleichzeitig mit dem 4Esr,[370] erinnert an die Raben am Bach Krith (77,24). Das Martyrium Jesajas, dessen Datierung unsicher ist,[371] erwähnt Elias Gerichtsrede gegen Ahasja (2,14). Mehrere pseudonyme Apokalypsen wurden fälschlich unter dem Namen des Elia herausgegeben.[372] Nach dem Talmud kommt Elia wieder, um »Frieden unter ihnen (= allen Menschen) zu stiften«.[373] Eine babylonische Rabbinenschule nannte sich »Lehrhaus Elias«.[374]

Eine besondere Bedeutung hat Elia im Neuen Testament. Offenbar gilt er hier als Nothelfer der Israeliten (Mk 15,35f). Er ist das Schulbeispiel des Beters (Jak 5,17f). Auch hier erwartet man seine Wiederkunft (Mt 16,14; 17,10ff par.; Mk 6,15; Lk 1,17; Joh 1,21.25). Elia erscheint Jesus auf dem Berg der Verklärung (Mt 17,1ff par.). Schließlich sagt Jesus, daß der Täufer der wiederkehrende Elia gewesen sei (vgl. Mk 1,2 mit Mt 11,11ff par.; 17,10ff parr.).

Aufgrund von Offb 11,3ff erklärten sich dann viele selbstbewußte Ausleger zum »Elia« der Endzeit, so z.B. die Führer der Münsteraner Täufer.[375]

Insgesamt besitzt also Elia in der Bibel, im Judentum und in der Christenheit eine hervorragende Bedeutung.

Wir kehren nun zu Mal 3,23f zurück.

Viele Ausleger sehen diese Verse als sekundären Zusatz an, der ursprünglich gar nicht zum Maleachibuch gehört habe.[376] Die Tatsache je-

[368] Rost S. 58
[369] Rost S. 94
[370] Rost S. 97
[371] Vgl. Rost S. 114 mit Hammershaimb S. 19
[372] Jeremias S. 931f
[373] Mischna Edujoth VIII,7 (nach Goldschmidt VII S. 1147)
[374] Z.B. Sanhedrin 92a; 97a
[375] Vgl. mein Buch über Die Johannesoffenbarung und die Kirche, WUNT, 25, Tübingen, 1981, unter dem Stichwort Elia im Namenregister S. 660
[376] So z.B. Böhme S. 210; Childs S. 495; Eissfeldt S. 597; Elliger S. 189; Horst S. 261; Kaiser S. 261; Nowack S. 404; Pfeiffer S. 554; Rudolph S. 249; Sellin S. 536; Sekine Sp. 1131; Smend S. 187; Holtzmann S. 2; Wallis S. 239f; Neil S. 231; Lindblom S. 410. 421

doch, daß Ben Sira und das ganze Judentum sowie Jesus und das ganze NT Mal 3,23f als normalen Bestandteil des Maleachibuches betrachten, spricht gegen eine Abspaltung dieser Verse vom übrigen Buch. Auch der Stil ist kein anderer als im übrigen Buch. So halten wir mit einer Reihe von Auslegern an der Ursprünglichkeit von Mal 3,23f fest.[377]

23 **Siehe, ich sende euch:** Das **ich** ist betont. Gott selbst gibt ein feierliches Versprechen ab. **Euch:** das ist Israel. Die Sendung des Vorläufers erfolgt nicht in die Völkerwelt hinein, sondern speziell zu Israel. Damit wird ein Grundprinzip der Bibel angesprochen. Israel ist Gottes erwähltes Volk und der erste Schauplatz seines Handelns. Entsprechend dieser Grundlinie sagte Jesus zuerst: »Ich bin nur gesandt zu den verlorenen Schafen des Hauses Israel« (Mt 15,24), und betont Paulus: »Euch mußte zuerst das Wort Gottes gesagt werden« (Apg 13,46).

Den Propheten Elia: Hier kann man im Zweifel sein, ob Elia wieder erweckt werden und erneut auf der Erde erscheinen soll wie z.B. Samuel in 1Sam 28,14ff, oder ob Gott »nur . . . einen Propheten, in welchem der Geist und die Kraft Elija's wieder auflebt«, schicken wird (so z.B. Keil S. 715).[378] Vom NT her gewinnen wir endgültig Klarheit. Da Johannes der Täufer dieser Elia war (Mt 11,14; 17,12f), kann es sich nicht um die Wiederkehr als Totenauferweckung handeln. Es kann sich nur um einen handeln, der »in Geist und Kraft des Elia«, sozusagen als zweiter Elia erscheint. Tatsächlich bestätigt Lk 1,17 diese Sicht mit ausdrücklichen Worten. Man beachte die Parallele zwischen dem zweiten Elia = Johannes und dem zweiten Mose = Jesus.

Der zweite **Elia** tritt auf, **bevor der Tag Jahwes kommt, der große und schreckliche.** Wieviel Abstand zwischen seinem Wirken und dem Gerichtstag liegt (vgl. zu dem Begriff **Tag** als Gerichtstag die Erklärung bei V. 17-21), wird nicht gesagt. Nur so viel ist gesagt, daß dieser Gerichts- **Tag Jahwes groß und schrecklich** sein wird. Dasselbe prophezeiten schon Amos (5,18ff) und Joel (2,11; 3,4). Wir erinnern uns auch an Hebr 10,31: »Schrecklich ist's, in die Hände des lebendigen Gottes zu fallen«. Die Vorstellung vom »lieben Gott« kann entarten zu einem seichten, allzu menschlichen Gottesbegriff, ähnlich der »billigen Gnade«. Vom NT her ist ganz klar: Es gibt nur einen Weg, dem Zorn Gottes im Jüngsten Gericht zu entrinnen, und das ist der Glaube an Jesus. Der zweite Elia aber wird noch einmal den Versuch machen, die Menschen an das Gesetz (V. 22!) zu erinnern und auf dem Gesetzesweg zu retten. Wenn er scheitert, ist es eindeutig, daß »kein Fleisch durch des Gesetzes

377 Ebenso Baldwin S. 251; Keil S. 714ff; Junker S. 197; Orelli S. 404; Pautrel Sp. 740 (vorsichtig); Young S. 284f; Lagrange S. 82; Bulmerincq I S. 48; Isopescul S. 15.155f; Verhoef S. 266

378 Ebenso Luther, Calvin (Keil a.a.O.); Frey S. 182; Orelli S. 415. Anders z.B. Nowack S. 429; Marti S. 479

Werke vor Gott gerecht sein kann« (Paulus in Röm 3,20; ebenso Petrus in Apg 15,10f).

Die Frage, ob dieser zweite **Elia** identisch ist mit dem »Boten« von Mal 3,1, müssen wir vom NT her bejahen. Jesus hat beide miteinander identifiziert und in Johannes dem Täufer erfüllt gesehen (Mt 11,10 und 14).[379]

Die andere Frage, ob nicht ein Elia gemeint sei, der dem zweiten Kommen Christi vorangehe, ist jedoch zu verneinen. Anders als Theodor, Theodoret oder Cyrill Alexandrinus in der alten Kirche müssen wir daran festhalten, daß sich nach den Worten Jesu Mal 3,23 schon erfüllt hat. Eine nochmalige Erfüllung vor Jesu Wiederkunft ist zwar theoretisch nicht ausgeschlossen, aber nach dem Gesamtzeugnis der Schrift kaum zu erwarten. Offb 11,3ff betrifft einen anderen Fall.[380]

V. 24 beschreibt seine Aufgabe. **Und er wird das Herz der Väter zu** 24
den Söhnen wenden und das Herz der Söhne zu ihren Vätern, damit ich nicht kommen und das Land mit dem Bann schlagen muß. Merkwürdig, daß diese Aufgabe in der Familie ansetzt. Warum? Die Auslegung der alten Rabbinen kann uns helfen. Sie deuteten Mal 3,24 so: »um Frieden zu machen unter ihnen (= den Israeliten)«.[381] Frieden - das Schlagwort unserer Tage! Elia soll die innerste Gemeinschaft unter den Menschen, die Familie, heilen.[382] Dieser Friede ist nicht nur von den Kindern gebrochen worden. Sonst würde es genügen, zu sagen: **er wird das Herz der Söhne zu ihren Vätern wenden.** Nein, Friede und Gemeinschaft sind auch von den Eltern schuldhaft zerbrochen worden. Deshalb beginnt V. 24 so: »er wird das Herz der Väter zu den Söhnen wenden«. Es geht also um mehr als um das Halten des vierten Gebotes (vgl. Eph 6,4; Kol 3,21!). Eine zweite Hilfe für die Auslegung gibt uns Mt 17,11. Dort sagt Jesus: »Elia wird alles wiederherstellen«. D.h., Jesus sieht die Heilung der Familie, genauer: die Heilung der Generationenbeziehung, als Ausdruck einer umfassenderen Heilung an - wie die alten Rabbinen, die uns im Talmud begegnen! Da aber die Heilung der menschlichen Beziehungen in der Bibel unlösbar ist von der Heilung der Gottesbeziehungen, so können wir die Aufgabe des zweiten Elia auch wie folgt formulieren: Er heilt das Gottesverhältnis und von daher auch die menschlichen Beziehungen in Israel.[383]

379 Ebenso Keil S. 715; Hoonacker S. 740. Bulmerincq II S. 569ff deutet »Elia« auf Esra!

380 Vgl. Bulmerincq II S. 568ff

381 Mischna Edujot VIII.7

382 Anders Keil S. 716: Die jetzige Generation auf den Glaubensweg der »Väter« = Patriarchen zurückführen

383 Lk 1,16: »er wird viele zu Gott bekehren« bestätigt unsere Deutung; vgl. Keil S. 716. Übrigens ist die Zerrissenheit der Familien auch sonst Ausdruck schweren Leidens und schwerer Sünde (vgl. Mi 7,5f; Mt 10,35ff).

Aber wenn er damit scheitert? V. 24 rechnet sehr wohl mit dieser Möglichkeit des Scheiterns. Sonst würde die Fortsetzung nicht lauten: **damit ich nicht kommen und das Land mit dem Bann schlagen muß.** In der Tat stellt Jesus das Scheitern des zweiten Elia = des Täufers fest: »Sie haben mit ihm getan, was sie wollten« (Mt 17,12), sie nannten ihn »besessen« (Mt 11,18), und »Johannes kam zu euch und lehrte euch den rechten Weg, und ihr glaubtet ihm nicht« (Mt 21,32). Die Ablehnung des zweiten Elia war möglich, weil Gott niemanden zum Heil zwingt. Alle Antwort auf Gottes Wort muß aus freiem Willen gegeben werden. Weil führende Juden das Ja zu Gott verweigerten, lehnten sie auch den zweiten Elia ab (Mt 21,25-32).

Die Worte: **damit ich nicht kommen und das Land mit dem Bann schlagen muß** zeigen zur Genüge, daß Gott Israel für sich gewinnen und ihm helfen will. In seiner Retterliebe hat er mehr getan, als den Elia = den Täufer zu senden. Er sandte »zuletzt seinen Sohn« (Mt 21,37). Aber auch der wurde abgelehnt und getötet (vgl. Mt 21,33ff!). So kam das Gericht über Israel. »Das Land« ist das Israelland (Luthers Übersetzung »das Erdreich« ist in diesem Zusammenhang falsch).[384] Der **Bann** bedeutet die äußere Zerstörung, um Gottes Zorn zu vollstrecken und evtl. danach wieder zu beenden[a]. Ob nicht die äußere Zerstörung des Israellandes in den jüdisch-römischen Kriegen 66-73 und 132-135 n.Chr. eine Erfüllung von Mal 3,24 war?[385] Wenn ja, womit müssen wir dann in unserem Land rechnen, wenn unser Volk mehr und mehr von Gott abfällt? Allerdings wird nicht davon gesprochen, daß Israel als solches aus der Geschichte verschwindet. Israel bleibt bestehen, bis es in Jesus seinen Messias erkennt (Mt 23,39) und bis es die Segnungen des Tausendjährigen Reiches erlebt (Offb 20,9).

[a] 3Mo 27,29; 5Mo 13,13ff; 20,16ff; Jos 6,17f; 7,11ff; 1Kö 20,42; Jes 34,5; Sach 14,11; Offb 22,3

Verstehen wir Mal 3,23f recht, dann ist dieser Epilog zweierlei: eine Prophezeiung des Vorläufers des Messias (nicht des Messias selbst!), und ein Bußruf an Israel. Beides weist hinüber zum Neuen Testament. So ist Maleachi am Schluß seines Buches noch einmal aufs engste verknüpft mit dem, dem der Vorläufer den Weg bereiten soll: dem Herrn und Messias Jesus.

[384] Obwohl Elliger S. 217 zustimmt. Vgl. Bulmerincq II S. 587f

[385] Keil macht S. 716 den bedenkenswerten Kommentar: »Wird Israel den Canaanitern an Gesinnung gleich, so wird es auch das Los dieses Volkes teilen müssen, vgl. Deut 12,29«, und sieht ebenfalls in den römischen Kriegen eine Erfüllung von Mal 3,24 (S. 717)

LITERATURVERZEICHNIS

Ackroyd, P.R., Exile and Restoration, London, 1968
abgek.: Ackroyd
Adinolfi, M., Il ripudio secondo Mal. 2, 14-16, BeO, 12, 1970, S. 247-256
abgek.: Adinolfi
Albright, W.F., Die Bibel im Licht der Altertumsforschung, Wuppertal, 1967
abgek.: Albright
Albright, W.F., Ostracon No. 6043 from Ezion-Geber, BASOR, 82, 1941, S. 11-15
abgek.: Albright BASOR

Baillet, M., Milik, T., et de Vaux, R., Les 'Petites Grottes' de Qumran, Discoveries in the Judaean Desert of Jordan, III, Oxford, 1962
abgek.: Baillet
Baldwin, J.G., Haggai, Zechariah, Malachi, TOTC, (Reprinted), 1978
abgek.: Baldwin
Bardtke, H., Maleachi, EKL, 2, 1958, Sp. 1221-1222
abgek.: Bardtke
Bengtson, H., Griechische Geschichte von den Anfängen bis in die römische Kaiserzeit, HAW, 3. Abt., 4. Teil, München, 1950
abgek.: Bengtson
Böhme, W., Zu Maleachi und Haggai, ZAW, 7, 1887, S. 210-217
abgek.: Böhme
Boecker, H.J., Bemerkungen zur formgeschichtlichen Terminologie des Buches Maleachi, ZAW, 78, 1966, S. 78-80
abgek.: Boecker
Bornkamm, H. (Hrsg.), Martin Luthers Vorreden zur Bibel, Hamburg, 1967
abgek.: Bornkamm
Botterweck, G.J., Jakob habe ich lieb - Esau hasse ich, BiLe, 1, 1960, S. 28-38
abgek.: Botterweck
Bright, J., Geschichte Israels, 1. Aufl., Düsseldorf, 1966
abgek.: Bright
Budde, K., Zum Text der drei letzten kleinen Propheten, ZAW, 26, 1906, S. 1-28
abgek.: Budde
Bulmerincq, A., von, Der Prophet Maleachi, 2 Bde, Dorpat (Tartu), 1920 und 1932
abgek.: Bulmerincq I bzw. II
Bulmerincq, A. von, Die Menschen im B.-Maleachi, Oriental Studies, published in commemoration of the fortieth anniversary (1883-1923) of Paul Haupt, Baltimore/Leipzig, 1926, S. 31-42
abgek.: Bulmerincq Studies

Cameron, D., A Study of Malachi, Glasgow University, Oriental Society, Transactions, VIII, 1938, S. 9-12
abgek.: Cameron
Carmignac, J., Vestiges d'un Pésher de Malachie, RdQ, 4, 1963, S. 97-100
abgek.: Carmignac
Caquot, A., Brève explication du livre de Malachie, PosLuth, 17, 1969, S. 87-201; 18, 1970, S. 4-16
abgek.: Caquot
Chary, Th., Les prophètes et le culte a partir de l'exil, BT, 111, Paris/Tournai/New York/Rome, 1955
abgek.: Chary
Childs, B.S., Introduction to the Old Testament as Scripture, London, 1979
abgek.: Childs
Cross, Jr.F.M., Geshem the Arabian, Enemy of Nehemiah, BA, 18, 1955, S. 46-47
abgek.: Cross

Driver, G.R., Aramaic Documents of the Fifth Century B.C., Oxford, 1957
abgek.: Driver Aramaic
Driver, S.R., An Introduction to the Literature of the Old Testament, New York, 1956 (Neudruck)
abgek.: Driver

Eissfeldt, O., Einleitung in das Alte Testament, 3. Aufl., Tübingen, 1964
abgek.: Eissfeldt
Elliger, K., Das Buch der zwölf Kleinen Propheten, II, ATD, 25, 8. Aufl., 1982
abgek.: Elliger
Elliger, K., Maleachi und die kirchliche Tradition, Tradition und Situation (Artur Weiser zum 70. Geburtstag), Göttingen, 1963, S. 43-48
abgek.: Elliger FS

Fischer, J.A., Notes on the Literary Form and Message of Malachi, CBQ, 34, 1972, S. 315-320
abgek.: Fischer
Fohrer, G., Die Propheten des Alten Testaments, Bd. 5, Die Propheten des ausgehenden 6. und des 5. Jahrhunderts, Gütersloh, 1976
abgek.: Fohrer
Frey, H., Das Buch der Kirche in der Weltwende, BAT, 24, 1941
abgek.: Frey
Fürst, J., Der Kanon des Alten Testaments nach den Überlieferungen in Talmud und Midrasch, Leipzig, 1868
abgek.: Fürst

Galling, K., Studien zur Geschichte Israels im persischen Zeitalter, Tübingen, 1964
abgek.: Galling

Gelin, A., Aggée, Zacharie, Malachie, SB (J), 26, 2. Aufl., 1953
abgek.: Gelin
Gesenius, W., Hebräisches und aramäisches Handwörterbuch über das Alte Testament, 17. Aufl., 1962 (Neudruck)
abgek.: Gesenius
Glueck, N., Explorations in Eastern Palestine, II, AASOR, 15, 1934/35, S. 1-202
abgek.: Glueck
Goldschmidt, L. (Hrsg.), Der Babylonische Talmud, 9 Bde, Berlin, 1897ff
abgek.: Goldschmidt I usw.
Grimme, H., Der Untergang Edoms, WG, 3, 1937, S. 452-463
abgek.: Grimme

Halévy, J., Le prophète Malachie, RSEHA, 17, 1909, S. 1-44
abgek.: Halévy
Hammershaimb, E., Das Martyrium Jesajas, Jüdische Schriften aus hellenistisch-römischer Zeit, II, S. 15-34
abgek.: Hammershaimb
Harrison, R.K., Introduction to the Old Testament, 2. Aufl., Grand Rapids, 1977
abgek.:Harrison
Holtzmann, O., Der Prophet Maleachi und der Ursprung des Pharisäerbundes, ARW, 29, 1931, S. 1-21
abgek.: Holtzmann
Hoonacker, A. van, Les Douze Petits Prophètes, EtB, 3, 1908
abgek.: Hoonacker

Isopescul, O., Der Prophet Malachias, Czernowitz, 1908
abgek.: Isopescul

Jeremias, J., Art.: Ἠλ(ε)ιασ, ThWNT, 2, 1935, S. 930-943
abgek.: Jeremias
Junker, H., Die Zwölf Kleinen Propheten, II. Hälfte, HSAT, VIII, 3. Abt., II. Hälfte, 1938
abgek.: Junker

Kaiser, O., Einleitung in das Alte Testament, 3. Aufl., Gütersloh, 1975
abgek.: Kaiser
Keil, C.F., Biblischer Commentar über die zwölf kleinen Propheten, BC, III, 4, 3. Aufl., 1888 (Leipzig)
abgek.: Keil
Kellermann, U., Nehemia, Quellen, Überlieferung und Geschichte, Berlin, 1967 (BZAW, 102)
abgek: Kellermann
Knopf, R., Die Apostolischen Väter, I, HNT, Ergänzungsband, 1920
abgek.: Knopf

Köhler, A., Die Weissagungen Maleachis, Die Nachexilischen Propheten, 4. Abtheilung, Erlangen, 1865
abgek.: Köhler
Kruse-Blinkenberg, L., The Pesitta of the Book of Malachi, Studia Theologica (Scandinavian Journal of Theology), 20, 1966, S. 95-119
abgek.: Kruse-Blinkenberg

Lagrange, M.-J., Notes sur les propheties messianiques des derniers prophètes, RB, 3 (nouvelle série), 1906, S. 67-83
abgek.: Lagrange
Levy, L., Der Prophet Maleachi, Festschrift zum 75-jährigen Bestehen des Jüdisch-Theologischen Seminars Fraenckelscher Stiftung, II, Breslau, 1929, S. 273-284
abgek.: Levy
Lindblom, J., Prophecy in Ancient Israel, Oxford, 1962
abgek.: Lindblom

Mariani, B., De sacrificio a Malachia praedicto, Anton., 9, 1934, S. 193-242; 361-382; 451-474
abgek.: Mariani
Mariani, P.B., Introductio in libros sacros Veteris Testamenti, Roma, 1958
abgek.: Mariani Intr.
Marti, K., Das Dodekapropheton, KHC, XIII, 1904
abgek.: Marti
Meyer, R., Art.: Levites, ThWNT, 4, 1942, S. 245-247
abgek.: Meyer
Müller, D.H., Discours de Malachie sur le rite des sacrifices, RB, 5, 1896, S. 535-539
abgek.: Müller

Neil, W., Malachi, IDB, 3, 1962, S. 228-232
abgek.: Neil
Nestle, E., Miszellen, ZAW, 29, 1909, S. 153-155
abgek.: Nestle
Nicola, A. de., »La moglie della tua giovinezza« (Prov. 5,15-19), BeO, 12, 1970, S. 153-183
abgek.: Nicola
Nötscher, F., Biblische Altertumskunde, HSAT. E III, Bonn, 1940
abgek.: Nötscher
Nowack, W., Die kleinen Propheten, HK, III, 4, 3. Aufl., 1922
abgek.: Nowack

Olmstead, A.T., The History of the Persian Empire, Chicago, 1948
abgek.: Olmstead
Orelli, C. von, Das Buch Ezechiel und die zwölf kleinen Propheten, KK, A, 5. Abt., 1888
abgek.: Orelli

Pautrel, R., Malachi, DBS, 5, 1957, Sp. 739-746
abgek.: Pautrel
Pfeiffer, E., Die Disputationsworte im Buch Maleachi, Ev Th, 19, 1959, S. 546-568
abgek.: Pfeiffer
Pritchard, J.B., (Hrsg.), Ancient Near Eastern Texts Relating to the Old Testament, 3. Aufl., Princeton, 1969
abgek.: Pritchard
Procksch, O., Theologie des Alten Testaments, Gütersloh, 1949
abgek.: Procksch

Rad, G. von, Theologie des Alten Testaments, II, München, 1965
abgek.: Rad v.
Rehm, M., Das Opfer der Völker nach Mal 1,11, Lex tua vertitas, Festschrift für Hubert Junker, Trier, 1961, S. 193-208
abgek.: Rehm
Rendtorff, R., Das Alte Testament, Neukirchen-Vluyn, 1983
abgek.: Rendtorff RGG
Rendtorff, R., Maleachibuch, RGG, 4, 3. Aufl., 1960, Sp. 628-629
abgek.: Rendtorff
Renker, A., Die Tora bei Maleachi, FThSt, 112, 1979
abgek.: Renker
Ricciotti, G., Geschichte Israels, 2 Bde., Wien, 1953 und 1955
abgek.: Ricciotti
Robinson, Th.R., und *Horst,* F., Die Zwölf kleinen Propheten, HAT, 1. Reihe, 14, 3. Aufl., Tübingen, 1964
abgek.: Robinson/Horst
Rudolph, W., Haggai - Sacharja 1 - 8 - Sacharja 9 - 14 - Maleachi, KAT XIII, 4, Gütersloh, 1976
abgek.: Rudolph

Sauer, G. (Hrsg.), Jesus Sirach (Ben Sira), Jüdische Schriften aus hellenistisch-römischer Zeit, III, Gütersloh, 1981
abgek.: Sauer
Sekine, M., Maleachi, BHH, 2, 1964, Sp. 1131-1132
abgek.: Sekine
Sellin, E., Das Zwölfprophetenbuch, KAT, XII, 1922
abgek.: Sellin
Skrinjar, A., Angelus Testamenti, VD, 14, 1935, S. 40-48
abgek.: Skrinjar
Smend, R., Die Entstehung des Alten Testaments, ThW, 1, 2. Aufl., 1981
abgek.: Smend
Smith, G.A., The Book of the Twelve Prophets, II, New and Revised Edition, London, 1928
abgek.: G.A. Shmith

Smith, J.M.P., A Critical and Exegetical Commentary on the Book of Malachi, ICC, 21, 1912
abgek.: J.M.P. Smith
Soggin, J.A., Introduction to the Old Testament, 2. Aufl., Philadelphia, 1980
abgek.: Soggin
Spoer, H.H., Some New Considerations Towards the Dating of the Book of Malachi, JQR, 20, 1908, S. 167-186
abgek.:Spoer
Starcky, J., The Nabataeans: A Historical Sketch, BA, 18, 1955, S. 84-106
abgek.: Starcky
Swetnam, J., Malachi 1,11: An Interpretation, CBQ, 31, 1969, S. 200-209
abgek.: Swetnam

Texte der Kirchenväter, hrsg. von A. Heilmann, 5 Bde, München, 1963-1966
abgek.: Texte I usw.
Thomas, D.W., The Root znh in Hebrew, and the Meaning of qdrnjt in Malachi III, 14, JJS, 1, 1948/49, S. 182-188
abgek.: Thomas
Tsevat, M., Studies in the Book of Samuel, HUCA, 32, 1961, S. 191-216
abgek.: Tsevat

Verhoef, P.A., Maleachi, COT, 38, 1972
abgek.: Verhoef
Vogt, E., Fragmenta Prophetarum Minorum Deserti Juda, Bib., 34, 1953, S. 423-426
abgek.: Vogt
Vriezen, Th.C., How to understand Malachi 1:11, Grace upon Grace, Essays in Honor of Lester J. Kuyper, ed by J. Cook, Grand Rapids, 1975, S. 128-136
abgek.: Vriezen
Vuilleumier, R., Malachie, CAT, XI c, 1981
abgek.: Vuilleumier

Wallis, G., Wesen und Struktur der Botschaft Maleachis, Das ferne und nahe Wort (Festschrift für Leonhard Rost), hrsg. von F. Maass, Berlin, 1967, S. 229-237
abgek.: Wallis
Werbeck, W., Maleachibuch, Zur Auslegungsgeschichte, RGG, 4, 3. Aufl., 1960, Sp. 629
abgek.: Werbeck
Winckler, H., Altorientalische Forschungen, 2. Reihe, Bd. III, Leipzig, 1901
abgek.: Winckler

Young, E.J., An Introduction to the Old Testament, 8. Aufl., Grand Rapids, 1977
abgek.: Young